关税纪事与评论

（2021-2022）

李九领　主　编
钟昌元　副主编

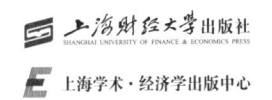

上海财经大学出版社
上海学术·经济学出版中心

图书在版编目(CIP)数据

关税纪事与评论. 2021—2022 / 李九领主编.
上海：上海财经大学出版社, 2025.3. -- ISBN 978-7-5642-4509-2

Ⅰ. F752.53
中国国家版本馆 CIP 数据核字第 20242GT858 号

责任编辑：朱晓凤
封面设计：张克瑶

关税纪事与评论(2021—2022)

著　作　者：李九领　主编　　钟昌元　副主编
出版发行：上海财经大学出版社有限公司
地　　　址：上海市中山北一路 369 号(邮编 200083)
网　　　址：http://www.sufep.com
经　　　销：全国新华书店
印刷装订：上海华业装潢印刷厂有限公司
开　　　本：787mm×1092mm　1/16
印　　　张：15.75(插页:2)
字　　　数：308 千字
版　　　次：2025 年 3 月第 1 版
印　　　次：2025 年 3 月第 1 次印刷
定　　　价：78.00 元

关税纪事与评论

（2021—2022）

编委会

主　编

李九领

副主编

钟昌元

主要成员（按姓氏笔画排序）

匡增杰　李　宇　张　磊
张　翅　金宏彬　查贵勇
赵永辉　崔志坤

前言(代序)

2021年是"十四五"开局之年,是党的二十大召开之年。受疫情冲击影响,全球价值链、供应链加速重构,世界经济在高位震荡中调整缓慢复苏,国际经济面临新一轮的优化重组。制约全球经济和贸易发展的不确定性因素增多,加之地缘政治冲突,使后疫情时期全球经济增长前景被多数预测机构继续看低。世界银行和国际货币基金组织发布的《世界经济展望报告》,将2022年全球经济增速下调至3.1%和3.4%。世界贸易组织(WTO)预计,随着2022年全球经济复苏势头减弱,全球货物贸易量增速也将从2021年的8.4%回落至2022年的3.6%,全球贸易增长也趋向低迷。

中国经济发展面临着错综复杂的国际形势和国内经济发展不平衡、不充分等诸多挑战。国际贸易保护主义抬头,国际经贸规则主导权之争更趋激烈,产业链供应链本土化、短距化、区域化布局的趋势显现,尤其是以美国为首的西方发达国家极力"去中国化"而对华实施"脱钩""断链"等一系列非常规政策,导致中国经济发展承受的外部压力增大。为应对贸易保护主义和发达国家"脱钩""断链"的影响,中央政府坚持对外开放政策,提出实施"双循环"战略。2021年6月10日颁布《海南自由贸易港法》、积极推动《区域全面经济伙伴关系协定》(Regional Comprehensive Economic Partnership,RCEP)签署生效、推进高质量共建"一带一路"等,稳步推进制度型开放。国内经济恢复基础尚不牢固,中央政府坚持"稳中求进"工作基调,坚持"动态清零"原则,始终强调人民利益至上,率先实现复工复产。据统计,2021年,我国国内生产总值达114.4万亿元,同比增长8.1%。我国全年货物进出口总额391 009亿元,比上年增长21.4%。其中对"一带一路"沿线国家进出口总额比上年增长23.6%。2022年,我国国内生产总值突破121万亿元,比上年增长3.0%,两年平均增长5.1%。我国全年货物进出口总额420 678亿元,比上年增长7.7%。其中对"一带一路"沿线国家进出口总额比上年增长19.4%,对《区域全面经济伙伴关系协定》其他成员国进出口额比上年增长7.5%。在当前复杂严峻的世界政治经济形势、国内疫情多元发散等多重考验下,中国社会经济和对外贸易取得上述成绩实属不易。

海关是国家治理体系和治理能力的重要组成部分,处在对外开放最前沿,连接国内和国际两个市场,肩负协同推进强大国内市场和贸易强国建设。2021—2022年,海关坚持稳中求进的工作总基调,以供给侧结构性改革为主线,统筹发展和安全,按照"疫情要防住、经济要稳住、发展要安全"的重要指示要求,聚焦"守国门、促发展",强化监管优化服务,巩固拓展口岸疫情防控和促进外贸稳增长成效,提升制度创新和治理能力建设水平,开启社会主义现代化海关建设新征程。

海关处在对外开放安全防控的"第一线",承担着为国把关的重要使命。而关税作为财政政策和贸易政策中统筹连接国内国际的集合点,具有保护国内产业发展、调节进出口贸易结构、维护国家利益等功能。因此,关税在海关应对疫情、中美经贸摩擦等重大风险挑战中,发挥了守护国家安全、促进高水平开放的积极作用。例如,海关全面落实国家关于防疫物资进出口减免税政策、暂免加贸缓税利息政策、《区域全面经济伙伴关系协定》原产地累积规则首次进入成员方市场享惠政策;配合相关部门制定多批次对美加征关税和排除延期方案;会同相关部门推进海南自由贸易港"零关税"政策、横琴粤澳深度合作区税收政策;落实19个优惠贸易协定项下享惠进口政策,服务高质量共建"一带一路"。

海关的传统职能之一是征收关税,而关税是中央财政收入的重要来源。特别是近年来在国家减税降费、抗击疫情等情况下,财政赤字不断增大。海关加强综合治税,统筹通关便利与依法科学征管,深化税收征管方式改革。2021年海关税收入库20 126亿元,同比增长17.7%,首次突破两万亿大关;2022年海关税收收入持续增长,海关税收入库22 855亿元,同比增长13.6%,占中央财政收入近1/4,为保障中央财政收入做出了积极贡献。

为反映我国关税政策的变化和海关征税制度改革进展情况,同时对世界各国关税政策的变化做系统研究,以期充分发挥关税各项职能,更好服务高水平开放和高质量发展。上海海关学院海关税收研究中心于2010年开始启动"关税纪事与评论"项目,坚持持续收集国内外关税制度、政策及相关资料,加以整理和研究,每两年出版一辑国内外关税资讯和评述,为了解和研究各国关税制度提供比较全面系统的基础性资料,为我国关税制度和政策研究提供参考,至今已编著出版六辑《关税纪事与评论》。

本书是《关税纪事与评论》第七辑,以2021—2022年中外关税制度方面的变化为对象,分8个模块整理资料并加以评述。主要包括:国内外经贸形势与政策分析、中国海关法律规范及关税政策的变化、境外关税政策的变化、进口环节代征税和出口退税政策的变化、商品归类及原产地规则的变化、关税谈判与自贸区发展、国际贸易摩擦与贸易救济调查、经济全球化与关税政策前瞻等内容。本书4个附表分别列出我国海关税收收入、中国原产地规则主要法律文件、中国已签订的自由贸易协定情况、中国正在谈判的自由贸易协定情况等内容，供读者参考。

上海海关学院图书馆馆长、原海关与公共经济学院院长、海关税收研究中心执行主任李九领教授负责整体策划、研究确定本书的撰写思路、篇章结构和主要内容、研究团队、审稿和出版等事宜。上海海关学院钟昌元副教授具体负责组织实施并承担统稿工作。各章资料的收集整理和评述的写作分工情况如下（按照章节顺序）：上海海关学院崔志坤教授（第一章）、上海海关学院钟昌元副教授（第二章和附表一至附表四）、上海海关学院张翅博士、拱北海关李宇（第三章）、上海海关学院张磊博士（第四章）、上海海关学院金宏彬博士（第五章）、上海海关学院匡增杰教授（第六章）、上海海关学院查贵勇副教授（第七章）、安徽财经大学赵永辉副教授（第八章）。上海海关学院部分学生参与了本书部分原始资料的收集、翻译和整理工作，钟昌元副教授对各章资料进行了筛选、梳理与整合。

本书原始资料主要来源于中国中央政府、海关总署、商务部、财政部、国家税务总局、中国自由贸易区网、中国贸易救济信息网等官方网站。由于收集资料的困难以及项目组成员的水平所限，本书可能存在许多遗漏和不足，恳请读者批评指正。

《关税纪事与评论》编委会
2025年2月

目 录

第一章 国内外经贸形势与政策分析 …………………………………… (001)
 第一节 国际经贸形势及政策演变 ………………………………… (001)
 第二节 国内经贸形势及政策创新 ………………………………… (009)
 第三节 未来展望 …………………………………………………… (016)

第二章 中国海关法律规范及关税政策的变化 ……………………… (019)
 第一节 2021—2022年中国海关法律规范变化 …………………… (019)
 第二节 2021—2022年中国关税政策变化 ………………………… (031)
 第三节 中国海关法律规范及关税政策变化评述 ………………… (073)

第三章 境外关税政策变化 …………………………………………… (082)
 第一节 2021—2022年境外进口关税政策变化 …………………… (083)
 第二节 2021—2022年境外出口关税政策变化 …………………… (102)
 第三节 2021—2022年境外关税政策变化评述 …………………… (106)

第四章 进口环节代征税和出口退税政策的变化 …………………… (112)
 第一节 2021—2022年进口环节代征税政策的变化 ……………… (112)
 第二节 2021—2022年出口退税政策的变化 ……………………… (122)
 第三节 中国进口环节代征税与出口退税政策变化评述 ………… (123)

第五章 商品归类及原产地规则的变化 ……………………………… (128)
 第一节 2021—2022年中国商品归类的变化 ……………………… (128)
 第二节 2021—2022年中国原产地规则的变化 …………………… (131)

第三节　商品归类及原产地规则变化评述 …………………………… (137)

第六章　关税谈判与自贸区发展 …………………………………………… (144)
　　第一节　2021—2022年全球主要自由贸易区谈判发展动态 ………… (144)
　　第二节　2021—2022年中国自由贸易区发展情况 …………………… (151)
　　第三节　关税谈判与自贸区发展评述 …………………………………… (156)

第七章　国际贸易摩擦与贸易救济调查 …………………………………… (159)
　　第一节　2021—2022年境外对中国出口产品贸易救济调查情况 …… (159)
　　第二节　2021—2022年中国对进口产品开展贸易救济情况 ………… (178)
　　第三节　国际贸易摩擦与贸易救济评述 ………………………………… (195)

第八章　经济全球化与关税政策前瞻 ……………………………………… (216)
　　第一节　全球经济发展概述 ……………………………………………… (216)
　　第二节　世界及中国主要关税政策梳理 ………………………………… (221)
　　第三节　前瞻与应对 ……………………………………………………… (229)

附表一　1980—2022年中国海关税收收入情况一览表 …………………… (232)

附表二　中国原产地规则主要法律文件一览(截至2022年12月) ………… (234)

附表三　中国已经签订的自由贸易协定情况(截至2022年12月) ………… (238)

附表四　中国正在谈判的自由贸易协定情况(截至2022年12月) ………… (241)

第一章

国内外经贸形势与政策分析

2022年12月,随着中国疫情防控政策的逐步放开,肆虐全球的新冠疫情告一段落,全球经济社会发展和百姓生活逐渐回归正轨。回顾三年疫情,让我们反思很多,特别是疫情对全球经贸的影响。2021—2022年黑天鹅事件层出不穷,加剧了全球经济的波动。部分国家通胀飙升、美联储加息等复杂多变的外部局势对未来全球经济更是蒙上一层阴影;中国国内的后疫情时代面临着经济下行、消费不足等问题,2023年中国的经济社会发展面临更大的挑战,但也存在一定的机遇。

第一节 国际经贸形势及政策演变

近两年来,国际形势变化风起云涌,黑天鹅事件层出不穷,对各国的经济社会发展造成了巨大的影响。世界正处于大发展、大变革、大调整时期,世界经济增长将会放缓,实现平稳复苏的难度加大,差异化复苏仍会是主基调。世界百年未有之大变局加速演进,国际形势的不稳定性与不确定性大大增加,其中不仅有俄乌冲突带来的影响,而且有大国博弈不断加剧的风险。

一、2021—2022年全球经济增长:下行压力持续加大

2021年下半年,世界经济复苏开始呈现动力不足的迹象;进入2022年后,受新冠疫情和地缘政治冲突升级等超预期因素影响,世界经济下行压力逐步加大,国际机构频频下调增长预期。2022年10月,国际货币基金组织(IMF)估计,2022年世界经济将增长3.2%,较2021年下降2.8个百分点。世界银行、经济合作与发展组织(OECD)等国际机构也在过去一年中多次下调2022年世界经济增速的预测值。根据

IMF 估计,2022 年发达经济体的经济增速为 2.4%,较 2021 年下降 2.8 个百分点。其中,美国、欧元区和英国的经济增速分别为 1.6%、3.1% 和 3.6%,较 2021 年分别下降 4.1 个、2.1 个和 3.8 个百分点;日本的经济增速为 1.7%,与上年持平。值得注意的是,2022 年第一季度和第二季度美国经济环比均为负增长,已显现经济疲软迹象。IMF 预计,2022 年新兴市场与发展中经济体的经济增速为 3.7%,较 2021 年下降 2.9 个百分点。其中,中国、印度、巴西、俄罗斯和南非的经济增速分别为 3.2%、6.8%、2.8%、-3.4% 和 2.1%,较 2021 年分别下降 4.9 个、1.9 个、1.8 个、8.1 个和 2.8 个百分点。我们预计,2022 年世界经济增速的最终核算值可能低于 3.2%,甚至不排除进一步下调至 3% 以下的可能性。①

二、美联储加息影响全球资本流向

从 2022 年 3 月开始,美联储在 2022 年共计加息 7 次,累计加息 425 个基点,最终将联邦基金利率目标区间上调到 4.25%~4.50%,达到 2008 年国际金融危机以来的最高水平。3 月、5 月美联储分别加息 25 个基点和 50 个基点。6 月份美国通胀水平升至 2022 年内最高峰后回落,美联储在 6 月、7 月、9 月和 11 月连续 4 次加息 75 个基点,为 40 年来的首次。随着美国通胀水平见顶回落,美联储在 12 月的年内最后一次议息会议上放缓了加息幅度。

加息将带来深远影响,引发全球资本市场蝴蝶效应。美联储是美国的中央银行,但是美元是全球性货币,美国是全球货币金融市场的中心。美联储的政策目标是稳定美国经济,但其影响是全球性的。这是当下国际货币体系扭曲结构的必然结果。可以预见,美联储政策的调整会沿着金字塔体系延伸和放大,甚至在全球资本市场产生蝴蝶效应。

首先,美联储超常规加息意味着货币宽松周期的结束。在 2008 年金融危机和 2020 年新冠疫情之后,美联储打开了货币宽松,甚至无限量宽松的闸门。过去两年来,美联储的资产负债表膨胀了 2 倍多,全球流动性泛滥。此轮暴力加息意味着全球将进入货币紧缩的时代,欧洲央行货币立场调整至中性水平,负利率时代将结束。从宽松到紧缩的调整之路不会平坦,因为要引导和管理市场情绪,以及公众的心理预期,是非常困难的事情。就像前几年美联储以及各发达国家央行不断释放流动性,依然难以把经济拉起来,现在骤然进入紧缩通道,也未必能在短时间内将通胀"驯服"。

其次,美联储大幅度加息会影响资本流向。资本从新兴市场向美国回流,必然对

---

① 张宇燕等,2023 年世界经济形势分析与预测[M].北京:中国社会科学文献出版社,2022。

新兴市场经济体造成比较剧烈的冲击。2013年美联储开始退出量宽政策,新兴经济体资本外逃,货币贬值,债务压力陡增。显然,这次美联储的加息缩表力度比2013年还要大,造成的冲击和影响也要更加剧烈。20世纪80年代,保罗·沃尔克"制服"了美国的通胀,维持了美元的信用,但是让发展中国家掉入了债务的泥潭之中。在货币宽松周期,债务泛滥、货币紧缩之后,无论企业还是个体都将面临越来越沉重的还债压力,尤其是以美元计价的债务。在利率上升、汇率贬值之下,债务违约的现象会普遍出现。

最后,货币紧缩时代的经济增长动力更多地要依靠全要素增长率的提升,这对世界各国经济的成色和质量是非常大的考验。[1]

三、俄乌冲突影响全球能源格局,加剧全球通胀风险

俄罗斯和乌克兰是全球能源、农产品等大宗商品的重要出口国,两国冲突引发了大宗商品市场剧烈动荡,石油等多种大宗商品价格创下多年新高。

2022年3月,IMF大宗商品价格指数升至238.9,创历史最高纪录,全球通胀蔓延。尽管大宗商品价格上升是本轮全球性通胀的重要助推因素,但由于疫情后各国经济复苏情况不同,通胀基础和市场环境存在差异,主要经济体通胀表现有所分化。

多数发达经济体通胀创多年来高点,居民消费价格指数(CPI)也一度跃至高点。疫情防控期间,"无限量"超宽松政策刺激美国市场需求快速复苏,需求侧驱动美国通胀上行,加上俄乌冲突对全球供应链造成持续冲击,美国实体经济面临严重供需不匹配问题,引发通胀高企。欧洲通胀更多归因于能源危机。随着俄乌局势演变,制裁措施逐步升级,俄欧在能源领域加速脱钩,目前俄罗斯对欧洲的天然气供应已降至正常水平的20%以下。能源供给出现巨大缺口,导致欧洲通胀快速上行,对俄罗斯化石能源依赖越高的欧洲国家,通胀水平越高。截至2022年11月末,希腊、德国CPI同比增速最高分别冲至12.1%、11.6%,均创历史最高纪录。日元大幅贬值叠加大宗商品价格上涨抬升进口成本,是日本此次通胀的主要原因。面对通胀高企,发达经济体纷纷加息,一定程度上遏制了需求,美国CPI同比增速于6月冲顶至9.1%后略有回落,但对能源供应引发的通胀效果十分有限,欧元区、英国CPI同比增速仍处于10%以上的高位。对于深陷能源危机的欧洲而言,通胀的解决需要找到弥补能源缺口的方法。

部分脆弱经济体输入性通胀压力加大。埃及、黎巴嫩高度依赖粮食进口,从俄乌两国的小麦进口占比均超过50%。在粮价上涨及黑海港一度中断的运输影响下,这

---

[1] https://baijiahao.baidu.com/s?id=1735793229463167951&wfr=spider&for=pc 美联储28年来最大加息,将会带来哪些影响?《新京报》专栏。

些经济体输入性通胀压力大幅抬升,埃及 CPI 同比增速已突破 15%,黎巴嫩再次出现物价巨幅波动。土耳其能源需求几乎全部依赖进口,能源价格上涨叠加降息带来的本币贬值,通胀一路飙升,目前未见明显下行态势。

四、美国推动新经贸规则体系对全球价值链格局的影响

新冠肺炎疫情暴发以来,美国在多个方面积极推动国际经贸规则重塑,既包括推出系统的、可拓展的宏观框架,也包括一般性的、针对具体领域的合作协议、伙伴关系、合作论坛、联盟等内容。这些内容涉及区域产业链布局、高技术领域、互联网与数字领域、半导体、人工智能、锂电池、基础设施投资、关键矿产、医药、航空 10 个方面,共 28 项具体的合作规则。基本涉及全球产业链的基础领域,尤其是全球科技进步的基础领域。从具体规则的时间分布看,2020 年有 6 项,2021 年有 13 项,2022 年有 9 项。

宏观规则合作 3 项,涵盖欧洲、亚太及拉美地区。一是美国与欧盟的合作框架,2021 年 9 月成立"美国-欧盟贸易和技术委员会"(EU-US Trade and Technology Council,TTC)。二是美国与亚太地区的合作框架,2021 年 10 月推出"印度-太平洋经济框架"(Indo-Pacific Economic Framework,IPEF),包括公平和有弹性的贸易、供应链弹性、基础设施、清洁能源和脱碳、税收和反腐败,各方面都具有较强的拓展性。三是美国与拉美地区的合作框架,2022 年 6 月推出"美洲经济繁荣伙伴关系"(Americas Partnership for Economic Prosperity,APEP),拉拢中南美国家参与构建其"友岸外包"(Friend-Shoring)计划。这三个框架揭示了美国实施"友岸外包""近岸外包"等安全供应链的战略布局。

具体领域方面,高技术领域有 4 项、互联网与数字领域有 7 项、半导体有 3 项、人工智能有 3 项、锂电池有 2 项、基础设施投资有 2 项、关键矿产有 1 项、医药有 1 项、航空有 2 项。

2022 年,美国先后推出《芯片与科学法案》《通胀削减法案》,法案有多项贸易歧视性和扭曲性补贴措施,扰乱全球产业链和供应链,严重破坏了正常的国家经贸与投资活动。美国"脱钩""断链"行径引起国际社会的广泛反对。

2022 年 8 月 16 日,美国总统拜登签署《通胀削减法案》。该法案对电动汽车等提供绿色能源税收抵免,鼓励购买"美国车"。此法通过后,引发了法国、德国等欧盟国家的忧虑,美国利用自己的税收政策鼓励本国消费者购买本国制造的产品而对其竞争对手实行歧视性政策。欧盟委员会主席冯德莱恩、法国总统马克龙和德国总理朔尔茨等都发声谴责美国的这种违反公平贸易原则的立法,新一轮欧美贸易战一触即发。中国、韩国、阿根廷等国也对此表示了不满。① 欧盟认为,这一赤裸裸的保护主义政策对欧洲汽车制造商构成歧视,将加剧欧洲工业萎缩,威胁欧洲产业长期竞争力。而《芯片与科学法案》则引发了美国芯片厂商的普遍担忧,被认为将影响全球芯片产业链、供应链的优化配置和安全稳定。②

美国作为世界第一大经济体,采取如此行径,是极不负责任的。正如我国大使在对美贸易政策审议的发言中所述,美国在高呼公平竞争时,重拾产业政策,出台《通胀削减法》《芯片与科学法》等,不仅通过大规模补贴帮助本国产业获取竞争优势,而且开启了歧视性、排他性贸易投资政策的大门。③

五、新冠肺炎疫情对全球生产链重塑产生影响

自20世纪90年代取代跨国公司成为主要国际生产组织形式以来,全球生产链在各国贸易投资便利化措施的推进下蓬勃发展,经历了日本"3·11"大地震和新冠肺炎疫情等灾害冲击,也曾在2008年全球金融危机和逆全球化等人为因素中受阻。与其他影响因素相比,新冠肺炎疫情破坏性更强、影响范围更广,以一种强制性制度变迁推动全球生产链上分工合作模式的调整。

作为偶然事件,新冠肺炎疫情终将过去,但与之类似的战争、制裁、瘟疫、自然灾害等涉及范围广、破坏性强的突发事件还可能再次发生。如果说运行机制脆弱性是全球生产链的先天不足,那么重大突发事件冲击下企业机会主义行为和各国利益冲突又导致了全球生产链的后天失调。从某种程度上说,新冠肺炎疫情可以看作重大突发事件对全球生产链冲击的一次真实试验,抗疫的经验和教训对国际社会预防和应对类似突发事件对全球生产链的冲击都具有重要的价值。

更重要的是,在新冠肺炎疫情下也更易洞察全球生产链运行机制缺陷,为国际社会进一步完善全球生产链治理指明了方向。虽然在新冠肺炎疫情下具有浓厚政治色彩的"近岸外包"和"友岸制造"在一定程度上降低了交易成本,但如果各国抛弃政治偏见,加强合作,进一步完善全球生产链治理机制,促进全球生产链与国际组织功能对接与整合,就可以享受比"近岸外包"和"友岸制造"更低的生产成本和交易成本。我们希望,具有浓厚政治色彩的"近岸外包"和"友岸制造"只是全球生产链调整中的一个小插曲,在国际社会的共同努力下,全球生产链治理机制将日趋完善,各国也将在全球生产

---

① https://www.sohu.com/a/638231521_6740792022年全球税收重要发展与事件回顾。
② https://baijiahao.baidu.com/s?id=17535886127452367 88&wfr=spider&for=pc2022年十大国际经济新闻。
③ https://baijiahao.baidu.com/s?id=17535368035487642 18&wfr=spider&for=pc美国《通胀削减法》《芯片与科学法》违反WTO规则。

链的共建、共享中增进社会福祉。

六、国际框架达成历史性协议

1. RCEP正式生效

历经8年谈判《区域全面经济伙伴关系协定》(RCEP)于2020年11月15日签署，经过各方共同努力，于2021年11月2日达到生效门槛。RCEP的生效实施，标志着全球人口最多、经贸规模最大、最具发展潜力的自由贸易区正式落地，充分体现了各方共同维护多边主义和自由贸易、促进区域经济一体化的信心和决心，将为区域乃至全球贸易投资增长、经济复苏和繁荣发展做出重要贡献。RCEP的生效不仅仅是东亚区域合作极具标志性意义的成果，更是多边主义和自由贸易的胜利，将为世界经济实现恢复性增长贡献新力量。RCEP覆盖总人口达22.7亿，经济总量达26万亿美元，出口总额达5.2万亿美元，均约占全球总量的30%。RCEP生效实施后，将成为世界上参与人口最多、成员结构最多元、发展潜力最大的自贸区，也是全球规模最大的自贸区。作为一个新型的自贸协定，RCEP的开放水平较之前的自贸机制有很大的提升，不仅涵盖货物贸易、争端解决、服务贸易、投资等议题，而且涉及知识产权、数字贸易、金融、电信等新议题。

RCEP各缔约方适用的关税承诺表分为两大类。一类是"统一减让"，即同一产品对其他缔约方适用相同的降税安排，澳大利亚、新西兰、马来西亚、新加坡、文莱、柬埔寨、老挝、缅甸8个缔约方都是这种模式，这些缔约方只有一张关税承诺表，即RCEP项下原产于不同缔约方的同一产品，在上述缔约方进口时，都将适用相同的税率。另一类是"国别减让"，对其他缔约方适用不同的降税安排，采用这种模式的国家包括韩国、日本、印度尼西亚、越南、泰国、菲律宾和中国，这意味着"原产于不同缔约方的同一产品，在进口时适用不同的RCEP协定税率"。RCEP已核准成员之间90%以上的货物贸易将最终实现零关税，这对促进区域内贸易增长十分有利。鉴于新冠肺炎疫情对世界经济复苏造成的不确定性，RCEP还能推动区域经济在后疫情时代恢复，加强区域内的产业衔接，提升成员国参与全球竞争的能力。

2. 全球最低税开始逐步实施

长期以来，全球主要经济体将低企业税率作为吸引国际投资、扩大本地企业规模和就业率的重要手段，甚至展开"逐底竞争"。中国银行研究院发布的一份研报显示，2001年至今，全球平均企业税率由27%降至20.2%。无论是G20(二十国集团)经济体、OECD经济体还是非OECD经济体，企业税率均保持平稳下行走势，其中OECD经济体下降幅度最大，降幅为7.88个百分点；非OECD成员国降幅较小，降幅为6.23

个百分点；G20 成员国降幅为 6.92 个百分点。

从国别情况看，代表性的国家企业税率均保持下降趋势。其中美国、德国、英国等发达经济体企业税率下行趋势较中国、印度、越南等发展中经济体更明显，爱尔兰、新加坡企业税率处于全球较低水平。

2021 年 4 月，美国财政部长耶伦在 G20 财长会议上，建议将全球最低企业税率统一为 21%。到了之后的 G7（七国集团）财长会议，这一数字又被下调为 15%，以降低方案通过的难度。当地时间 7 月 10 日，二十国集团财政部长和央行行长第三次会议在意大利威尼斯闭幕，并发布公报称，已就更稳定、更公平的国际税收框架达成历史性协议。各方的意向已经明确了，消灭"避税天堂"，结束逐底竞争，但距离形成有约束力的法律，仍然有不少阻力。[①]

OECD 在 2021 年 10 月 8 日宣布，136 个国家和司法管辖区已同意进行国际税收制度改革，将从 2023 年起向大型跨国企业征收至少 15% 的企业税。该方案将确保规模最大、利润最丰厚的跨国企业利润和征税权在各国之间更公平地分配。同时，将全球最低企业税率设为 15%。从 2023 年起，年收入超过 7.5 亿欧元（约合 8.7 亿美元）的公司都将适用这一税率。OECD 提出的税改框架先后获得二十国集团财长和央行行长会议与二十国集团峰会的支持。[②]

七、虚拟资产估值泡沫破灭

2022 年以来，以比特币为代表的虚拟货币价格持续暴跌，不仅如此，NFT〔（Non-Fungible Token），中文名称为"非国质化通证"或"非同质化代币"〕、虚拟地产等价格也大幅度"跳水"、全球最大加密货币交易平台 FTX 崩盘，全球数字资产市场进入了最新一轮的"至暗时刻"。无数国家、地区和投资机构的巨额财富骤然消失，无数人的财产瞬间清零甚至成为负数。这甚至已波及国际资本市场，开始无情冲击众多"创新投资者"们的数字化信念。

对于 2022 年的加密数字货币市场而言，比特币遭遇断崖式下跌，其他虚拟货币也几乎全军覆没，短短一年光景，币圈风云变幻，"造富神话"破灭的背后，有交易平台倒闭，有贷款公司破灭，风险传导至"币圈"产业链上的每一环节。不少投资者经历了"过山车"的刺激，却深陷亏损无力自拔。作为市值占比最重的比特币，其从年内高点 47 343 美元/枚之后一路走低，截至 12 月 19 日，比特币暂报 16 660 美元/枚，价格累

---

① http://www.ahstudent.com/guoji/2021/0712/15577.html 国际税收框架达成历史性协议 终结"避税天堂"。

② https://baijiahao.baidu.com/s?id=1720612534074583028&wfr=spider&for=pc 2021 年十大国际经济新闻。

计下跌超65%。

昙花一现的还有虚拟房产领域，主流虚拟地产平台数据纷纷"跳水"，元宇宙房地产价格暴跌，暴跌让更多入局者退场，也让更多跟风者止步。事实上，除了所谓加密资产的崩盘、热点转移、游资离场等主要因素，虚拟地产价格暴跌的背后折射出的是——当前元宇宙发展仍处于早期阶段，商业化落地、虚拟地产应用场景严重不足，基于虚拟地产开发的游戏体验不佳。[1]

除此之外，随着元宇宙概念股Roblox在美国上市、Facebook改名为Meta，国内外各大互联网企业跟进加码元宇宙布局，吸引海内外资本快速涌入元宇宙赛道。但是自2022年二季度以来，元宇宙资本热潮迅速降温，以Meta为代表的元宇宙概念股估值不断下调。截至2022年12月22日，Meta股价报收于每股117.12美元，较年初跌幅达到65.4%，总市值缩水约6 439亿美元。元宇宙领域"入不敷出"，成为拖累公司业绩、导致投资者负面情绪的重要因素。2022年前三季度，Meta的元宇宙业务部门Reality Labs累计亏损94亿美元，预计2023年亏损额将继续增加。随着元宇宙市场虚拟资产估值泡沫破灭，投融资步伐和项目估值逐渐降温，市场逐步回归理性。[2]

八、2023年国外经贸发展展望

国外疫情政策放松管制较早，从2022年开始，大多数国家进入了后疫情时代，但从发展来看，由于不确定性事件层出不穷，世界经济增长前景不容乐观，实现平稳复苏难度增大，差异化复苏仍会是主基调。各国差异化复苏背后的根本原因是各国发展水平、财力、人力的不同。这种不同，决定了这种差异化复苏在2023年会继续，因为国家间的差异不可能在短期内被消除。新冠疫情让产业链的脆弱性进一步暴露。各国从2021年开始着手修复。日本政府在2021年的《通商白皮书》中提到，供应链断裂是地缘政治变化、新冠肺炎疫情暴发等造成的，且受到结构性因素影响，无法靠恢复原状就能克服，必须对供应链进行重新布局。2021年5月，欧盟更新了其产业战略，提出要加强单一市场弹性，并在原材料、半导体和电池等6个战略领域减少对外依赖，提升产业的"开放战略自主能力"。但是全球产业链供应链的形成和发展，是市场规律和企业选择在较长时期内相互作用的结果，要想迅速修复，非常困难。同时，各国都更加关注科技发展，技术创新和应用将进一步加快。在政府与市场的共同推动下，新一轮科技革命孕育兴起，战略性新兴产业不断涌现。新技术、新产业、新能源、新材料正在成为

---

[1] https://www.yuanyuzhoujie.com/2022/1226/16070.shtml 虚拟资产泡沫破灭。
[2] https://www.boc.cn/aboutboc/bi1/202212/t20221229_22333899.html 中国银行研究院、《金融时报》社联合评出2022年国际金融十大新闻。

各国激烈竞争的制高点。多学科交叉、跨界交融,不同领域的新技术互为支撑、相互刺激,跨学科创新成果层出不穷。科技创新不仅在催生大量新兴产业,而且将向传统产业深度渗透,将深刻改变传统发展模式,世界经济大格局亦将因此发生深刻变化。

第二节 国内经贸形势及政策创新

受到新冠肺炎疫情的冲击,国内外形势出现新的变化,多重因素叠加对我国经济社会发展产生深远影响。进入2021年,随着疫情防控进入常态化阶段,在复杂多变的内外部环境下,恢复经济发展,并在中长期保持经济持续健康发展,对于我国在"十四五"时期乃至更长发展阶段实现经济高质量发展具有重要意义。

一、俄乌冲突对我国经济影响以及我国采取的应对措施

自2022年2月24日俄罗斯和乌克兰冲突爆发以来,美欧等西方国家陆续出台了对俄罗斯的制裁政策,沉重打击了俄罗斯的经济和对外贸易。在经济全球化的今天,各国经济密不可分,俄乌冲突不仅影响了俄罗斯与乌克兰两国的经济发展,而且对世界经济产生了深远影响。俄罗斯作为中国的重要贸易伙伴,其受到制裁,无可避免地会通过贸易渠道、金融渠道与供应链渠道对我国产生负面影响,令我国的经济发展不确定性增加。

第一,俄乌冲突通过贸易渠道阻碍我国能源、农产品和化肥的进口。中国对俄罗斯的能源依赖度较高,面对西方国家的制裁,俄罗斯能源出口大幅度削减,全球的能源价格上涨,我国天然气、石油等能源产品供应也受到影响。农产品市场方面,俄罗斯和乌克兰均为世界上主要的农产品生产国和出口国。俄乌冲突爆发后,为保证国内粮食安全,俄罗斯与乌克兰都禁止了小麦等农产品的出口,同时,海运中断也影响了农产品的出口,从而引发全球农产品价格上涨。此外,俄罗斯还减少了对我国肥料市场的供应,我国农产品生产也受到一定程度影响。

第二,俄乌冲突通过金融渠道对我国股市造成影响。俄乌冲突爆发后,美欧都加大了对俄罗斯经济和金融等方面的制裁,投下"金融核弹",将7家俄罗斯银行逐出SWIFT国际结算系统,金融市场恐慌情绪蔓延,投资者信心下降,造成全球资本市场震荡,同样,受此影响,也加剧了我国股市的动荡。

第三,俄乌冲突通过供应链渠道加大输入型通胀压力。俄罗斯和乌克兰是石油、天然气、铝等工业原材料以及小麦、玉米等农产品的重要出口地,俄乌冲突则使得石油等全球大宗商品价格大幅上涨,提高了我国进口原材料、中间产品以及下游产品的生产成本,抬高了国内商品价格,输入型通货膨胀风险增加。

为应对俄乌冲突对中国经济带来的负面影响,一是在能源危机方面,保障国内能源价格总体稳定。国内各地区、各部门认真贯彻落实党中央、国务院的决策部署,在持续加强能源产供储销体系建设基础上,着力稳煤价、稳电价、稳气价,保证能源价格总体运行在合理区间。我国立足以煤为主的基本国情,坚持系统观念,煤价改革、电价改革"双管齐下",以机制创新支撑能源保供稳价。一方面,我国着力增加国内产能、储备和供应,保障能源稳定供应。在进口方面,我国拓展进口来源地,以防对部分能源大国产生能源依赖,避免地缘政治冲突所带来的潜在风险。另一方面,我国的能源主要还是以化石原料为主,在"双碳"目标下,我国借此机会积极推进能源结构转型,出台相关政策提高我国能源结构中的清洁能源占比。

二是农产品进口方面,在俄乌冲突背景下,为保障我国的粮食安全,国家出台相关鼓励政策,积极挖掘国内农业潜力,保证"内粮足"。另外,积极扩大进口,开拓新的进口来源地,做到"稳进口"。促进初级产品供给,我国企业与外方合作开发石油、天然气、铜、铝等矿产资源,扩大了全球初级产品总供给,为维护大宗商品市场稳定、保障能源资源安全做出了积极贡献。

三是要加强大宗商品价格管控。能源、粮食等大宗商品是重要资源与生产资料,俄乌冲突令国际大宗商品价格持续走高,带来输入性通胀风险。我国一方面促进初级产品供给,中方企业与外方合作开发石油、天然气、铜、铝等矿产资源,扩大全球初级产品总供给,维护大宗商品市场稳定,保障能源资源安全;另一方面促进产业链供应链畅通衔接,中方企业与外方共商共建基础设施,例如中老铁路、雅万高铁等项目。

二、扩内需、稳投资、促消费

2022年11月,我国发布进一步优化疫情防控措施,最大限度保护人民群众生命安全和身体健康,最大限度减少疫情对群众生产生活秩序和经济社会发展的影响。同年12月,国务院发布了《扩大内需战略规划纲要(2022—2035年)》(以下简称《纲要》)和《"十四五"扩大内需战略实施方案》,主要内容集中在七个方面:一是扩大引导文化和旅游消费。二是增加养老育幼服务消费,推动养老事业和养老产业协同发展,推动生育政策与经济社会政策配套衔接。三是提供多层次医疗健康服务。四是提升教育服务质量。五是促进群众体育消费。六是推动家政服务提质扩容。七是提高社区公共服务水平。国务院发布扩大内需相关文件,各省也积极响应,例如,广西壮族自治区人民政府办公厅印发关于《广西强商贸扩内需促消费行动方案(2022—2025年)》。

《纲要》提到扩投资主要集中在三个领域:一是加大制造业投资力度,这是推动高质量发展,实现制造强国的核心抓手;二是加大补短板,推动传统基建投资,主要涉及交通、能源、水利、物流、生态环保、社会民生等传统领域投资建设;三是系统布局新基建,主要赛道在加速建设信息基础设施,全面发展融合基础设施和前瞻布局创新基础设施,例如工业互联网、智慧交通、医疗重大科学装置、超级科学工程、稀缺验证平台等。在国务院印发的《扎实稳住经济一揽子政策措施的通知》中,投资主要包括:推动交通基础设施投资、因地制宜继续推进城市地下综合管廊建设、稳定和扩大民间投资。

消费是拉动经济增长的重要引擎,要发挥消费在基础设施建设、改善民生等方面的重要作用,促进重点领域消费恢复扩大。传统消费强调"稳中求进",包括"坚持'房子是用来住的,不是用来炒的'定位",地产销售强调稳;推进汽车电动化、网联化、智能化,加强停车场、充电桩、换电站、加氢站等配套设施建设,交通工具的消费旨在升级提效;倡导健康饮食结构,增加健康、营养农产品和食品供给,促进餐饮业健康发展,食品消费更加注重安全。未来消费则更加突出服务、共享和低碳。包括推进冰雪运动"南展西扩东进",带动群众"喜冰乐雪";支持线上多样化社交、短视频平台规范有序发展,鼓励微应用、微产品、微电影等创新;促进居民耐用消费品绿色更新和品质升级,低碳领域绿色家电和新能源车下乡活动也是消费扩容的重要趋势。

为进一步提高居民消费能力和意愿,2022年4月,国务院办公厅印发了《关于进一步释放消费潜力促进消费持续恢复的意见》(以下简称《意见》)。《意见》的制定出台,一方面是着眼长远,着力畅通国民经济循环,推动消费在政策、制度、技术、业态、模式等方面的创新。另一方面是聚焦当前,积极应对疫情对消费的影响,稳消费、保供给、促恢复。《意见》的主要内容包括五方面:一是应对疫情影响,促进消费有序恢复发展。二是全面创新提质,着力稳住消费基本盘。三是完善支撑体系,不断增强消费发展综合能力。四是持续深化改革,全力营造安全放心诚信消费环境。五是强化保障措施,进一步夯实消费高质量发展基础。

在促进汽车市场消费方面,国务院以及地方政府推出了许多政策来刺激国内汽车市场消费增长。2022年5月底,财政部、国家税务总局推出600亿元汽车购置税优惠"大礼包"之后,各地方政府纷纷积极响应,先后出台汽车消费政策,促进汽车消费,使部分地区的汽车产业在短期内得以复工复产。例如,深圳出台《深圳市关于促进消费持续恢复的若干措施》,提出对新购置新能源汽车个人消费者给予最高不超1万元/辆的补贴。江西采用购车摇号抽奖方式刺激汽车消费,总奖金4 600万元,个人最高可中5万元。此外,青岛市、长春市等多地发放消费券,针对汽车市场推出了专项促销活动,且政策多倾向于新能源车。

三、扎实稳住经济一揽子财税激励与扶持政策

新冠肺炎疫情和地缘冲突导致风险和挑战增多,我国经济发展环境的复杂性、严峻性、不确定性上升,稳增长、稳就业、稳物价面临新的挑战。在以习近平同志为核心的党中央坚强领导下,按照中央经济工作会议和《政府工作报告》部署,为扎实做好"六稳"工作,全面落实"六保"任务,2022年5月31日,国务院印发关于《扎实稳住经济一揽子政策措施》的通知,主要包括6个方面33项措施。

在财政政策方面,一是进一步加大增值税留抵退税政策力度,2022年出台的各项留抵退税政策新增退税总额达到约1.64万亿元。二是加快财政支出进度,督促指导地方加快预算执行进度,尽快分解下达资金,及时做好资金拨付工作。三是加快地方政府专项债券发行使用并扩大支持范围,包括2022年已下达的3.45万亿元专项债券。四是用好政府性融资担保等政策,2022年新增国家融资担保基金再担保合作业务规模1万亿元以上。五是加大政府采购支持中小企业力度,将面向小微企业的价格扣除比例由6%~10%提高至10%~20%。六是扩大实施社保费缓缴政策,在确保各项社会保险待遇按时足额支付的前提下,对符合条件地区受疫情影响生产经营出现暂时困难的所有中小微企业、以单位方式参保的个体工商户,阶段性缓缴三项社会保险单位缴费部分,缓缴期限阶段性实施到2022年年底。七是加大稳岗支持力度。优化失业保险稳岗返还政策,进一步提高返还比例,将大型企业稳岗返还比例由30%提至50%。

税收政策持续发力,新增税收优惠政策包括:对符合条件的小微企业(含个体工商户)、微型企业、制造业行业企业、批发零售行业企业实施增值税期末留抵退税;中小微企业新购置的设备、器具,单位价值在500万元以上的,按照单位价值的一定比例自愿选择在企业所得税税前扣除;航空和铁路运输企业分支机构暂停预缴增值税;对纳税人提供公共交通运输服务取得的收入,免征增值税;新增3岁以下婴幼儿照护个人所得税专项附加扣除政策,按照每个婴幼儿每月1 000元的标准定额扣除;对纳税人为居民提供必需生活物资快递收派服务取得的收入,免征增值税;对购置日期在2022年6月1日至2022年12月31日期间内且单车价格(不含增值税)不超过30万元的2.0升及以下排量乘用车,减半征收车辆购置税;由省、自治区、直辖市人民政府根据本地区实际情况,以及宏观调控需要确定,对增值税小规模纳税人、小型微利企业和个体工商户可以在50%的税额幅度内减征资源税、城市维护建设税、房产税、城镇土地使用税、印花税(不含证券交易印花税)、耕地占用税和教育费附加、地方教育附加;阶段性缓缴企业基本养老保险费、失业保险费、工伤保险费政策;阶段性缓缴职工基本医疗保

险费政策等。

四、"双碳"目标促使经济向绿色转型

2020年9月22日,中国在第75届联合国大会正式提出2030年实现碳达峰、2060年实现碳中和的目标,为此,政府也出台了许多相关政策促进行业低碳转型。实现碳达峰、碳中和(下文简称"双碳")是贯彻新发展理念、构建新发展格局、推动高质量发展的内在要求,是建设人与自然和谐共生的中国式现代化的应有之义。2021年2月,国务院印发《关于加快建立健全绿色低碳循环发展经济体系的指导意见》(以下简称《意见》),《意见》从生产、流通、消费、基础设施、绿色技术、法律法规政策6个方面对绿色低碳循环发展做出了部署安排:一是健全绿色低碳循环发展的生产体系,推进工业绿色升级,加快农业绿色发展。二是健全绿色低碳循环发展的流通体系。三是健全绿色低碳循环发展的消费体系。四是加快基础设施绿色升级,要推动能源体系绿色低碳转型,大力推动可再生能源发展,加快大容量储能技术研发推广。五是构建市场导向的绿色技术创新体系。六是完善法律法规政策体系。

要达到碳达峰、碳中和,实现绿色转型,就要进一步完善市场导向的绿色技术创新体系。多地政府发布相关政策大力鼓励绿色技术发展:湖南省印发《制造业绿色低碳转型行动方案(2022—2025年)》,聚焦制造业发展全过程和各方面的绿色低碳转型,重点实施产业结构绿色转型、制造业重点领域碳达峰、能源消费低碳转型;北京市印发《"十四五"时期制造业绿色低碳发展行动方案》,共提出7大行动22项任务,促进制造业绿色低碳高质量的发展;重庆市印发《以实现碳达峰碳中和目标为引领深入推进制造业高质量绿色发展行动计划(2022—2025年)》,提出要正确处理好发展和减排、整体和局部、短期和中长期的关系,坚持分步有序推动,在如期全面完成国家下达重庆市减污节能降碳目标的基础上实现更高质量发展。2022年12月,国家发展改革委、科技部联合印发了《关于进一步完善市场导向的绿色技术创新体系实施方案(2023—2025年)》(发改环资〔2022〕1885号,以下简称《实施方案》)。《实施方案》从9个方面提出了进一步完善市场导向的绿色技术创新体系的重点任务:一是强化绿色技术创新引领。二是壮大绿色技术创新主体。三是促进绿色技术创新协同。四是加快绿色技术转化应用。五是完善绿色技术评价体系。六是加大绿色技术财税金融支持。七是加强绿色技术人才队伍建设。八是强化绿色技术产权服务保护。九是深化绿色技术国际交流合作。

五、大力落实减税措施

2022年全年税务部门组织税费收入31.7万亿元,其中,税收收入16.1万亿元

(未扣除出口退税),社保费收入 7.4 万亿元,为国家治理提供了坚实的财力保障。[①] 近年来国家出台了一揽子政策,大力实施减税降费,在支持企业纾难解困、保市场主体保就业、助力稳住宏观经济大盘、促进高质量发展等方面发挥了关键性作用。一是财政政策方面要进一步加大减税降费力度,保持赤字率的合适规模,同时保持地方政府专项债的规模来解决地方政府财力不足的问题,减轻地方政府财政压力。一方面,需要加大减税降费力度与政策落实,进一步加大减税降费的力度。另一方面,要保证地方政府财力,加大地方政府专项债规模,减轻地方政府财政压力。二是完善税收体系,落实减税措施是保证我国居民收入的重要手段。大力降低企业相关税收,提高企业利润,从而提升居民工资性收入。改革个人所得税是改善当前居民收入增长不快的重要措施。三是加大卫生健康、城乡社区建设、社会保障和就业领域的支出。四是完善医疗体系,促进相关产业包括健康产业升级,加大医疗基础设施投资,完善多层级医疗基础设施建设。建设从中央到省、市、县、乡(镇)、村(社区)完整的医疗基础设施,可通过市场机制吸引民间资本投入,解决投资增长缓慢的问题。

六、区域经贸合作升级,外贸总体稳中提质

RCEP 于 2022 年 1 月 1 日正式生效实施,关税减让、原产地累积规则、贸易便利化等制度红利,为各国及其企业带来了实实在在的增长和收益。商务部国际贸易经济合作研究院发布的研究报告显示,RCEP 生效实施之后,一方面区域整体对世界的贸易得以快速增长;另一方面,中国与 RCEP 经贸合作成效也逐步显现,为稳外贸、稳外资和企业拓展国际市场发挥了重要作用。中国外贸的"朋友圈"越来越大。2022 年前 11 个月,东盟已成为我国第一大贸易伙伴。同期,我国对"一带一路"沿线国家合计进出口额达 12.54 万亿元,增长 20.4%。为帮助企业用好、用足 RCEP 关税优惠政策,各地着力创新平台和机制建设:南京推出了 FTA 惠企"一键通"智慧平台,企业可以一键查询与商品对应的最优税率;苏州打造 RCEP 企业服务平台;无锡建立了 RCEP 国际友城合作机制。2022 年前 10 个月,江苏省 RCEP 签证出口货值达 419.98 亿元,居全国首位。

不仅如此,RCEP 还为区域内数字贸易开启了新空间。2022 年前 10 个月,广州海关监管来自 RCEP 国家的跨境电商进口清单 62.1 万票,同比增长 30.7%;监管出口至 RCEP 国家的跨境电商清单 2 亿票,同比增长 5.2 倍。RCEP 生效后,区域内各成员国的商品流动、技术和服务资本合作以及人才合作更加便利,部分商品的关税减

---

① 数据来源于国家税务总局网站。

免直接降低了生产和流通等环节的成本,叠加多方市场的贸易标准统一化,有助于中国在东南亚国家部署海外仓建设。山东也抢抓 RCEP 生效机遇,加快中国(山东)自由贸易试验区建设,为外贸企业创造更多的政策红利,仅 2022 年青岛自贸片区就形成了 38 项高质量制度创新成果。2022 年前 11 个月,山东外贸进出口额达 3 万亿元人民币,总量超过 2021 年,同比增长 13.5%。尽管全球经济形势复杂严峻,但 RCEP 持续释放红利,助力区域经贸合作提速升级。

虽然外贸总体稳中提质,但也要看到,受外需走弱、地缘政治冲突等因素影响,月度进出口增速有所放缓。进入 2022 年第四季度,国内外环境复杂性、不确定性超出预期,外需不足成为突出挑战,同时上年底高基数影响逐步显现,外贸进出口进一步承压。

面对新发展形势,政策面持续部署稳外贸重要举措。党的二十大报告明确指出,加快建设贸易强国,强调"推动货物贸易优化升级""创新服务贸易发展机制""发展数字贸易"等。2022 年中央经济工作会议要求,要更大力度推动外贸稳规模、优结构,更大力度促进外资稳存量、扩增量,培育国际经贸合作新增长点。商务部将继续指导各地方,支持广大外贸企业开展贸易促进和供采对接,更大力度推动外贸稳规模、优结构。一方面,继续支持各地方利用商务包机和商业航班资源,便利外贸企业人员出境参加展会、开展商洽等商务活动。另一方面,商务部将会同各地方加大对企业参展的支持力度,研究符合条件的展会适时重启线下展,继续高质量培育线上展。积极支持有条件的地方扩大境外办展规模,服务更多外贸企业。立足新发展阶段,外贸企业也要积极修炼"内功"。一是要加快品牌出海,特别是优质的产品和服务加速出海;二是要建立海外的本土化营销体系,拓宽贸易渠道;三是要构建国际供应链体系,包括物流效率提升、跨境人民币结算优化等。通过多种方式更加积极主动地融入全球市场,在开放发展中赢得更多主动权。

七、金融支持稳住经济大盘,未来中国经济前景依旧可期

因为通胀压力不大,2022 年全年货币供应增速较快,但企业融资需求并不充足。2022 年各项经济指标波动性较大。社融总体增速在 6 月份开始回落,此后的回落幅度较大。宏观和微观在金融领域表现出较大分化,各种各样的政策性支持措施出台后,在微观层面落地、被市场主体吸收消化时存在阻碍和困难。社融和信贷在不同月份表现出较大波动性,其中 1 月份、3 月份、6 月份和 9 月份,每个季度的第一个月投放量较大。2022 年度金融对重点领域和薄弱环节继续保持了较高的支持力度。无论中长期信贷、基础设施信贷,还是科技企业、中小企业信贷、普惠和绿色贷款,官方的支持力度都明显加大。与此同时,中国央行结构性工具越来越多,针对性越来越强。融资成本在2022年一年持续下降。这和西方国家截然相反。2022年,无论美联储还是欧洲央行都启动加息。其中,美联储加息尤甚,欧洲央行也是连续三次加息。

展望2023年,包括消费零售在内的各项指标将总体走向平稳,波动性会比2022年降低很多。2023年扩大内需的切入点是改善社会心理预期和提振发展信心。疫情给中国经济带来的短期影响需要时间进一步修复,只要继续稳住经济基本盘,未来中国经济前景依旧可期。2023年中国经济形势,核心在于增信心和稳预期,可通过三方面工作扭转预期并改善三重压力问题。

一是当下迫切需要改革。2023年改革的核心是继续调整好政府和市场的关系,把部分领域要素价格扭曲的局面彻底地扭转过来,把市场在资源配置中起决定性作用以及更好发挥政府作用落在实处。

二是需要牛市。资本市场对于当下中国经济意义已不再局限于简单融资市场或者投资市场,而是资源配置的市场,也是激励科技创新和产业转型的市场,同时也是短期稳预期、稳投资、稳消费的市场,需要发挥资本市场财富效应的作用,把市场搞活。

三是需要企业家。这些企业家要勇挑重任,勇于创业创新,勇于拼搏奋斗、开拓市场,为改善社会心理预期、提振发展带来更多信心。对此,政府也应在政策、制度、法律、舆论等层面给予企业家更多支持和鼓励。

2023年中国需要尽快将经济增长恢复到潜在的增速水平,以提振企业和消费者信心。若未来中国能继续稳住经济基本盘,整个社会欣欣向荣,大家同声共气往前闯、干事业,相信中国经济前景将更加可期。

第三节 未来展望

2021年我国经济的复苏模式是"出口+房地产",2022年的复苏模式是"出口+基建",预计2023年的复苏模式将是"基建+内循环修复"。疫情防控政策放开对市场有明显的提振作用。根据文化和旅游部测算,2023年春节假期国内出游人次恢复至2019年同期的88.6%,旅游收入恢复至73.1%,春节旅游经济数据还是比较积极的,居民消费也出现恢复性增长。随着消费场景的恢复和就业的提升,居民消费将进一步向潜在增速修复。

中国当前主要面临三个挑战:

一是尽快恢复市场信心和经济秩序。为了顺利落实党的二十大中提到的"把实施扩大内需战略同深化供给侧结构性改革有机结合起来",我们需要尽快恢复市场信心和经济秩序。对此,2022年中央经济工作会议已经做出具体部署。首先是优化对疫情的判断,消除对中国经济影响最直接的短期因素。其次,2023年的五项政策和五项工作任务向需求侧倾斜,将积极的财政政策列为第一位政策,将扩大国内需求列为第一项任务,在国内需求中,把恢复和扩大消费摆在优先位置,疏通居民部门到企业部门的资金流堵点。最后,对收缩性政策进行纠偏,例如平台反垄断、房企融资限制。一系列支持政策将在2023年进一步显效,助力市场信心和经济秩序修复。

二是防范化解地方政府的债务风险。地方政府的债务风险与地方财政、中央财政、银行体系、地方国有企业都关系密切。因此,要进一步加快处置地方政府债务风险,严格规范地方政府举债,合理匹配地方债务水平与经济发展需要,多措并举推进债务风险化解,避免财政、金融与经济风险交叉溢出。推进全国财政工作会议部署落实,适度加强中央事权和支出责任。

三是重视解决"少子化"问题。人口负增长是导致我国内生性通缩的主要原因。人口负增长一般兼具"老龄化"和"少子化"两个特征。我国很早就提出了积极应对"老龄化"战略,而"少子化"问题在近几年才得到重视。其实,后者才是扭转人口负增长的关键。2022年8月份国家卫生健康委、国家发展改革委、中央宣传部等17个部门联合发布《关于进一步完善和落实积极生育支持措施的指导意见》,将婚嫁、生育、养育、教育一体考虑,涵盖财政、税收、保险、教育、住房、就业6个方面。下一步更需要各个部门和各级政府形成合力,保证国家生育支持措施在地方上落实见效。

未来我国存在三个重要机遇:

一是推进"一带一路"建设。"一带一路"对深化我国对外开放程度具有重要意义,也是我国应对"逆全球化"浪潮的重要手段。2021和2022年我国与沿线国家的贸易加快增长,进出口规模年均增长20%左右,占我国外贸总值的比重提升至32.9%,较2013年倡议提出之际提高了7.9个百分点,在一定程度上缓解了欧美对我国需求下滑的压力。目前沿线国家对我国中间产品的依赖度较高,占出口规模的比重超过半数,能够以此倒逼制造企业升级,增强国内经济增长的内生动力。

二是在落实"双碳"目标中加快锻造新的产业竞争优势。2022年的国际能源危机使得各国对能源转型的需求更加急迫。中央经济工作会议进一步明确政策导向,在产业政策中提出"在落实碳达峰碳中和目标任务过程中锻造新的产业竞争优势"。这基本厘清了"双碳"与发展的关系:前者是手段,后者是目的。"双碳"不是简单地减污降碳,而是要通过减污降碳给产业结构调整和发展带来新机遇,服务于国家经济高质量发展目标。可以看到,新能源汽车出口正在成为国内汽车产业发展与对外贸易升级的重要增长点。

三是深化财政体制改革。1994年分税制建立起来的财政体制框架,其局限性日益突出,财权上收、事权和债务下放的央地财政关系正在成为当前地方政府债务困境的来源。若能进一步推进财政体制改革工作,建立健全中央和地方政府之间财权事权与支出责任更为匹配的财政体制,改善地方政府财力来源结构,将大大改善基层政府的财政状况,增强财政资源统筹和可持续性。

(本章执笔:上海海关学院崔志坤教授)

第二章

中国海关法律规范及关税政策的变化

第一节　2021—2022年中国海关法律规范变化

一、《中华人民共和国海关法》修订，自 2021 年 4 月 29 日起施行

为深化"证照分离"改革，进一步推进"放管服"改革，激发市场主体发展活力，2021年4月29日第十三届全国人民代表大会常务委员会第二十八次会议通过了《全国人民代表大会常务委员会关于修改〈中华人民共和国道路交通安全法〉等八部法律的决定》，并以中华人民共和国主席令第81号公布，自2021年4月29日公布之日起施行。

其中《中华人民共和国海关法》中原设定的报关企业注册登记审批制修改为备案制。具体修改为：

（一）删去第九条第一款中的"海关准予注册登记的"。

（二）将第十一条修改为："进出口货物收发货人、报关企业办理报关手续，应当依法向海关备案。"

"报关企业和报关人员不得非法代理他人报关。"

（三）将第八十八条修改为："未向海关备案从事报关业务的，海关可以处以罚款。"

（四）将第八十九条修改为："报关企业非法代理他人报关的，由海关责令改正，处以罚款；情节严重的，禁止其从事报关活动。"

"报关人员非法代理他人报关的，由海关责令改正，处以罚款。"

（五）将第九十条第一款修改为："进出口货物收发货人、报关企业向海关工作人员行贿的，由海关禁止其从事报关活动，并处以罚款；构成犯罪的，依法追究刑事责任。"

现行《海关法》于1987年1月22日第六届全国人民代表大会常务委员会第十九次会议通过,自1987年7月1日起施行。先后于2000年7月8日第九届全国人民代表大会常务委员会第十六次会议、2013年6月29日第十二届全国人民代表大会常务委员会第三次会议、2013年12月28日第十二届全国人民代表大会常务委员会第六次会议、2016年11月7日第十二届全国人民代表大会常务委员会第二十四次会议、2017年11月4日第十二届全国人民代表大会常务委员会第三十次会议进行了五次修正。此次修正是全国人民代表大会常务委员会第六次修正。

二、《中华人民共和国海南自由贸易港法》公布,自 2021 年 6 月 10 日起施行

为了建设高水平的中国特色海南自由贸易港,推动形成更高层次改革开放新格局,建立开放型经济新体制,促进社会主义市场经济平稳健康可持续发展,2021年6月10日第十三届全国人民代表大会常务委员会第二十九次会议通过了《中华人民共和国海南自由贸易港法》,并以国家主席令第85号公布,自2021年6月10日公布之日起施行。

该法规定,国家在海南岛全岛设立海南自由贸易港,分步骤、分阶段建立自由贸易港政策和制度体系,实现贸易、投资、跨境资金流动、人员进出、运输来往自由便利和数据安全有序流动。海南自由贸易港建设和管理活动适用该法。该法没有规定的,适用其他有关法律法规的规定。

该法分八章,包括总则、贸易自由便利、投资自由便利、财政税收制度、生态环境保护、产业发展与人才支撑、综合措施、附则,共五十七条,自公布之日起施行。

三、《中华人民共和国进出口商品检验法实施条例》《中华人民共和国海关统计条例》《中华人民共和国海关行政处罚实施条例》《中华人民共和国海关稽查条例》修改,自 2022 年 5 月 1 日起施行

为深化"证照分离"改革,进一步推进"放管服"改革,激发市场主体发展活力,维护国家法制统一、尊严和权威,国务院对"证照分离"改革涉及的行政法规,以及与民法典规定和原则不一致的行政法规进行了清理。2022年3月29日《国务院关于修改和废止部分行政法规的决定》(国务院令〔2022〕第752号)公布,对14部行政法规的部分条款予以修改,对6部行政法规予以废止。该决定自2022年5月1日起施行。

其中与海关业务有关的行政法规主要涉及《中华人民共和国进出口商品检验法实施条例》《中华人民共和国海关统计条例》《中华人民共和国海关行政处罚实施条例》《中华人民共和国海关稽查条例》。

《中华人民共和国进出口商品检验法实施条例》删去第三十七条。将第五十四条改为第五十三条,删去其中的"超出其业务范围,或者"和"情节严重的,由海关总署吊销其检验鉴定资格证书"。将第五十九条改为第五十八条,将其中的"经许可"修改为"依法设立"。

《中华人民共和国海关统计条例》第三条中的"《中华人民共和国统计法实施细则》"修改为"《中华人民共和国统计法实施条例》"。将第六条第一款第三项中的"经营单位"修改为"进出口货物收发货人"。将第十条中的"的经营单位"修改为"收发货人",删去该条中的"在海关注册登记、"。

《中华人民共和国海关行政处罚实施条例》第十一条修改为"海关准予从事海关监管货物的运输、储存、加工、装配、寄售、展示等业务的企业,构成走私犯罪或者 1 年内有 2 次以上走私行为的,海关可以撤销其注册登记;报关企业、报关人员有上述情形的,禁止其从事报关活动。"

将第十七条中的"暂停其 6 个月以内从事报关业务或者执业;情节严重的,撤销其报关注册登记、取消其报关从业资格"修改为"暂停其 6 个月以内从事报关活动;情节严重的,禁止其从事报关活动"。

将第二十六条修改为"海关准予从事海关监管货物的运输、储存、加工、装配、寄售、展示等业务的企业,有下列情形之一的,责令改正,给予警告,可以暂停其 6 个月以内从事有关业务:

(一)拖欠税款或者不履行纳税义务的;

(二)损坏或者丢失海关监管货物,不能提供正当理由的;

(三)有需要暂停其从事有关业务的其他违法行为的。"

将第二十七条修改为"海关准予从事海关监管货物的运输、储存、加工、装配、寄售、展示等业务的企业,有下列情形之一的,海关可以撤销其注册登记:

(一)被海关暂停从事有关业务,恢复从事有关业务后 1 年内再次发生本实施条例第二十六条规定情形的;

(二)有需要撤销其注册登记的其他违法行为的。"

将第二十八条修改为"报关企业、报关人员非法代理他人报关的,责令改正,处 5 万元以下罚款;情节严重的,禁止其从事报关活动。"

将第二十九条中的"撤销其报关注册登记、取消其报关从业资格"修改为"由海关禁止其从事报关活动",删去该条中的"并不得重新注册登记为报关企业和取得报关从业资格"。

将第三十条修改为"未经海关备案从事报关活动的,责令改正,没收违法所得,可以并处 10 万元以下罚款。"

将第三十一条修改为"提供虚假资料骗取海关注册登记,撤销其注册登记,并处 30 万元以下罚款。"

将第四十九条第一款中的"海关作出暂停从事有关业务、暂停报关执业、撤销海关注册登记、取消报关从业资格"修改为"海关作出暂停从事有关业务、撤销海关注册登记、禁止从事报关活动"。

将第六十二条第一款中的"依照《中华人民共和国行政处罚法》第二十五条、第二十六条规定"修改为"依照《中华人民共和国行政处罚法》第三十条、第三十一条规定"。

《中华人民共和国海关稽查条例》第三十条、第三十一条中的"撤销其报关注册登记"修改为"禁止其从事报关活动"。

《中华人民共和国进出口商品检验法实施条例》于 2005 年 8 月 31 日国务院令第 447 号公布,自 2005 年 12 月 1 日起施行。国务院先后于 2013 年 7 月 18 日、2016 年 2 月 6 日、2017 年 3 月 1 日、2019 年 3 月 2 日进行了修订,此次根据 2022 年 3 月 29 日国务院令第 752 号的修订是该条例第五次修订。

《中华人民共和国海关统计条例》于 2005 年 12 月 25 日国务院令第 454 号公布,自 2006 年 3 月 1 日起施行。此次修订是该条例施行以来的第一次修订。

《中华人民共和国海关行政处罚实施条例》于 2004 年 9 月 19 日国务院令第 420 号公告,自 2004 年 11 月 1 日起施行。此次修订是该条例施行以来的第一次修订。

《中华人民共和国海关稽查条例》于 1997 年 1 月 3 日国务院令第 209 号发布,自发布之日起施行。国务院先后于 2011 年 1 月 8 日、2016 年 6 月 19 日进行了修订。此次根据 2022 年 3 月 29 日国务院令第 752 号的修订是该条例的第三次修订。

四、《中华人民共和国进口食品境外生产企业注册管理规定》公布,自 2022 年 1 月 1 日起施行

2021 年 4 月 12 日海关总署令第 248 号发布,公布了《中华人民共和国进口食品境外生产企业注册管理规定》,该规定于 2021 年 3 月 12 日经海关总署署务会议审议通过,自 2022 年 1 月 1 日起实施。2012 年 3 月 22 日原国家质量监督检验检疫总局令第 145 号公布,根据 2018 年 11 月 23 日海关总署令第 243 号修改的《进口食品境外生产企业注册管理规定》同时废止。

该文件规定,向中国境内出口食品的境外生产、加工、贮存企业(统称进口食品境外生产企业)的注册管理适用该规定。但这里的进口食品境外生产企业不包括食品添加剂、食品相关产品的生产、加工、贮存企业。

五、《中华人民共和国进出口食品安全管理办法》公布，自 2022 年 1 月 1 日起施行

2021 年 4 月 12 日海关总署令第 249 号发布，公布了《中华人民共和国进出口食品安全管理办法》，该办法于 2021 年 3 月 12 日经海关总署署务会议审议通过，自 2022 年 1 月 1 日起实施。2011 年 9 月 13 日原国家质量监督检验检疫总局令第 144 号公布并根据 2016 年 10 月 18 日原国家质量监督检验检疫总局令第 184 号以及 2018 年 11 月 23 日海关总署令第 243 号修改的《进出口食品安全管理办法》、2000 年 2 月 22 日原国家检验检疫局令第 20 号公布并根据 2018 年 4 月 28 日海关总署令第 238 号修改的《出口蜂蜜检验检疫管理办法》、2011 年 1 月 4 日原国家质量监督检验检疫总局令第 135 号公布并根据 2018 年 11 月 23 日海关总署令第 243 号修改的《进出口水产品检验检疫监督管理办法》、2011 年 1 月 4 日原国家质量监督检验检疫总局令第 136 号公布并根据 2018 年 11 月 23 日海关总署令第 243 号修改的《进出口肉类产品检验检疫监督管理办法》、2013 年 1 月 24 日原国家质量监督检验检疫总局令第 152 号公布并根据 2018 年 11 月 23 日海关总署令第 243 号修改的《进出口乳品检验检疫监督管理办法》、2017 年 11 月 14 日原国家质量监督检验检疫总局令第 192 号公布并根据 2018 年 11 月 23 日海关总署令第 243 号修改的《出口食品生产企业备案管理规定》同时废止。

该办法规定，从事进出口食品生产经营活动，以及海关对进出口食品生产经营者及其进出口食品安全实施监督管理，应当遵守该办法。进出口食品添加剂、食品相关产品的生产经营活动按照海关总署相关规定执行。

六、《中华人民共和国海关办理行政处罚案件程序规定》公布，自 2021 年 7 月 15 日起施行

2021 年 6 月 15 日海关总署第 250 号令发布，公布了《中华人民共和国海关办理行政处罚案件程序规定》，该规定于 2021 年 6 月 11 日经海关总署署务会议审议通过，自 2021 年 7 月 15 日起实施。2006 年 1 月 26 日海关总署令第 145 号公布、根据 2014 年 3 月 13 日海关总署令第 218 号修改的《中华人民共和国海关行政处罚听证办法》、2007 年 3 月 2 日海关总署令第 159 号公布、根据 2014 年 3 月 13 日海关总署令第 218 号修改的《中华人民共和国海关办理行政处罚案件程序规定》、2010 年 3 月 1 日海关总署令第 188 号公布的《中华人民共和国海关办理行政处罚简单案件程序规定》同时废止。

该规定是为了规范海关办理行政处罚案件程序,保障和监督海关有效实施行政管理,保护公民、法人或者其他组织的合法权益,根据《中华人民共和国行政处罚法》《中华人民共和国行政强制法》《中华人民共和国海关法》《中华人民共和国海关行政处罚实施条例》及有关法律、行政法规的规定制定的。海关办理行政处罚案件的程序适用该规定。

七、《中华人民共和国海关注册登记和备案企业信用管理办法》公布,自 2021 年 11 月 1 日起施行

2021 年 9 月 13 日海关总署令第 251 号发布,公布了《中华人民共和国海关注册登记和备案企业信用管理办法》,该办法于 2021 年 9 月 6 日经海关总署署务会议审议通过,自 2021 年 11 月 1 日起实施。2018 年 3 月 3 日海关总署令第 237 号公布的《中华人民共和国海关企业信用管理办法》同时废止。

该办法是为了建立海关注册登记和备案企业信用管理制度,推进社会信用体系建设,促进贸易安全与便利,根据《中华人民共和国海关法》《中华人民共和国海关稽查条例》《企业信息公示暂行条例》《优化营商环境条例》以及其他有关法律、行政法规的规定制定的。海关注册登记和备案企业以及企业相关人员信用信息的采集、公示,企业信用状况的认证、认定及管理等适用该办法。

八、《中华人民共和国海关进出口货物商品归类管理规定》公布,自 2021 年 11 月 1 日起施行

2021 年 9 月 18 日海关总署令第 252 号发布,公布了《中华人民共和国海关进出口货物商品归类管理规定》,该规定于 2021 年 9 月 6 日经海关总署署务会议审议通过,自 2021 年 11 月 1 日起施行。2007 年 3 月 2 日海关总署令第 158 号公布、2014 年 3 月 13 日海关总署令第 218 号修改的《中华人民共和国海关进出口货物商品归类管理规定》,2008 年 10 月 13 日海关总署令第 176 号公布的《中华人民共和国海关化验管理办法》同时废止。

该文件是为了规范进出口货物的商品归类,保证商品归类的准确性和统一性,根据《中华人民共和国海关法》《中华人民共和国进出口关税条例》以及其他有关法律、行政法规的规定制定的。进出口货物收发货人或者其代理人对进出口货物进行商品归类,以及海关依法审核确定商品归类,适用该规定。

九、《中华人民共和国海关报关单位备案管理规定》公布,自 2022 年 1 月 1 日起施行

2021 年 11 月 19 日海关总署令第 253 号发布,公布了《中华人民共和国海关报关单位备案管理规定》,该规定于 2021 年 11 月 12 日经海关总署署务会议审议通过,自 2022 年 1 月 1 日起施行。2014 年 3 月 13 日海关总署令第 221 号公布、2017 年 12 月 20 日海关总署令第 235 号修改、2018 年 5 月 29 日海关总署令第 240 号修改的《中华人民共和国海关报关单位注册登记管理规定》,2015 年 2 月 15 日原国家质量监督检验检疫总局令第 161 号公布、2016 年 10 月 18 日原国家质量监督检验检疫总局令第 184 号修改、2018 年 4 月 28 日海关总署令第 238 号修改、2018 年 5 月 29 日海关总署令第 240 号修改的《出入境检验检疫报检企业管理办法》同时废止。

该规章是为了规范海关对报关单位的备案管理,根据《中华人民共和国海关法》以及其他有关法律、行政法规的规定制定的。这里所称的报关单位,是指按照规定在海关备案的进出口货物收发货人、报关企业。

十、《中华人民共和国海关经核准出口商管理办法》公布,自 2022 年 1 月 1 日起施行

2021 年 11 月 23 日海关总署令第 254 号发布,公布了《中华人民共和国海关经核准出口商管理办法》,该办法于 2021 年 11 月 12 日经海关总署署务会议审议通过,自 2022 年 1 月 1 日起施行。

该办法是为了有效实施中华人民共和国缔结或者参加的优惠贸易协定项下经核准出口商管理制度,规范出口货物原产地管理,促进对外贸易,根据《中华人民共和国政府和冰岛政府自由贸易协定》《中华人民共和国和瑞士联邦自由贸易协定》《中华人民共和国政府和毛里求斯共和国政府自由贸易协定》《区域全面经济伙伴关系协定》等优惠贸易协定的规定制定的。这里所称的经核准出口商,是指经海关依法认定,可以对其出口或者生产的、具备相关优惠贸易协定项下原产资格的货物开具原产地声明的企业。

十一、《中华人民共和国海关〈区域全面经济伙伴关系协定〉项下进出口货物原产地管理办法》公布,自 2022 年 1 月 1 日起施行

2021 年 11 月 23 日海关总署令第 255 号发布,公布了《中华人民共和国海关〈区域全面经济伙伴关系协定〉项下进出口货物原产地管理办法》,该办法于 2021 年 11 月

12 日经海关总署署务会议审议通过,自 2022 年 1 月 1 日起施行。

该办法是为了正确确定《区域全面经济伙伴关系协定》(简称《协定》)项下进出口货物原产地,促进我国与《协定》其他成员方的经贸往来,根据《中华人民共和国海关法》《中华人民共和国进出口货物原产地条例》和《协定》的规定制定的。该办法适用于中华人民共和国与《协定》其他成员方之间的《协定》项下进出口货物原产地管理。

十二、《中华人民共和国海关综合保税区管理办法》公布,自 2022 年 4 月 1 日起施行

2022 年 1 月 1 日海关总署令第 256 号发布,公布了《中华人民共和国海关综合保税区管理办法》,自 2022 年 4 月 1 日起施行。2007 年 9 月 3 日海关总署令第 164 号发布、根据 2010 年 3 月 15 日海关总署令第 191 号、2017 年 12 月 20 日海关总署令第 235 号、2018 年 5 月 29 日海关总署令第 240 号、2018 年 11 月 23 日海关总署令第 243 号修改的《中华人民共和国海关保税港区管理暂行办法》,2005 年 11 月 28 日海关总署令第 134 号发布、根据 2010 年 3 月 15 日海关总署令第 190 号、2017 年 12 月 20 日海关总署令第 235 号、2018 年 5 月 29 日海关总署令第 240 号、2018 年 11 月 23 日海关总署令第 243 号修改的《中华人民共和国海关对保税物流园区的管理办法》同时废止。

该办法是为了规范海关对综合保税区的管理,促进综合保税区高水平开放、高质量发展,根据《中华人民共和国海关法》《中华人民共和国进出口商品检验法》《中华人民共和国进出境动植物检疫法》《中华人民共和国国境卫生检疫法》《中华人民共和国食品安全法》及有关法律、行政法规和国家相关规定而制定的。海关依照该办法对进出综合保税区的交通运输工具、货物及其外包装、集装箱、物品以及综合保税区内企业实施监督管理。

十三、海关总署发布第 257 号令,自 2022 年 3 月 1 日起废止 5 件海关规章

2022 年 3 月 1 日海关总署令第 257 号发布,公布了《海关总署关于废止部分规章的决定》,自公布之日起生效。

该决定指出,根据工作实际,决定废止 1987 年 6 月 1 日海关总署、原国家经济委员会、原对外经济贸易部〔1987〕署税字 448 号文发布的《国家限制进口机电产品进口零件、部件构成整机主要特征的确定原则和审批、征税的试行规定》,2002 年 4 月 19 日原国家质检总局令第 18 号公布、根据 2018 年 4 月 28 日海关总署令第 238 号、2018

年5月29日海关总署令第240号修改的《进口涂料检验监督管理办法》,1984年5月8日海关总署〔1984〕署行字第285号文发布的《中华人民共和国海关对进口遗物的管理规定》,1985年2月15日海关总署〔1985〕署行字第93号文发布、根据监二(一)字〔1989〕167号文修改的《中华人民共和国海关对旅客携运和个人邮寄文物出口的管理规定》,1990年6月26日海关总署令第12号发布的《中华人民共和国海关对旅客携带和个人邮寄中药材、中成药出境的管理规定》。

十四、海关总署发布第258号令,自2022年7月31日起废止7件海关规章

2022年7月31日海关总署令第258号发布,公布了《海关总署关于废止部分规章的决定》,自公布之日起生效。

该决定指出,根据工作实际,决定废止1985年1月10日海关总署〔1984〕署货字1089号文发布的《海关对长江驳运船舶转运进出口货物的管理规定》,1985年12月13日海关总署〔1985〕署货字第1097号文发布、根据2018年11月23日海关总署令第243号修改的《〈海关对长江驳运船舶转运进出口货物的管理规定〉实施细则》,1986年7月3日海关总署〔1986〕署货字第671号文发布的《中华人民共和国海关对我国兼营国际国内运输船舶的监管规定》,2003年12月30日海关总署令第106号公布、根据2005年12月30日海关总署令第141号、2010年11月26日海关总署令第198号、2012年3月30日海关总署令第206号修改的《中华人民共和国海关关于执行〈内地与香港关于建立更紧密经贸关系的安排〉项下〈关于货物贸易的原产地规则〉的规定》,2003年12月30日海关总署令第107号公布、根据2005年12月30日海关总署令第142号、2010年11月26日海关总署令第198号、2012年3月30日海关总署令第207号修改的《中华人民共和国海关关于执行〈内地与澳门关于建立更紧密经贸关系的安排〉项下〈关于货物贸易的原产地规则〉的规定》,2006年8月30日海关总署令第151号公布、根据2010年11月26日海关总署令第198号、2014年9月30日海关总署令第224号修改的《中华人民共和国海关〈中华人民共和国与智利共和国政府自由贸易协定〉项下进口货物原产地管理办法》,2008年9月28日海关总署令第175号公布、根据2010年11月26日海关总署令第198号修改的《中华人民共和国海关〈中华人民共和国政府和新西兰政府自由贸易协定〉项下进出口货物原产地管理办法》。

十五、《中华人民共和国海关进出口商品检验采信管理办法》公布,自2022年12月1日起施行

2022年9月20日海关总署令第259号发布,公布了《中华人民共和国海关进出口商品检验采信管理办法》，自2022年12月1日起施行。

该办法是为了规范海关进出口商品检验采信工作，根据《中华人民共和国进出口商品检验法》及其实施条例的规定制定的。海关在进出口商品检验中采信检验机构的检验结果，以及对采信机构的监督管理，适用该办法。

十六、《中华人民共和国海关过境货物监管办法》公布，自 2022 年 11 月 1 日起施行

2022年9月26日海关总署令第260号发布，公布了《中华人民共和国海关过境货物监管办法》，自2022年11月1日起施行。1992年9月1日海关总署令第38号公布、根据2010年11月26日海关总署令第198号、2018年5月29日海关总署令第240号修改的《中华人民共和国海关对过境货物监管办法》同时废止。

该办法是为了加强海关对过境货物的监督管理，维护国家的主权、安全和利益，促进贸易便利化，根据《中华人民共和国海关法》《中华人民共和国生物安全法》《中华人民共和国进出境动植物检疫法》及其实施条例、《中华人民共和国国境卫生检疫法》及其实施细则以及相关法律法规的有关规定而制定的。该办法所称过境货物是指由境外启运，通过中国境内陆路继续运往境外的货物。同我国缔结或者共同参加含有货物过境条款的国际条约、协定的国家或者地区的过境货物，按照有关条约、协定规定准予过境。其他过境货物，应当经国家商务、交通运输等主管部门批准并向进境地海关备案后准予过境。法律法规另有规定的，从其规定。

十七、《海南自由贸易港交通工具及游艇"零关税"政策海关实施办法（试行）》发布，自 2021 年 1 月 5 日起施行

2021年1月5日海关总署发布了2021年第1号公告。公告指出，为贯彻落实《海南自由贸易港建设总体方案》要求，根据《财政部 海关总署 税务总局关于海南自由贸易港交通工具及游艇"零关税"政策的通知》（财关税〔2020〕54号），特制定《海南自由贸易港交通工具及游艇"零关税"政策海关实施办法（试行）》。该办法自公布之日起施行。

该办法规定，全岛封关运作前，对海南自由贸易港注册登记并具有独立法人资格，从事交通运输、旅游业的企业（航空企业须以海南自由贸易港为主营运基地），进口用于交通运输、旅游业的船舶、航空器、车辆等营运用交通工具及游艇，免征进口关税、进口环节增值税和消费税。享受"零关税"政策的交通工具及游艇具体商品范围按附件《海南自由贸易港"零关税"交通工具及游艇清单》执行，由财政部、海关总署、税务总局会同相关部门动态调整。

十八、《海关监管作业场所(场地)设置规范》《海关监管作业场所(场地)监控摄像头设置规范》《海关指定监管场地管理规范》修订,自 2021 年 1 月 7 日起施行

2021 年 1 月 7 日海关总署发布 2021 年第 4 号公告。该公告指出,为贯彻落实生态环境部、商务部、国家发展改革委、海关总署发布的《关于全面禁止进口固体废物有关事项的公告》(2020 年第 53 号公告)有关要求,满足海关进境动物检疫监管工作需要,海关总署对《海关监管作业场所(场地)设置规范》(海关总署 2019 年第 68 号公告)、《海关监管作业场所(场地)监控摄像头设置规范》(海关总署 2019 年第 69 号公告)和《海关指定监管场地管理规范》(海关总署 2019 年第 212 号公告)进行了修订。修订内容自发布之日起施行。

十九、《海南自由贸易港自用生产设备"零关税"政策海关实施办法(试行)》发布,自 2021 年 3 月 4 日起施行

2021 年 3 月 4 日海关总署发布了 2021 年第 23 号公告。公告指出,为贯彻落实《海南自由贸易港建设总体方案》,根据《财政部 海关总署 税务总局关于海南自由贸易港自用生产设备"零关税"政策的通知》(财关税〔2021〕7 号)(以下简称《通知》),特制定《海南自由贸易港自用生产设备"零关税"政策海关实施办法(试行)》,自公布之日起施行。

该办法规定,全岛封关运作前,对海南自由贸易港注册登记并具有独立法人资格的企业,进口自用生产设备,除法律法规和相关规定明确不予免税、国家规定禁止进口的商品,以及《通知》附件所列设备外,免征关税、进口环节增值税和消费税。享受"零关税"政策的自用生产设备实行负面清单管理,由财政部、海关总署、税务总局会同相关部门动态调整。这里所称生产设备包括《中华人民共和国进出口税则》第八十四、八十五和九十章中除家用电器及设备零件、部件、附件、元器件外的其他商品,具体商品范围由财政部、海关总署会同有关部门明确。

二十、《出口食品生产企业申请境外注册管理办法》发布,自 2022 年 1 月 1 日起施行

2021 年 10 月 29 日海关总署发布 2021 年第 87 号公告。公告指出,为维护我国出口食品生产企业合法权益,规范出口食品生产企业申请境外注册管理工作,海关总署对《出口食品生产企业申请国外卫生注册管理办法》进行了修订,形成了《出口食品生产企业申请境外注册管理办法》,自 2022 年 1 月 1 日起施行。国家认证认可监督管理委员会于 2002 年 12 月 19 日发布的《出口食品生产企业申请国外卫生注册管理办法》同时废止。

二十一、《中华人民共和国海关〈中华人民共和国政府和柬埔寨王国政府自由贸易协定〉项下进出口货物原产地管理办法》发布,自 2022 年 1 月 1 日起施行

2021 年 12 月 16 日海关总署发布 2021 年第 107 号公告,公布了《中华人民共和国海关〈中华人民共和国政府和柬埔寨王国政府自由贸易协定〉项下进出口货物原产地管理办法》。公告指出,为正确确定《中华人民共和国政府和柬埔寨王国政府自由贸易协定》项下进出口货物原产地,促进我国与柬埔寨的经贸往来,海关总署制定了《中华人民共和国海关〈中华人民共和国政府和柬埔寨王国政府自由贸易协定〉项下进出口货物原产地管理办法》,自 2022 年 1 月 1 日起施行。

该办法是为了正确确定《中华人民共和国政府和柬埔寨王国政府自由贸易协定》(简称《中柬自贸协定》)项下进出口货物原产地,促进我国与柬埔寨的经贸往来,根据《中华人民共和国海关法》《中华人民共和国进出口货物原产地条例》和《中柬自贸协定》的规定而制定的。该办法适用于我国与柬埔寨之间的《中柬自贸协定》项下进出口货物的原产地管理。

二十二、《海关高级认证企业标准》发布,自 2021 年 11 月 1 日起施行

2021 年 11 月 1 日海关总署发布 2021 年第 88 号公告,公布了《海关高级认证企业标准》。公告指出,将《中华人民共和国海关注册登记和备案企业信用管理办法》(海关总署令第 251 号)配套执行的《高级认证企业标准》(含通用标准和进出口货物收发货人、报关企业、外贸综合服务企业、跨境电子商务平台企业、进出境快件运营人、水运物流运输企业、公路物流运输企业、航空物流运输企业单项标准)予以发布,自 2021 年 11 月 1 日起施行。海关总署公告 2018 年第 177 号、2019 年第 46 号、2019 年第 229 号、2020 年第 137 号同时废止。

二十三、《海关高级认证企业标准》修订,自 2022 年 10 月 28 日起施行

2022 年 10 月 28 日海关总署发布 2022 年第 106 号公告,公布了修订后的《海关高级认证企业标准》。公告指出,为深入贯彻落实党中央、国务院关于推进社会信用体系建设的决策部署,进一步深化"放管服"改革,推动外贸保稳提质,根据《中华人民共和国海关注册登记和备案企业信用管理办法》(海关总署令第 251 号),总署对《海关高级认证企业标准》(海关总署公告2021年第88号发布)进行了修订。修订后的《海关高级认证企业标准》(通用标准、单项标准)予以发布。海关总署公告2021年第88号同时废止。

二十四、《中华人民共和国海关〈中华人民共和国政府和新西兰政府自由贸易协定〉项下经修订的进出口货物原产地管理办法》公布,自 2022 年 4 月 7 日起施行

2022年4月2日海关总署发布2022年第32号公告,公布了《中华人民共和国海关〈中华人民共和国政府和新西兰政府自由贸易协定〉项下经修订的进出口货物原产地管理办法》。公告指出,经国务院批准,《中华人民共和国政府与新西兰政府关于升级〈中华人民共和国政府与新西兰政府自由贸易协定〉的议定书》自2022年4月7日起正式实施。为正确确定《中华人民共和国政府和新西兰政府自由贸易协定》(以下简称《中新自贸协定》)项下进出口货物原产地,海关总署制定了《中华人民共和国海关〈中华人民共和国政府和新西兰政府自由贸易协定〉项下经修订的进出口货物原产地管理办法》,自2022年4月7日起施行。该办法适用于我国与新西兰之间的《中新自贸协定》项下进出口货物的原产地管理。

二十五、《外来入侵物种管理办法》公布,自 2022 年 8 月 1 日起施行

2022年5月31日农业农村部、自然资源部、生态环境部、海关总署令2022年第4号发布,公布了《外来入侵物种管理办法》,自2022年8月1日起施行。

该办法是为了防范和应对外来入侵物种危害,保障农林牧渔业可持续发展,保护生物多样性,根据《中华人民共和国生物安全法》制定的。该办法所称外来物种,是指在中华人民共和国境内无天然分布,经自然或人为途径传入的物种,包括该物种所有可能存活和繁殖的部分。所称外来入侵物种,是指传入定殖并对生态系统、生境、物种带来威胁或者危害,影响我国生态环境,损害农林牧渔业可持续发展和生物多样性的外来物种。

第二节 2021—2022 年中国关税政策变化

一、进口关税政策变化

1.《2021年关税调整方案》公布,自2021年1月1日起实施

2020年12月21日,国务院关税税则委员会发布了《关于2021年关税调整方案

的通知》(税委会〔2020〕33号)。通知指出,为支持加快构建新发展格局,推动经济高质量发展,根据《中华人民共和国进出口关税条例》的相关规定,自2021年1月1日起,对部分商品的进口关税进行调整。

《2021年关税调整方案》中进口关税税率调整情况如下:

(1)最惠国税率。

自2021年1月1日起对883项商品(不含关税配额商品)实施进口暂定税率;自2021年7月1日起,取消9项信息技术产品进口暂定税率。

对《中华人民共和国加入世界贸易组织关税减让表修正案》附表所列信息技术产品最惠国税率自2021年7月1日起实施第六步降税。

(2)关税配额税率。

继续对小麦等8类商品实施关税配额管理,配额税率不变。其中,对尿素、复合肥、磷酸氢铵3种化肥的配额税率继续实施1%的暂定税率。继续对配额外进口的一定数量棉花实施滑准税,并进行适当调整。

(3)协定税率和特惠税率。

根据我国与有关国家或地区签署的贸易协定或关税优惠安排,除此前已经国务院批准实施到位的协定税率外,自2021年1月1日起,对中国与新西兰、秘鲁、哥斯达黎加、瑞士、冰岛、澳大利亚、韩国、智利、格鲁吉亚、巴基斯坦的双边贸易协定和亚太贸易协定的协定税率进一步下调,其中,原产于蒙古国的部分进口商品自2021年1月1日起适用亚太贸易协定税率。2021年7月1日起,按照中国与瑞士的双边贸易协定和亚太贸易协定规定,进一步降低有关协定税率。

根据《中华人民共和国政府和毛里求斯共和国政府自由贸易协定》,自2021年1月1日起,对原产于毛里求斯的部分商品实施协定第一年税率。

当最惠国税率低于或等于协定税率时,协定有规定的,按相关协定的规定执行;协定无规定的,二者从低适用。

继续对与我建交并完成换文手续的最不发达国家实施特惠税率,适用商品范围和税率维持不变。

此外,为满足产业发展和贸易管理需要,对部分税目、注释进行调整。经调整后,2021年税则税目数共计8 580个。

2.《中华人民共和国进出口税则(2021)》公布,自2021年1月1日起实施

2020年12月30日,国务院关税税则委员会发布公告,公布了《中华人民共和国进出口税则(2021)》,自2021年1月1日起实施(税委会公告〔2020〕11号)。

公告指出,根据《中华人民共和国进出口关税条例》及相关规定,公布《中华人民共

和国进出口税则(2021)》,自2021年1月1日起实施。法律、行政法规等对进出口关税税目、税率调整另有规定的,从其规定。

3. 自2021年2月1日起,我国对原产于所罗门群岛97%税目产品适用零关税待遇

2021年1月18日,国务院关税税则委员会发布了《关于给予所罗门群岛97%税目产品零关税待遇的公告》(税委会公告〔2021〕1号),决定自2021年2月1日起,对原产于所罗门群岛的97%税目产品,适用税率为零的特惠税率。

公告指出,按照我国给予最不发达国家97%税目产品零关税待遇的有关承诺,根据我国与所罗门群岛换文情况,自2021年2月1日起,对原产于所罗门群岛的97%税目产品,适用税率为零的特惠税率。97%税目产品为《中华人民共和国进出口税则(2021)》(税委会公告〔2020〕11号)特惠税率栏中标示为"受惠国LD"的8 097个税目、"受惠国$_1$LD$_1$"的184个税目,共计8 281个税目。

4. 国务院关税税则委员会公布对美加征关税商品第三次排除延期清单

2021年2月26日,国务院关税税则委员会发布了《关于对美加征关税商品第三次排除延期清单的公告》(税委会公告〔2021〕2号)。

公告指出,根据《国务院关税税则委员会关于第二批对美加征关税商品第一次排除清单的公告》(税委会公告〔2020〕3号),第二批对美加征关税商品第一次排除清单将于2021年2月27日到期。国务院关税税则委员会按程序决定,对上述商品延长排除期限。具体规定为:对附件所列65项商品,延长税委会公告〔2020〕3号规定的排除期限,自2021年2月28日至2021年9月16日,继续不加征为反制美301措施所加征的关税。

5. 自2021年5月1日起,我国对原产于贝宁共和国97%税目产品适用零关税待遇

2021年3月16日,国务院关税税则委员会发布了《关于给予贝宁共和国97%税目产品零关税待遇的公告》(税委会公告〔2021〕3号),决定自2021年5月1日起,对原产于贝宁共和国的97%税目产品,适用税率为零的特惠税率。

公告指出,按照我国给予最不发达国家97%税目产品零关税待遇的有关承诺,根据我国与贝宁共和国换文情况,自2021年5月1日起,对原产于贝宁共和国的97%税目产品,适用税率为零的特惠税率。97%税目产品为《中华人民共和国进出口税则(2021)》(税委会公告〔2020〕11号)特惠税率栏中标示为"受惠国LD"的8 097个税目、"受惠国$_1$LD$_1$"的184个税目,共计8 281个税目。

6. 自2021年5月1日起,我国调整部分钢铁产品进口关税

2021年4月27日,国务院关税税则委员会发布了《关于调整部分钢铁产品关税的公告》(税委会公告〔2021〕4号)。公告指出,为更好保障钢铁资源供应,推动钢铁行业高质量发展,国务院关税税则委员会决定,自2021年5月1日起,调整部分钢铁产品关税。其中附件一是钢铁产品进口关税调整表。

7. 国务院关税税则委员会公布对美加征关税商品第四次排除延期清单

2021年5月16日,国务院关税税则委员会发布《关于对美加征关税商品第四次排除延期清单的公告》(税委会公告〔2021〕5号)。

公告指出,根据《国务院关税税则委员会关于第二批对美加征关税商品第二次排除清单的公告》(税委会公告〔2020〕4号),第二批对美加征关税商品第二次排除清单将于2021年5月18日到期。国务院关税税则委员会按程序决定,对上述商品延长排除期限。具体规定为:对附件所列79项商品,延长税委会公告〔2020〕4号规定的排除期限,自2021年5月19日至2021年12月25日,继续不加征为反制美301措施所加征的关税。

8. 国务院关税税则委员会公布对美加征关税商品第五次排除延期清单

2021年9月16日,国务院关税税则委员会发布《关于对美加征关税商品第五次排除延期清单的公告》(税委会公告〔2021〕7号)。

公告指出,根据《国务院关税税则委员会关于对美加征关税商品第一次排除延期清单的公告》(税委会公告〔2020〕8号)和《国务院关税税则委员会关于对美加征关税商品第三次排除延期清单的公告》(税委会公告〔2021〕2号),对美加征关税商品第一次排除延期清单和对美加征关税商品第三次排除延期清单将于2021年9月16日到期。国务院关税税则委员会按程序决定,对上述商品延长排除期限。具体规定为:对附件所列81项商品,延长税委会公告〔2020〕8号和税委会公告〔2021〕2号规定的排除期限,自2021年9月17日至2022年4月16日,继续不加征为反制美301措施所加征的关税。

9. 我国对原产于最不发达国家98%的税目产品适用零关税待遇

2021年12月13日,国务院关税税则委员会发布《关于给予最不发达国家98%税目产品零关税待遇的公告》(税委会公告〔2021〕8号)。

公告指出,按照我国给予最不发达国家部分产品零关税待遇的有关承诺,扩大与我国建交的最不发达国家输华零关税待遇的产品范围,对原产于最不发达国家98%的税目产品,适用税率为零的特惠税率。适用国家和实施时间根据我与相关国家的换文进展,由国务院关税税则委员会另行公布。

10. 国务院关税税则委员会公布对美加征关税商品第六次排除延期清单

2021年12月24日,国务院关税税则委员会发布《关于对美加征关税商品第六次排除延期清单的公告》(税委会公告〔2021〕9号)。

公告指出,根据《国务院关税税则委员会关于对美加征关税商品第二次排除延期清单的公告》(税委会公告〔2020〕10号)和《国务院关税税则委员会关于对美加征关税商品第四次排除延期清单的公告》(税委会公告〔2021〕5号),对美加征关税商品第二次排除延期清单和对美加征关税商品第四次排除延期清单将于2021年12月25日到期。国务院关税税则委员会按程序决定,对相关商品延长排除期限。具体规定为:自2021年12月26日至2021年12月31日,对税委会公告〔2020〕10号和税委会公告〔2021〕5号文件所列商品,继续不加征为反制美301措施所加征的关税。自2022年1月1日至2022年6月30日,对附件所列商品,继续不加征我为反制美301措施所加征的关税。

11.《2022年关税调整方案》公布,自2022年1月1日起实施

2021年12月13日,国务院关税税则委员会发布了《关于2022年关税调整方案的通知》(税委会〔2021〕18号)。通知指出,为完整、准确、全面贯彻新发展理念,支持构建新发展格局,继续推动高质量发展,根据《中华人民共和国进出口关税条例》的相关规定,自2022年1月1日起,对部分商品的进口关税进行调整。

《2022年关税调整方案》中进口关税税率调整情况如下:

(1)最惠国税率

根据《商品名称及编码协调制度》2022年转版和税目调整情况,相应调整最惠国税率及普通税率。

自2022年7月1日起,对《中华人民共和国加入世界贸易组织关税减让表修正案》附表所列信息技术产品最惠国税率实施第七步降税。

对954项商品(不含关税配额商品)实施进口暂定税率;自2022年7月1日起,取消7项信息技术协定扩围产品进口暂定税率。

对原产于塞舌尔共和国、圣多美和普林西比民主共和国的进口货物适用最惠国税率。

(2)关税配额税率

继续对小麦、玉米、稻谷和大米、糖、羊毛、毛条、棉花、化肥8类商品实施关税配额管理,税率不变。其中,对尿素、复合肥、磷酸氢铵3种化肥的配额税率继续实施进口暂定税率,税率不变。继续对配额外进口的一定数量棉花实施滑准税,税率不变。

(3)协定税率

根据我国与有关国家或地区已签署并生效的自贸协定和优惠贸易安排,对17个

协定项下、原产于28个国家或地区的部分进口货物实施协定税率：一是中国与新西兰、秘鲁、哥斯达黎加、瑞士、冰岛、韩国、澳大利亚、巴基斯坦、格鲁吉亚、毛里求斯自贸协定进一步降税；中国-瑞士自贸协定按照有关规定自2022年7月1日起针对部分信息技术协定扩围产品降低协定税率。二是中国与东盟、智利、新加坡自贸协定，以及内地与香港、澳门《关于建立更紧密经贸关系的安排》(CEPA)和《海峡两岸经济合作框架协议》(ECFA)已完成降税，继续实施协定税率。三是亚太贸易协定继续实施，自2022年7月1日起针对部分信息技术协定扩围产品降低协定税率。

根据RCEP,对原产于日本、新西兰、澳大利亚、文莱、柬埔寨、老挝、新加坡、泰国、越南9个已生效缔约方的部分进口货物实施协定第一年税率；后续生效缔约方实施时间由国务院关税税则委员会另行公布。按照协定"关税差异"等条款规定，根据进口货物的RCEP原产国来适用我国在RCEP项下对其他已生效缔约方相应的协定税率。同时允许进口商申请适用我国在RCEP项下对其他已生效缔约方的最高协定税率；或者在进口商能够提供有关证明的情况下，允许其申请适用我国对与该货物生产相关的其他已生效缔约方的最高协定税率。

根据《中华人民共和国政府和柬埔寨王国政府自由贸易协定》，对原产于柬埔寨的部分进口货物实施协定第一年税率。

当最惠国税率低于或等于协定税率时，协定有规定的，按相关协定的规定执行；协定无规定的，二者从低适用。

(4)特惠税率

对与我建交并完成换文手续的安哥拉共和国等44个最不发达国家实施特惠税率。

此外，我国进出口税则税目随《商品名称及编码协调制度》2022年转版同步调整，并根据国内需要，对部分税则税目、注释进行调整。调整后，2022年税则税目数共计8 930个。

12.《中华人民共和国进出口税则(2022)》公布，自2022年1月1日起实施

2021年12月30日，国务院关税税则委员会发布2021年第10号公告，根据《中华人民共和国进出口关税条例》及相关规定，公布《中华人民共和国进出口税则(2022)》，自2022年1月1日起实施。法律、行政法规等对进出口关税税目、税率调整另有规定的，从其规定。

13. 自2022年2月1日起，我国对原产于韩国的部分进口货物实施RCEP协定税率

2022年1月9日，国务院关税税则委员会发布《关于对原产于韩国的部分进口货

物实施〈区域全面经济伙伴关系协定〉(RCEP)协定税率的公告》(税委会公告〔2022〕1号)。

公告指出,根据《中华人民共和国进出口关税条例》和 RCEP 有关规定,以及 RCEP 对韩国生效情况,自 2022 年 2 月 1 日起,对原产于韩国的部分进口货物实施 RCEP 协定税率,2022 年协定税率见公告附件。

14. 自 2022 年 3 月 18 日起,我国对原产于马来西亚的部分进口货物实施 RCEP 协定税率

2022 年 2 月 15 日,国务院关税税则委员会发布《关于对原产于马来西亚的部分进口货物实施〈区域全面经济伙伴关系协定〉(RCEP)协定税率的公告》(税委会公告〔2022〕2 号)。

公告指出,根据《中华人民共和国进出口关税条例》和 RCEP 有关规定,以及 RCEP 对马来西亚生效情况,自 2022 年 3 月 18 日起,对原产于马来西亚的部分进口货物实施 RCEP 东盟成员国所适用的协定税率;2022 年税率在《中华人民共和国进出口税则(2022)》(税委会公告 2021 年第 10 号文件附件)协定税率栏中列明,其对应的中文简称为"东盟 R"。

15. 自 2022 年 4 月 7 日起,我国对部分原产于新西兰的木材和纸制品实施协定税率

2022 年 4 月 2 日,国务院关税税则委员会发布《关于对部分原产于新西兰的木材和纸制品实施协定税率的公告》(税委会公告〔2022〕3 号)。

公告指出,根据《中华人民共和国进出口关税条例》和《中华人民共和国政府和新西兰政府关于升级〈中华人民共和国政府和新西兰政府自由贸易协定〉的议定书》及有关换文规定,自 2022 年 4 月 7 日起,对部分原产于新西兰的木材和纸制品实施协定税率,2022 年协定税率见公告附件。

16. 国务院关税税则委员会公布对美加征关税商品第七次排除延期清单

2022 年 4 月 14 日,国务院关税税则委员会发布《关于对美加征关税商品第七次排除延期清单的公告》(税委会公告〔2022〕4 号)。

公告指出,根据《国务院关税税则委员会关于对美加征关税商品第五次排除延期清单的公告》(税委会公告〔2021〕7 号),对美加征关税商品第五次排除延期清单将于 2022 年 4 月 16 日到期。国务院关税税则委员会按程序决定,对相关商品延长排除期限。具体规定为:自 2022 年 4 月 17 日至 2022 年 11 月 30 日,对附件所列商品,继续不加征为反制美 301 措施所加征的关税。

17. 自 2022 年 5 月 1 日起,我国对原产于缅甸的部分进口货物实施 RCEP 协定

税率

2022年4月27日,国务院关税税则委员会发布《关于对原产于缅甸的部分进口货物实施〈区域全面经济伙伴关系协定〉(RCEP)协定税率的公告》(税委会公告〔2022〕5号)。

公告指出,根据《中华人民共和国进出口关税条例》和RCEP有关规定,以及RCEP对缅甸生效情况,自2022年5月1日起,对原产于缅甸的部分进口货物实施RCEP东盟成员国所适用的协定税率;2022年税率在《中华人民共和国进出口税则(2022)》(税委会公告2021年第10号文件附件)协定税率栏中列明,其对应的中文简称为"东盟R"。

18. 自2022年5月1日至2023年3月31日,我国对煤炭实施税率为零的进口暂定税率

2022年4月26日,国务院关税税则委员会发布《关于调整煤炭进口关税的公告》(税委会公告〔2022〕6号)。公告指出,为加强能源供应保障,推进高质量发展,国务院关税税则委员会按程序决定,自2022年5月1日至2023年3月31日,对煤炭实施税率为零的进口暂定税率。

19. 国务院关税税则委员会公布对美加征关税商品第八次排除延期清单

2022年6月28日,国务院关税税则委员会发布《关于对美加征关税商品第八次排除延期清单的公告》(税委会公告〔2022〕7号)。

公告指出,根据《国务院关税税则委员会关于对美加征关税商品第六次排除延期清单的公告》(税委会公告〔2021〕9号),对美加征关税商品第六次排除延期清单将于2022年6月30日到期。国务院关税税则委员会按程序决定,对相关商品延长排除期限。具体规定为:自2022年7月1日至2023年2月15日,对附件所列商品,继续不加征为反制美301措施所加征的关税。

20. 自2022年9月1日起,我国给予16国98%税目产品零关税待遇

2022年7月22日,国务院关税税则委员会发布《关于给予多哥共和国等16国98%税目产品零关税待遇的公告》(税委会公告〔2022〕8号)。

公告指出,按照《国务院关税税则委员会关于给予最不发达国家98%税目产品零关税待遇的公告》(税委会公告2021年第8号),根据我国政府与有关国家政府换文规定,自2022年9月1日起,对原产于多哥共和国、厄立特里亚国、基里巴斯共和国、吉布提共和国、几内亚共和国、柬埔寨王国、老挝人民民主共和国、卢旺达共和国、孟加拉人民共和国、莫桑比克共和国、尼泊尔、苏丹共和国、所罗门群岛、瓦努阿图共和国、乍得共和国和中非共和国16个最不发达国家的98%税目的进口产品,适用税率为零的

特惠税率。其中，98％税目为税委会公告2021年第8号文件附件中税率为0的税目，共计8 786个。

21. 自2022年12月1日起，我国给予10国98％税目产品零关税待遇

2022年11月2日，国务院关税税则委员会发布《关于给予阿富汗等10国98％税目产品零关税待遇的公告》(税委会公告〔2022〕9号)。

公告指出，按照《国务院关税税则委员会关于给予最不发达国家98％税目产品零关税待遇的公告》(税委会公告2021年第8号)，根据我国政府与有关国家政府换文规定，自2022年12月1日起，对原产于阿富汗、贝宁共和国、布基纳法索、几内亚比绍共和国、莱索托王国、马拉维共和国、圣多美和普林西比民主共和国、坦桑尼亚联合共和国、乌干达共和国和赞比亚共和国10个最不发达国家的98％税目的进口产品，适用税率为零的特惠税率。其中，98％税目为税委会公告2021年第8号文件附件中税率为0的税目，共计8 786个。

22. 国务院关税税则委员会公布对美加征关税商品第九次排除延期清单

2022年11月25日，国务院关税税则委员会发布《关于对美加征关税商品第九次排除延期清单的公告》(税委会公告〔2022〕10号)。

公告指出，根据《国务院关税税则委员会关于对美加征关税商品第七次排除延期清单的公告》(税委会公告2022年第4号)，对美加征关税商品第七次排除延期清单将于2022年11月30日到期。国务院关税税则委员会按程序决定，对相关商品延长排除期限。具体规定为：自2022年12月1日至2023年5月31日，对附件所列商品，继续不加征为反制美301措施所加征的关税。

23.《2023年关税调整方案》公布，自2023年1月1日起实施

2022年12月28日，国务院关税税则委员会发布《关于2023年关税调整方案的公告》(税委会公告〔2022〕11号)。

公告指出，为全面贯彻落实党的二十大精神，扎实推进中国式现代化，完整、准确、全面贯彻新发展理念，加快构建新发展格局，着力推动高质量发展，更好发挥关税职能作用，统筹发展与安全，把实施扩大内需战略同深化供给侧结构性改革有机结合起来，实行更加积极主动的开放战略，根据《中华人民共和国进出口关税条例》及相关规定，2023年1月1日起，对部分商品的进出口关税进行调整。

《2023年关税调整方案》中进口关税税率调整情况如下：

(1)进口暂定税率

对1 020项商品(不含关税配额商品)实施进口暂定税率；对7项煤炭产品的进口暂定税率，实施至2023年3月31日，自2023年4月1日起恢复实施最惠国税率；对1

项信息技术协定扩围产品的进口暂定税率,实施至2023年6月30日,自2023年7月1日起实施最惠国税率,税率为零。

(2)最惠国税率

自2023年7月1日起,对《中华人民共和国加入世界贸易组织关税减让表修正案》附表所列信息技术协定扩围产品最惠国税率实施第八步降税。

调整部分冻鸡产品最惠国税率计征方式。

(3)关税配额税率

继续对小麦等8类商品实施关税配额管理,税率不变。其中,对尿素、复合肥、磷酸氢铵3种化肥的配额税率继续实施1%的暂定税率。继续对配额外进口的一定数量棉花实施滑准税。

(4)协定税率

根据我国与有关国家或者地区已签署并生效的自由贸易协定和优惠贸易安排,对19个协定项下、原产于29个国家或者地区的部分进口货物实施协定税率:一是按照中国与新西兰、秘鲁、哥斯达黎加、瑞士、冰岛、韩国、澳大利亚、巴基斯坦、毛里求斯、柬埔寨的自由贸易协定和RCEP进一步降税;按照有关规定,中国-瑞士自由贸易协定自2023年7月1日起,就部分信息技术协定扩围产品降低协定税率。二是中国与东盟、智利、新加坡、格鲁吉亚自由贸易协定,以及内地与香港、澳门《关于建立更紧密经贸关系的安排》(CEPA)和《海峡两岸经济合作框架协议》(ECFA)已完成降税,继续实施协定税率。三是亚太贸易协定继续实施,自2023年7月1日起,就部分信息技术协定扩围产品降低协定税率。

根据RCEP有关规定以及协定对印度尼西亚生效情况,自2023年1月2日起,对原产于印度尼西亚的部分进口货物实施RCEP东盟成员国2023年所适用的协定税率。

当最惠国税率低于或等于协定税率时,协定有规定的,按相关协定的规定执行;协定无规定的,二者从低适用。

(5)特惠税率

继续给予44个与我建交并完成换文手续的最不发达国家零关税待遇,实施特惠税率,适用商品范围和税率维持不变。

此外,根据国内需要,对部分税则税目、注释进行调整。调整后,2023年税则税目数共计8 948个。

以上方案,除另有规定外,自2023年1月1日起实施。

24.《中华人民共和国进出口税则2023)》公布,自2023年1月1日起实施

2022年12月31日,国务院关税税则委员会发布《关于发布〈中华人民共和国进出口税则(2023)〉的公告》(税委会公告〔2022〕12号)。公告指出,根据《中华人民共和国进出口关税条例》及相关规定,公布《中华人民共和国进出口税则(2023)》,自2023年1月1日起实施。法律、行政法规等对进出口关税税目、税率调整另有规定的,从其规定。

二、出口关税政策变化

1.《2021年关税调整方案》公布,2021年出口关税征收范围和税率维持不变

2020年12月21日,国务院关税税则委员会发布了《关于2021年关税调整方案的通知》(税委会〔2020〕33号)。通知指出,自2021年1月1日起继续对铬铁等107项商品征收出口关税,适用出口税率或出口暂定税率,征收商品范围和税率维持不变。

2. 自2021年5月1日起,我国调整部分钢铁产品出口关税

2021年4月27日,国务院关税税则委员会发布《关于调整部分钢铁产品关税的公告》(税委会公告〔2021〕4号)。公告指出,为更好保障钢铁资源供应,推动钢铁行业高质量发展,国务院关税税则委员会决定,自2021年5月1日起,调整部分钢铁产品关税。其中附件二为钢铁产品出口关税调整表。

3. 自2021年8月1日起,我国进一步调整部分钢铁产品出口关税

2021年7月29日,国务院关税税则委员会发布《关于进一步调整钢铁产品出口关税的公告》(税委会公告〔2021〕6号)。公告指出,为推动钢铁行业转型升级和高质量发展,国务院关税税则委员会决定,自2021年8月1日起,进一步调整部分钢铁产品出口关税。调整清单见公告附件。

4.《2022年关税调整方案》公布,自2022年1月1日起提高部分商品的出口关税

2021年12月13日,国务院关税税则委员会发布了《关于2022年关税调整方案的通知》(税委会〔2021〕18号)。通知指出,为完整、准确、全面贯彻新发展理念,支持构建新发展格局,继续推动高质量发展,根据《中华人民共和国进出口关税条例》的相关规定,自2022年1月1日起,对部分商品的进出口关税进行调整。其中出口关税方面,继续对铬铁等106项商品实施出口关税,提高黄磷以外的其他磷和粗铜等2项商品的出口关税。

5.《2023年关税调整方案》公布,自2023年1月1日起提高部分商品的出口关税

2022年12月28日,国务院关税税则委员会发布《关于2023年关税调整方案的公告》(税委会公告〔2022〕11号)。

公告指出,为全面贯彻落实党的二十大精神,扎实推进中国式现代化,完整、准确、

全面贯彻新发展理念,加快构建新发展格局,着力推动高质量发展,更好发挥关税职能作用,统筹发展与安全,把实施扩大内需战略同深化供给侧结构性改革有机结合起来,实行更加积极主动的开放战略,根据《中华人民共和国进出口关税条例》及相关规定,2023年1月1日起,对部分商品的进出口关税进行调整。其中出口关税方面,继续对铬铁等106项商品征收出口关税,提高铝和部分铝合金的出口关税。

三、税收减免政策变化

1. 自2020年7月27日至2030年12月31日,实施支持集成电路产业和软件产业发展的进口税收政策

2021年3月16日,财政部、海关总署、税务总局联合发布了《关于支持集成电路产业和软件产业发展进口税收政策的通知》(财关税〔2021〕4号)。

通知指出,为贯彻落实《国务院关于印发新时期促进集成电路产业和软件产业高质量发展若干政策的通知》(国发〔2020〕8号),经国务院同意,有关进口税收政策通知如下。

(1)对下列情形,免征进口关税:

①集成电路线宽小于65纳米(含,下同)的逻辑电路、存储器生产企业,以及线宽小于0.25微米的特色工艺(即模拟、数模混合、高压、射频、功率、光电集成、图像传感、微机电系统、绝缘体上硅工艺)集成电路生产企业,进口国内不能生产或性能不能满足需求的自用生产性(含研发用,下同)原材料、消耗品,净化室专用建筑材料、配套系统和集成电路生产设备(包括进口设备和国产设备)零配件。

②集成电路线宽小于0.5微米的化合物集成电路生产企业和先进封装测试企业,进口国内不能生产或性能不能满足需求的自用生产性原材料、消耗品。

③集成电路产业的关键原材料、零配件(即靶材、光刻胶、掩模版、封装载板、抛光垫、抛光液、8英寸及以上硅单晶、8英寸及以上硅片)生产企业,进口国内不能生产或性能不能满足需求的自用生产性原材料、消耗品。

④集成电路用光刻胶、掩模版、8英寸及以上硅片生产企业,进口国内不能生产或性能不能满足需求的净化室专用建筑材料、配套系统和生产设备(包括进口设备和国产设备)零配件。

⑤国家鼓励的重点集成电路设计企业和软件企业,以及符合本条第①、②项的企业(集成电路生产企业和先进封装测试企业)进口自用设备,以及按照合同随设备进口的技术(含软件)及配套件、备件,但《国内投资项目不予免税的进口商品目录》《外商投资项目不予免税的进口商品目录》和《进口不予免税的重大技术装备和产品目录》所列

商品除外。上述进口商品不占用投资总额,相关项目不需出具项目确认书。

(2)根据国内产业发展、技术进步等情况,财政部、海关总署、税务总局将会同国家发展改革委、工业和信息化部对上述第(1)条中的特色工艺类型和关键原材料、零配件类型适时调整。

(3)承建集成电路重大项目的企业自2020年7月27日至2030年12月31日期间进口新设备,除《国内投资项目不予免税的进口商品目录》《外商投资项目不予免税的进口商品目录》和《进口不予免税的重大技术装备和产品目录》所列商品外,对未缴纳的税款提供海关认可的税款担保,准予在首台设备进口之后的6年(连续72个月)期限内分期缴纳进口环节增值税,6年内每年(连续12个月)依次缴纳进口环节增值税总额的0%、20%、20%、20%、20%、20%,自首台设备进口之日起已经缴纳的税款不予退还。在分期纳税期间,海关对准予分期缴纳的税款不予征收滞纳金。

(4)支持集成电路产业和软件产业发展进口税收政策管理办法由财政部、海关总署、税务总局会同国家发展改革委、工业和信息化部另行制定印发。

(5)通知自2020年7月27日至2030年12月31日实施。自2020年7月27日,至第一批免税进口企业清单印发之日后30日内,已征的应免关税税款准予退还。

(6)自2021年4月1日起,《财政部关于部分集成电路生产企业进口自用生产性原材料 消耗品税收政策的通知》(财税〔2002〕136号)、《财政部关于部分集成电路生产企业进口净化室专用建筑材料等物资税收政策问题的通知》(财税〔2002〕152号)、《财政部 海关总署 国家税务总局 信息产业部关于线宽小于0.8微米(含)集成电路企业进口自用生产性原材料 消耗品享受税收优惠政策的通知》(财关税〔2004〕45号)、《财政部 发展改革委 工业和信息化部 海关总署 国家税务总局关于调整集成电路生产企业进口自用生产性原材料 消耗品免税商品清单的通知》(财关税〔2015〕46号)废止。

自2020年7月27日至2021年3月31日,既可享受上述4个文件相关政策又可享受上述第(1)条第①、②项相关政策的免税进口企业,对同一张报关单,自主选择适用上述4个文件相关政策或第(1)条第①、②项相关政策,不得累计享受税收优惠。

2. 支持集成电路产业和软件产业发展进口税收政策管理办法公布实施

2021年3月22日,财政部、国家发展改革委、工业和信息化部、海关总署、税务总局等6部门联合发布《关于支持集成电路产业和软件产业发展进口税收政策管理办法的通知》(财关税〔2021〕5号)。

通知指出,为落实《财政部 海关总署 税务总局关于支持集成电路产业和软件产业发展进口税收政策的通知》(财关税〔2021〕4号,以下称《通知》),将政策管理办法通知如下：

（1）国家发展改革委会同工业和信息化部、财政部、海关总署、税务总局制定并联合印发享受免征进口关税的集成电路生产企业、先进封装测试企业和集成电路产业的关键原材料、零配件生产企业清单。

（2）国家发展改革委、工业和信息化部会同财政部、海关总署、税务总局制定并联合印发享受免征进口关税的国家鼓励的重点集成电路设计企业和软件企业清单。

（3）工业和信息化部会同国家发展改革委、财政部、海关总署、税务总局制定并联合印发国内不能生产或性能不能满足需求的自用生产性（含研发用）原材料、消耗品和净化室专用建筑材料、配套系统及生产设备（包括进口设备和国产设备）零配件的免税进口商品清单。

（4）国家发展改革委会同工业和信息化部制定可享受进口新设备进口环节增值税分期纳税的集成电路重大项目标准和享受分期纳税承建企业的条件，并根据上述标准、条件确定集成电路重大项目建议名单和承建企业建议名单，函告财政部，抄送海关总署、税务总局。财政部会同海关总署、税务总局确定集成电路重大项目名单和承建企业名单，通知省级（包括省、自治区、直辖市、计划单列市、新疆生产建设兵团，下同）财政厅（局）、企业所在地直属海关、省级税务局。

承建企业应于承建的集成电路重大项目项下申请享受分期纳税的首台新设备进口 3 个月前，向省级财政厅（局）提出申请，附项目投资金额、进口设备时间、年度进口新设备金额、年度进口新设备进口环节增值税额、税款担保方案等信息，抄送企业所在地直属海关、省级税务局。省级财政厅（局）会同企业所在地直属海关、省级税务局初核后报送财政部，抄送海关总署、税务总局。

财政部会同海关总署、税务总局确定集成电路重大项目的分期纳税方案（包括项目名称、承建企业名称、分期纳税起止时间、分期纳税总税额、每季度纳税额等），通知省级财政厅（局）、企业所在地直属海关、省级税务局，由企业所在地直属海关告知相关企业。

分期纳税方案实施中，如项目名称发生变更，承建企业发生名称、经营范围变更等情形的，承建企业应在完成变更登记之日起 60 日内，向省级财政厅（局）、企业所在地直属海关、省级税务局报送变更情况说明，申请变更分期纳税方案相应内容。省级财政厅（局）会同企业所在地直属海关、省级税务局确定变更结果，并由省级财政厅（局）函告企业所在地直属海关，抄送省级税务局，报财政部、海关总署、税务总局备案。企业所在地直属海关将变更结果告知承建企业。承建企业超过本款前述时间报送变更情况说明的，省级财政厅（局）、企业所在地直属海关、省级税务局不予受理，该项目不再享受分期纳税,已进口设备的未缴纳税款应在完成变更登记次月起 3 个月内缴纳完毕。

享受分期纳税的进口新设备,应在企业所在地直属海关关区内申报进口。按海关事务担保的规定,承建企业对未缴纳的税款应提供海关认可的税款担保。海关对准予分期缴纳的税款不予征收滞纳金。承建企业在最后一次纳税时,由海关完成该项目全部应纳税款的汇算清缴。如违反规定,逾期未及时缴纳税款的,该项目不再享受分期纳税,已进口设备的未缴纳税款应在逾期未缴纳情形发生次月起 3 个月内缴纳完毕。

(5)《通知》第(1)条第⑤项和第(3)条中的企业进口设备,同时适用申报进口当期的《国内投资项目不予免税的进口商品目录》《外商投资项目不予免税的进口商品目录》《进口不予免税的重大技术装备和产品目录》所列商品的累积范围。

(6)免税进口企业应按照海关有关规定,办理有关进口商品的减免税手续。

(7)办法第(1)、(2)条中,国家发展改革委牵头制定或者国家发展改革委、工业和信息化部牵头制定的第一批免税进口企业清单自 2020 年 7 月 27 日实施,至该清单印发之日后 30 日内,已征的应免关税税款准予退还。办法第(3)条中,工业和信息化部牵头制定的第一批免税进口商品清单自 2020 年 7 月 27 日实施。以后批次制定的免税进口企业清单、免税进口商品清单,分别自其印发之日后第 20 日起实施。

(8)办法第(1)、(2)条中的免税进口企业发生名称、经营范围变更等情形的,应自完成变更登记之日起 60 日内,将有关变更情况说明报送牵头部门。牵头部门分别按照办法第(1)、(2)条规定,确定变更后的企业自变更登记之日起能否继续享受政策。企业超过本条前述时间报送变更情况说明的,牵头部门不予受理,该企业自变更登记之日起停止享受政策。确定结果或不予受理情况由牵头部门函告海关总署(确定结果较多时,每年至少分两批函告),抄送第(1)、(2)条中其他部门。

(9)免税进口企业应按有关规定使用免税进口商品,如违反规定,将免税进口商品擅自转让、移作他用或者进行其他处置,被依法追究刑事责任的,在《通知》剩余有效期限内停止享受政策。

(10)免税进口企业如存在以虚报情况获得免税资格,由国家发展改革委会同工业和信息化部、财政部、海关总署、税务总局等部门查实后,国家发展改革委函告海关总署,自函告之日起,该企业在《通知》剩余有效期限内停止享受政策。

(11)财政等有关部门及其工作人员在政策执行过程中,存在违反执行政策规定的行为,以及滥用职权、玩忽职守、徇私舞弊等违法违纪行为的,依照国家有关规定追究相应责任;涉嫌犯罪的,依法追究刑事责任。

(12)该办法有效期为 2020 年 7 月 27 日至 2030 年 12 月 31 日。

3.2021年3月4日海南自由贸易港自用生产设备"零关税"政策公布实施

2021年3月4日,财政部、海关总署、税务总局发布了《关于海南自由贸易港自用生产设备"零关税"政策的通知》(财关税〔2021〕7号),自公布之日起实施。

通知指出,为贯彻《海南自由贸易港建设总体方案》,经国务院同意,将海南自由贸易港自用生产设备"零关税"政策通知如下:

(1)全岛封关运作前,对海南自由贸易港注册登记并具有独立法人资格的企业进口自用的生产设备,除法律法规和相关规定明确不予免税、国家规定禁止进口的商品,以及该通知所附《海南自由贸易港"零关税"自用生产设备负面清单》所列设备外,免征关税、进口环节增值税和消费税。

(2)通知所称生产设备,是指基础设施建设、加工制造、研发设计、检测维修、物流仓储、医疗服务、文体旅游等生产经营活动所需的设备,包括《中华人民共和国进出口税则》第八十四、八十五和九十章中除家用电器及设备零件、部件、附件、元器件外的其他商品。

(3)符合第(1)条规定条件的企业名单以及从事附件涵盖行业的企业名单,由海南省发展改革委、工业和信息化等主管部门会同海南省财政厅、海口海关、国家税务总局海南省税务局确定,动态调整,并函告海口海关。

(4)《海南自由贸易港"零关税"自用生产设备负面清单》详见附件。清单内容由财政部、海关总署、税务总局会同相关部门,根据海南自由贸易港实际需要和监管条件进行动态调整。

(5)《进口不予免税的重大技术装备和产品目录》《外商投资项目不予免税的进口商品目录》以及《国内投资项目不予免税的进口商品目录》,暂不适用于海南自由贸易港自用生产设备"零关税"政策。符合本政策规定条件的企业,进口上述三个目录内的设备,可免征关税、进口环节增值税和消费税。

(6)为便于执行,财政部、海关总署将会同有关部门另行明确第(2)条中家用电器及设备零件、部件、附件、元器件商品范围。

(7)"零关税"生产设备限海南自由贸易港符合政策规定条件的企业在海南自由贸易港内自用,并接受海关监管。因企业破产等原因,确需转让的,转让前应征得海关同意并办理相关手续。其中,转让给不符合政策规定条件主体的,还应按规定补缴进口相关税款。转让"零关税"生产设备,照章征收国内环节增值税、消费税。

(8)企业进口"零关税"自用生产设备,自愿缴纳进口环节增值税和消费税的,可在报关时提出申请。

(9)海南省相关部门应通过信息化等手段加强监管、防控风险、及时查处违规行为,确保生产设备"零关税"政策平稳运行,并加强省内相关部门信息互联互通,共享符合政策条件的企业、"零关税"生产设备的监管等信息。

4.2021—2030年抗艾滋病病毒药物进口免税政策公布实施

2021年3月29日,财政部、海关总署、税务总局发布《关于2021—2030年抗艾滋病病毒药物进口税收政策的通知》(财关税〔2021〕13号)。该通知指出,为坚持基本医疗卫生事业公益属性,支持艾滋病防治工作,自2021年1月1日至2030年12月31日,对卫生健康委委托进口的抗艾滋病病毒药物,免征进口关税和进口环节增值税。享受免税政策的抗艾滋病病毒药物名录及委托进口单位由卫生健康委确定,并送财政部、海关总署、税务总局。

5.2021—2030年支持民用航空维修用航空器材进口免税政策公布实施

2021年3月31日,财政部、海关总署发布了《关于2021—2030年支持民用航空维修用航空器材进口税收政策的通知》(财关税〔2021〕15号)。

该通知指出,为加快壮大航空产业,促进我国民用航空运输、维修等产业发展,将有关进口税收政策内容通知如下。

(1)自2021年1月1日至2030年12月31日,对民用飞机整机设计制造企业、国内航空公司、维修单位、航空器材分销商进口国内不能生产或性能不能满足需求的维修用航空器材,免征进口关税。

(2)通知第(1)条所述民用飞机整机设计制造企业、国内航空公司、维修单位、航空器材分销商是指:

①从事民用飞机整机设计制造的企业及其所属单位,且其生产产品的相关型号已取得中国民航局批准的型号合格证(TC)。

②中国民航局批准的国内航空公司。

③持有中国民用航空维修许可证的维修单位。

④符合中国民航局管理要求的航空器材分销商。

(3)通知第(1)条所述维修用航空器材是指专门用于维修民用飞机、民用飞机部件的器材,包括动力装置(发动机、辅助动力装置)、起落架等部件,以及标准件、原材料等消耗器材。范围仅限定于飞机的机载设备及其零部件、原材料,不包括地勤系统所使用的设备及其零部件。

航空器材一般具备中国民航局(CAAC)、美国联邦航空局(FAA)、欧盟航空安全局(EASA)、加拿大民用航空局(TCCA)、巴西民用航空局等民航局颁发的适航证明文件或俄罗斯、乌克兰等民航制造和维修单位签发的履历本。具有制造单位出具产品合格证明的标准件、原材料也属于航空器材范围。

免税进口的维修用航空器材清单,由中国民航局会同工业和信息化部、财政部、海关总署另行制定印发。

(4)对该通知项下的免税进口维修用航空器材,海关不再按特定减免税货物进行后续监管。

(5)该通知有关的政策管理办法由财政部会同有关部门另行制定印发。

6.2021—2030年支持民用航空维修用航空器材进口税收政策管理办法公布实施

2021年3月31日,财政部、工业和信息化部、海关总署、民航局联合发布了《关于2021—2030年支持民用航空维修用航空器材进口税收政策管理办法的通知》(财关税〔2021〕16号),有效期为2021年1月1日至2030年12月31日。

该通知指出,为加快壮大航空产业,促进我国民用航空运输、维修等产业发展,根据《财政部 海关总署关于2021—2030年支持民用航空维修用航空器材进口税收政策的通知》(财关税〔2021〕15号,以下简称《通知》)有关规定,将2021—2030年支持民用航空维修用航空器材进口税收政策管理办法通知如下:

(1)民航局确定符合《通知》第二条的进口单位名单,并将名单(需注明批次)函告海关总署,抄送工业和信息化部、财政部。名单根据实际情况动态调整。

进口单位发生名称、经营范围变更等情形的,应在政策有效期内及时将有关变更情况说明报送民航局。民航局确定变更后的单位自变更登记之日起能否继续享受政策,并将确定结果和变更登记日期函告海关总署(确定结果较多时,每年至少分两批函告),抄送工业和信息化部、财政部。

(2)《通知》项下免税进口航空器材实行清单管理。民航局会同工业和信息化部、财政部、海关总署确定上述清单,由民航局将清单(需注明批次)函告海关总署,抄送工业和信息化部、财政部。清单根据实际情况动态调整。

(3)民航局函告海关总署的第一批进口单位名单和免税进口航空器材清单,自2021年1月1日实施,至第一批名单函告之日后30日内已征应免税款,依进口单位申请准予退还。以后批次函告的名单、清单,自函告之日后第20日起实施。

(4)免税进口单位应按照海关有关规定,向海关申请办理减免税手续。

(5)进口单位如存在以虚报信息等获得免税资格的,经有关部门查实后由民航局函告海关总署,抄送财政部,自函告之日起,该单位在《通知》剩余有效期内停止享受政策。

(6)民航局会同有关部门对政策执行效果加强评估。

(7)财政等有关部门及其工作人员在政策执行过程中,存在违反执行免税政策规定的行为,以及滥用职权、玩忽职守、徇私舞弊等违法违纪行为的,依照国家有关规定追究相应责任;涉嫌犯罪的,依法追究刑事责任。

7."十四五"期间能源资源勘探开发利用进口税收政策公布实施

2021年4月12日,财政部、海关总署、税务总局联合发布《关于"十四五"期间能源资源勘探开发利用进口税收政策的通知》(财关税〔2021〕17号),有效期为2021年1月1日至2025年12月31日。

该通知指出,为完善能源产供储销体系,加强国内油气勘探开发,支持天然气进口利用,将有关进口税收政策通知如下:

(1)对在我国陆上特定地区(具体区域见附件)进行石油(天然气)勘探开发作业的自营项目,进口国内不能生产或性能不能满足需求的,并直接用于勘探开发作业的设备(包括按照合同随设备进口的技术资料)、仪器、零附件、专用工具,免征进口关税;在经国家批准的陆上石油(天然气)中标区块(对外谈判的合作区块视为中标区块)内进行石油(天然气)勘探开发作业的中外合作项目,进口国内不能生产或性能不能满足需求的,并直接用于勘探开发作业的设备(包括按照合同随设备进口的技术资料)、仪器、零附件、专用工具,免征进口关税和进口环节增值税。

(2)对在我国海洋(指我国内海、领海、大陆架以及其他海洋资源管辖海域,包括浅海滩涂,下同)进行石油(天然气)勘探开发作业的项目(包括1994年12月31日之前批准的对外合作"老项目"),以及海上油气管道应急救援项目,进口国内不能生产或性能不能满足需求的,并直接用于勘探开发作业或应急救援的设备(包括按照合同随设备进口的技术资料)、仪器、零附件、专用工具,免征进口关税和进口环节增值税。

(3)对在我国境内进行煤层气勘探开发作业的项目,进口国内不能生产或性能不能满足需求的,并直接用于勘探开发作业的设备(包括按照合同随设备进口的技术资料)、仪器、零附件、专用工具,免征进口关税和进口环节增值税。

(4)对经国家发展改革委核(批)准建设的跨境天然气管道和进口液化天然气接收储运装置项目,以及经省级政府核准的进口液化天然气接收储运装置扩建项目进口的天然气(包括管道天然气和液化天然气,下同),按一定比例返还进口环节增值税。具体返还比例如下:

①属于2014年底前签订且经国家发展改革委确定的长贸气合同项下的进口天然气,进口环节增值税按70%的比例予以返还。

②对其他天然气,在进口价格高于参考基准值的情况下,进口环节增值税按该项目进口价格和参考基准值的倒挂比例予以返还。倒挂比例的计算公式为:倒挂比例=(进口价格－参考基准值)/进口价格×100%,相关计算以一个季度为一周期。

(5)通知第(1)条、第(2)条、第(3)条规定的设备(包括按照合同随设备进口的技术资料)、仪器、零附件、专用工具的免税进口商品清单,由工业和信息化部会同财政部、海关总署、税务总局、国家能源局另行制定并联合印发。第一批免税进口商品清单自2021年1月1日实施,至第一批免税进口商品清单印发之日后30日内已征应免税款,依进口单位申请准予退还。以后批次的免税进口商品清单,自印发之日后第20日起实施。

(6)符合通知第(1)条、第(2)条、第(3)条规定并取得免税资格的单位可向主管海关提出申请,选择放弃免征进口环节增值税,只免征进口关税。有关单位主动放弃免征进口环节增值税后,36个月内不得再次申请免征进口环节增值税。

(7)"十四五"期间能源资源勘探开发利用进口税收政策管理办法由财政部会同有关部门另行制定印发。

8."十四五"期间能源资源勘探开发利用进口税收政策管理办法公布实施

2021年4月16日,财政部、国家发展改革委、工业和信息化部、海关总署、税务总局、国家能源局6部门联合发布《关于"十四五"期间能源资源勘探开发利用进口税收政策管理办法的通知》(财关税〔2021〕18号),有效期为2021年1月1日至2025年12月31日。

该通知指出,为落实《财政部 海关总署 税务总局关于"十四五"期间能源资源勘探开发利用进口税收政策的通知》(财关税〔2021〕17号,以下简称《通知》),特制定本办法。

(1)关于石油(天然气)、煤层气勘探开发作业项目和海上油气管道应急救援项目的免税规定:

①对可享受政策的有关单位,分别按下列规定执行。

自然资源部作为石油(天然气)、煤层气地质调查工作有关项目的项目主管单位,依据有关项目确认文件以及《通知》第五条规定的免税进口商品清单,向项目执行单位出具能源资源勘探开发利用进口税收政策项下有关项目及进口商品确认表(以下简称"确认表")。

中国石油天然气集团有限公司、中国石油化工集团有限公司、中国海洋石油集团有限公司作为石油(天然气)、煤层气勘探开发作业的项目主管单位,依据有关部门出具的项目确认文件,以及《通知》第五条规定的免税进口商品清单,确认勘探开发项目、项目执行单位、项目执行单位在项目主管单位取得油气矿业权之日后进口的商品,出具确认表。

中国海洋石油集团有限公司作为海上油气管道应急救援项目的项目主管单位,依据有关部门出具的项目确认文件,以及《通知》第五条规定的免税商品清单,确认海上油气管道应急救援项目、项目执行单位、项目执行单位在海上油气管道应急救援项目批准之日后进口的商品,出具确认表。

其他已依法取得油气矿业权并按《通知》第一条、第二条、第三条规定开展石油(天然气)、煤层气勘探开发作业项目的企业,应在每年4月底前向财政部提出享受政策的申请,并附企业基本情况、开展石油(天然气)、煤层气勘探开发作业项目的基本情况。财政部会同自然资源部、海关总署、税务总局确定该企业作为项目主管单位后,财政部将项目主管单位及项目清单函告海关总署,抄送自然资源部、税务总局、项目主管单位。项目主管单位依据《通知》第五条规定的免税商品清单,确认项目执行单位、项目执行单位在项目主管单位取得油气矿业权之日后进口的商品,出具确认表。

②符合本条第一项的项目执行单位,凭确认表等有关材料,按照海关规定向海关申请办理进口商品的减免税手续。

③项目执行单位发生名称、经营范围变更等情形的,应在政策有效期内及时将有关变更情况说明报送项目主管单位,并退回已开具的确认表。项目主管单位确认变更后的项目执行单位自变更登记之日起能否按《通知》规定继续享受政策,对符合规定的项目执行单位重新出具确认表,并在其中"项目执行单位名称、经营范围变更等情况说明"栏,填写变更内容及变更时间。

④《通知》第五条规定的免税商品清单,可根据产业发展情况等适时调整。

⑤《通知》第五条规定的已征应免税款,依项目执行单位申请准予退还。其中,已征税进口且尚未申报增值税进项税额抵扣的,应事先取得主管税务机关出具的能源资源勘探开发利用进口税收政策项下进口商品已征进口环节增值税未抵扣情况表(见该《通知》附件2),向海关申请办理退还已征进口关税和进口环节增值税手续;已申报增值税进项税额抵扣的,仅向海关申请办理退还已征进口关税手续。

⑥石油(天然气)、煤层气勘探开发作业和海上油气管道应急救援项目的项目主管单位应加强政策执行情况的管理监督,并于每年3月底前将上一年度政策执行情况汇总报财政部、工业和信息化部、海关总署、税务总局、国家能源局。

⑦项目执行单位应严格按照《通知》规定使用免税进口商品,如违反规定,将免税进口商品擅自转让、移作他用或者进行其他处置,被依法追究刑事责任的,在《通知》剩余有效期内,停止享受政策。

⑧项目执行单位如存在以虚报信息等获得免税资格的,经项目主管单位或有关部门查实后,由项目主管单位函告海关总署,自函告之日起,该项目执行单位在《通知》剩余有效期内停止享受政策。

(2)关于天然气进口环节增值税先征后返规定:

①符合《通知》第四条规定的项目所进口的天然气,相关进口企业可申请办理天然气进口环节增值税返还。

②2020年12月31日前已按《财政部 海关总署 国家税务总局关于对2011—2020年期间进口天然气及2010年底前"中亚气"项目进口天然气按比例返还进口环节增值税有关问题的通知》(财关税〔2011〕39号)享受了天然气进口环节增值税返还的项目,自2021年1月1日起按《通知》规定享受进口环节增值税返还。对于上述项目在2020年12月31日及以前申报进口的天然气的进口环节增值税返还,仍按财关税〔2011〕39号文件及相关规定办理。国家发展改革委、国家能源局将上述项目名称和项目主管单位函告财政部、海关总署、税务总局,并抄送项目所在地财政部监管局、发展改革委、能源局、直属海关。

③自2021年1月1日起,对符合《通知》规定的跨境天然气管道和进口液化天然气接收储运装置的新增项目,以及省级政府核准的进口液化天然气接收储运装置新增扩建项目,在项目建成投产后,国家发展改革委、国家能源局将新增项目和新增扩建项目的名称、项目主管单位和享受政策的起始日期,函告财政部、海关总署、税务总局,并抄送新增项目和新增扩建项目所在地财政部监管局、发展改革委、能源局、直属海关。

④项目主管单位发生变更的,国家发展改革委、国家能源局应在政策有效期内及时将项目名称、变更后的项目主管单位、变更日期函告财政部、海关总署、税务总局,并抄送项目所在地财政部监管局、发展改革委、能源局、直属海关。

⑤本条第②、③、④项所述的项目主管单位,依据有关部门出具的天然气项目确认文件,对符合《通知》规定的项目、进口企业和进口数量进行确认,并出具享受能源资源勘探开发利用进口税收政策的进口天然气项目及企业确认书(以下简称"确认书")。

⑥《通知》第四条第一项中的长贸气合同清单,由国家发展改革委函告财政部、海关总署、税务总局,抄送财政部各地监管局、有关企业。

⑦《通知》第四条第二项中的进口价格,是指以单个项目计算,一个季度内(即1—3月、4—6月、7—9月或10—12月,具体进口时间以进口报关单上列示的"申报日期"为准)进口价格的算术平均值;参考基准值是指同一季度内参考基准值的算术平均值。

在计算进口价格的算术平均值时,应将同一季度内同一企业在同一项目下进口的符合《通知》第四条第二项的天然气均包含在内。管道天然气的进口价格为实际进口管道天然气单位体积进口完税价格的算术平均值。液化天然气的进口价格为实际进口液化天然气单位热值进口价格的算术平均值。

参考基准值由国家发展改革委、国家能源局确定并函告财政部、海关总署、税务总局,抄送财政部各地监管局、海关总署广东分署和各直属海关,告知相关企业。

⑧天然气进口企业应在每季度末结束后的三个月内,统一、集中将上一季度及以前尚未报送的税收返还申请材料报送纳税地海关。申请材料应包括确认书,分项目填报的长贸气进口环节增值税先征后返统计表、管道天然气(不含长贸气)进口环节增值税先征后返统计表或液化天然气(不含长贸气)进口环节增值税先征后返统计表。具体税收返还依照《财政部 中国人民银行 海关总署关于印发〈进口税收先征后返管理办法〉的通知》(财预〔2014〕373号)的有关规定执行。

⑨天然气进口企业如存在以虚报信息等获得进口税收返还资格的,经项目主管单位或有关部门查实后,由项目主管单位函告海关总署,自函告之日起,该天然气进口企业在《通知》剩余有效期内停止享受政策。

(3)财政等有关部门及其工作人员在政策执行过程中,存在违反政策规定的行为,以及滥用职权、玩忽职守、徇私舞弊等违法违纪行为的,依照国家有关规定追究相应责任;涉嫌犯罪的,依法追究刑事责任。

9.2021—2030年支持新型显示产业发展进口税收政策公布实施

2021年3月31日,财政部、海关总署、税务总局发布了《关于2021—2030年支持新型显示产业发展进口税收政策的通知》(财关税〔2021〕19号),有效期为自2021年1月1日至2030年12月31日。

通知指出,为加快壮大新一代信息技术,支持新型显示产业发展,将有关进口税收政策通知如下:

(1)自2021年1月1日至2030年12月31日,对新型显示器件(即薄膜晶体管液晶显示器件、有源矩阵有机发光二极管显示器件、Micro-LED显示器件,下同)生产企业进口国内不能生产或性能不能满足需求的自用生产性(含研发用,下同)原材料、消耗品和净化室配套系统、生产设备(包括进口设备和国产设备)零配件,对新型显示产业的关键原材料、零配件(即靶材、光刻胶、掩模版、偏光片、彩色滤光膜)生产企业进口国内不能生产或性能不能满足需求的自用生产性原材料、消耗品,免征进口关税。

根据国内产业发展、技术进步等情况,财政部、海关总署、税务总局将会同国家发展改革委、工业和信息化部对上述关键原材料、零配件类型适时调整。

(2)承建新型显示器件重大项目的企业自2021年1月1日至2030年12月31日期间进口新设备,除《国内投资项目不予免税的进口商品目录》《外商投资项目不予免税的进口商品目录》和《进口不予免税的重大技术装备和产品目录》所列商品外,对未缴纳的税款提供海关认可的税款担保,准予在首台设备进口之后的6年(连续72个月)期限内分期缴纳进口环节增值税,6年内每年(连续12个月)依次缴纳进口环节增值税总额的0%、20%、20%、20%、20%、20%,自首台设备进口之日起已经缴纳的税款不予退还。在分期纳税期间,海关对准予分期缴纳的税款不予征收滞纳金。

(3)第(1)条中所述国内不能生产或性能不能满足需求的免税进口商品清单,由工业和信息化部会同国家发展改革委、财政部、海关总署、税务总局另行制定印发,并动态调整。

(4)2021—2030年支持新型显示产业发展进口税收政策管理办法由财政部、海关总署、税务总局会同国家发展改革委、工业和信息化部另行制定印发。

10.2021—2030年支持新型显示产业发展进口税收政策管理办法公布实施

2021年3月31日,财政部、国家发展改革委、工业和信息化部、海关总署、税务总局联合发布《关于2021—2030年支持新型显示产业发展进口税收政策管理办法的通知》(财关税〔2021〕20号),有效期为2021年1月1日至2030年12月31日。

该通知指出,为落实《财政部 海关总署 税务总局关于2021—2030年支持新型显示产业发展进口税收政策的通知》(财关税〔2021〕19号,以下简称《通知》),将政策管理办法通知如下:

(1)国家发展改革委会同工业和信息化部、财政部、海关总署、税务总局制定并联合印发享受免征进口关税的新型显示器件生产企业和新型显示产业的关键原材料、零配件生产企业名单。

(2)工业和信息化部会同国家发展改革委、财政部、海关总署、税务总局制定并联合印发国内不能生产或性能不能满足需求的自用生产性(含研发用)原材料、消耗品和净化室配套系统、生产设备(包括进口设备和国产设备)零配件的免税进口商品清单。

(3)国家发展改革委会同工业和信息化部制定可享受进口新设备进口环节增值税分期纳税的新型显示器件重大项目标准和享受分期纳税承建企业的条件,并根据上述标准、条件确定新型显示器件重大项目建议名单和承建企业建议名单,函告财政部,抄送海关总署、税务总局。财政部会同海关总署、税务总局确定新型显示器件重大项目名单和承建企业名单,通知省级(包括省、自治区、直辖市、计划单列市、新疆生产建设兵团,下同)财政厅(局)、企业所在地直属海关、省级税务局。

承建企业应于承建的新型显示器件重大项目项下申请享受分期纳税的首台新设备进口3个月前,向省级财政厅(局)提出申请,附项目投资金额、进口设备时间、年度进口新设备金额、年度进口新设备进口环节增值税额、税款担保方案等信息,抄送企业所在地直属海关、省级税务局。省级财政厅(局)会同企业所在地直属海关、省级税务局初核后报送财政部,抄送海关总署、税务总局。

财政部会同海关总署、税务总局确定新型显示器件重大项目的分期纳税方案(包括项目名称、承建企业名称、分期纳税起止时间、分期纳税总税额、每季度纳税额等),

通知省级财政厅(局)、企业所在地直属海关、省级税务局,由企业所在地直属海关告知相关企业。

分期纳税方案实施中,如项目名称发生变更,承建企业发生名称、经营范围变更等情形的,承建企业应在完成变更登记之日起 60 日内,向省级财政厅(局)、企业所在地直属海关、省级税务局报送变更情况说明,申请变更分期纳税方案相应内容。省级财政厅(局)会同企业所在地直属海关、省级税务局确定变更结果,并由省级财政厅(局)函告企业所在地直属海关,抄送省级税务局,报财政部、海关总署、税务总局备案。企业所在地直属海关将变更结果告知承建企业。承建企业超过本款前述时间报送变更情况说明的,省级财政厅(局)、企业所在地直属海关、省级税务局不予受理,该项目不再享受分期纳税,已进口设备的未缴纳税款应在完成变更登记次月起 3 个月内缴纳完毕。

享受分期纳税的进口新设备,应在企业所在地直属海关关区内申报进口。按海关事务担保的规定,承建企业对未缴纳的税款应提供海关认可的税款担保。海关对准予分期缴纳的税款不予征收滞纳金。承建企业在最后一次纳税时,由海关完成该项目全部应纳税款的汇算清缴。如违反规定,逾期未及时缴纳税款的,该项目不再享受分期纳税,已进口设备的未缴纳税款应在逾期未缴纳情形发生次月起 3 个月内缴纳完毕。

(4)《通知》第二条中的企业进口新设备,同时适用申报进口当期的《国内投资项目不予免税的进口商品目录》《外商投资项目不予免税的进口商品目录》《进口不予免税的重大技术装备和产品目录》所列商品的累积范围。

(5)免税进口单位应按照海关有关规定,办理有关进口商品的减免税手续。

(6)本办法第(1)、(2)条中,国家发展改革委、工业和信息化部分别牵头制定的名单、清单应注明批次。其中第一批名单、清单自 2021 年 1 月 1 日实施,至第一批名单印发之日后 30 日内已征的应免关税税款,依免税进口单位申请准予退还。以后批次的名单、清单,分别自印发之日后第 20 日起实施。

(7)免税进口单位发生名称、经营范围变更等情形的,应在《通知》有效期限内及时将有关变更情况说明报送国家发展改革委。国家发展改革委按照第一条规定,确定变更后的单位自变更登记之日起能否继续享受政策,并注明变更登记日期。确定结果由国家发展改革委函告海关总署(确定结果较多时,每年至少分两批函告),抄送工业和信息化部、财政部、税务总局。

(8)免税进口单位应按有关规定使用免税进口商品,如违反规定,将免税进口商品擅自转让、移作他用或者进行其他处置,被依法追究刑事责任的,在《通知》剩余有效期限内停止享受政策。

(9)免税进口单位如存在以虚报情况获得免税资格,由国家发展改革委会同工业和信息化部、财政部、海关总署、税务总局等部门查实后,国家发展改革委函告海关总署,自函告之日起,该单位在《通知》剩余有效期限内停止享受政策。

(10)财政等有关部门及其工作人员在政策执行过程中,存在违反执行政策规定的行为,以及滥用职权、玩忽职守、徇私舞弊等违法违纪行为的,依照国家有关规定追究相应责任;涉嫌犯罪的,依法追究刑事责任。

11. "十四五"期间中西部地区国际性展会展期内销售的进口展品税收优惠政策公布实施

2021年4月9日,财政部、海关总署、税务总局发布了《关于"十四五"期间中西部地区国际性展会展期内销售的进口展品税收优惠政策的通知》(财关税〔2021〕21号)。

通知指出,"十四五"期间中西部地区国际性展会展期内销售的进口展品税收优惠政策通知如下:

(1)对中国-东盟博览会(以下称"东盟博览会")、中国-东北亚博览会(以下称"东北亚博览会")、中国-俄罗斯博览会(以下称"中俄博览会")、中国-阿拉伯国家博览会(以下称"中阿博览会")、中国-南亚博览会暨中国昆明进出口商品交易会(以下称"南亚博览会")、中国(青海)藏毯国际展览会(以下称"藏毯展览会")、中国-亚欧博览会(以下称"亚欧博览会")、中国-蒙古国博览会(以下称"中蒙博览会")、中国-非洲经贸博览会(以下称"中非博览会"),在展期内销售的免税额度内的进口展品免征进口关税和进口环节增值税、消费税。享受税收优惠的展品不包括国家禁止进口商品、濒危动植物及其产品、烟、酒、汽车以及列入《进口不予免税的重大技术装备和产品目录》的商品。

(2)享受税收优惠政策的展品清单类别范围和销售额度等规定见附件1和附件2。其中,附件1适用于东盟博览会,附件2适用于东北亚博览会、中俄博览会、中阿博览会、南亚博览会、藏毯展览会、亚欧博览会、中蒙博览会和中非博览会。

(3)对展期内销售的超出享受税收优惠政策的展品清单类别范围或销售额度的展品,以及展期内未销售且在展期结束后又不退运出境的展品,按照国家有关规定照章征税。

(4)对享受政策的展期内销售进口展品,海关不再按特定减免税货物进行后续监管。

12. "十四五"期间支持科技创新进口税收政策公布实施

2021年4月15日,财政部、海关总署、税务总局发布了《关于"十四五"期间支持科技创新进口税收政策的通知》(财关税〔2021〕23号),有效期为2021年1月1日至

2025年12月31日。

该通知指出，为深入实施科教兴国战略、创新驱动发展战略，支持科技创新，将有关进口税收政策通知如下。

(1)对科学研究机构、技术开发机构、学校、党校(行政学院)、图书馆进口国内不能生产或性能不能满足需求的科学研究、科技开发和教学用品，免征进口关税和进口环节增值税、消费税。

(2)对出版物进口单位为科研院所、学校、党校(行政学院)、图书馆进口用于科研、教学的图书、资料等，免征进口环节增值税。

(3)本通知第(1)、(2)条所称科学研究机构、技术开发机构、学校、党校(行政学院)、图书馆是指：

①从事科学研究工作的中央级、省级、地市级科研院所(含其具有独立法人资格的图书馆、研究生院)。

②国家实验室、国家重点实验室、企业国家重点实验室、国家产业创新中心、国家技术创新中心、国家制造业创新中心、国家临床医学研究中心、国家工程研究中心、国家工程技术研究中心、国家企业技术中心、国家中小企业公共服务示范平台(技术类)。

③科技体制改革过程中转制为企业和进入企业的主要从事科学研究和技术开发工作的机构。

④科技部会同民政部核定或者省级科技主管部门会同省级民政、财政、税务部门和社会研发机构所在地直属海关核定的科技类民办非企业单位性质的社会研发机构；省级科技主管部门会同省级财政、税务部门和社会研发机构所在地直属海关核定的事业单位性质的社会研发机构。

⑤省级商务主管部门会同省级财政、税务部门和外资研发中心所在地直属海关核定的外资研发中心。

⑥国家承认学历的实施专科及以上高等学历教育的高等学校及其具有独立法人资格的分校、异地办学机构。

⑦县级及以上党校(行政学院)。

⑧地市级及以上公共图书馆。

(4)本通知第(2)条所称出版物进口单位是指中央宣传部核定的具有出版物进口许可的出版物进口单位，科研院所是指第(3)条第①项规定的机构。

(5)本通知第(1)、(2)条规定的免税进口商品实行清单管理。免税进口商品清单由财政部、海关总署、税务总局征求有关部门意见后另行制定印发，并动态调整。

(6)经海关审核同意，科学研究机构、技术开发机构、学校、党校(行政学院)、图书馆可将免税进口的科学研究、科技开发和教学用品用于其他单位的科学研究、科技开发和教学活动。

对纳入国家网络管理平台统一管理、符合本通知规定的免税进口科研仪器设备，符合科技部会同海关总署制定的纳入国家网络管理平台免税进口科研仪器设备开放共享管理有关规定的，可以用于其他单位的科学研究、科技开发和教学活动。

经海关审核同意，科学研究机构、技术开发机构、学校以科学研究或教学为目的，可将免税进口的医疗检测、分析仪器及其附件、配套设备用于其附属、所属医院的临床活动，或用于开展临床实验所需依托的其分立前附属、所属医院的临床活动。其中，大中型医疗检测、分析仪器，限每所医院每3年每种1台。

(7)"十四五"期间支持科技创新进口税收政策管理办法由财政部、海关总署、税务总局会同有关部门另行制定印发。

13."十四五"期间支持科技创新进口税收政策管理办法公布实施

2021年4月16日，财政部、中央宣传部、国家发展改革委、教育部、科技部、工业和信息化部、民政部、商务部、文化和旅游部、海关总署、税务总局11部门联合发布了《关于"十四五"期间支持科技创新进口税收政策管理办法的通知》(财关税〔2021〕24号)，有效期为2021年1月1日至2025年12月31日。

通知指出，为落实《财政部 海关总署 税务总局关于"十四五"期间支持科技创新进口税收政策的通知》(财关税〔2021〕23号，以下简称《通知》)，将政策管理办法通知如下：

(1)科技部核定从事科学研究工作的中央级科研院所名单，函告海关总署，抄送财政部、税务总局。省级(包括省、自治区、直辖市、计划单列市、新疆生产建设兵团，下同)科技主管部门会同省级财政、税务部门和科研院所所在地直属海关核定从事科学研究工作的省级、地市级科研院所名单，核定结果由省级科技主管部门函告科研院所所在地直属海关，抄送省级财政、税务部门，并报送科技部。

本办法所称科研院所名单，包括科研院所所属具有独立法人资格的图书馆、研究生院名单。

(2)科技部核定国家实验室、国家重点实验室、企业国家重点实验室、国家技术创新中心、国家临床医学研究中心、国家工程技术研究中心名单，国家发展改革委核定国家产业创新中心、国家工程研究中心、国家企业技术中心名单，工业和信息化部核定国家制造业创新中心、国家中小企业公共服务示范平台(技术类)名单。核定结果分别由科技部、国家发展改革委、工业和信息化部函告海关总署，抄送财政部、税务总局。

科技部核定根据《国务院办公厅转发科技部等部门关于深化科研机构管理体制改

革实施意见的通知》(国办发〔2000〕38号),国务院部门(单位)所属科研机构已转制为企业或进入企业的主要从事科学研究和技术开发工作的机构名单,函告海关总署,抄送财政部、税务总局。省级科技主管部门会同省级财政、税务部门和机构所在地直属海关核定根据国办发〔2000〕38号文件,各省、自治区、直辖市、计划单列市所属已转制为企业或进入企业的主要从事科学研究和技术开发工作的机构名单,核定结果由省级科技主管部门函告机构所在地直属海关,抄送省级财政、税务部门,并报送科技部。

科技部会同民政部核定或者省级科技主管部门会同省级民政、财政、税务部门和社会研发机构所在地直属海关核定科技类民办非企业单位性质的社会研发机构名单。科技部牵头的核定结果,由科技部函告海关总署,抄送民政部、财政部、税务总局。省级科技主管部门牵头的核定结果,由省级科技主管部门函告社会研发机构所在地直属海关,抄送省级民政、财政、税务部门,并报送科技部。享受政策的科技类民办非企业单位性质的社会研发机构条件见附件1。

省级科技主管部门会同省级财政、税务部门和社会研发机构所在地直属海关核定事业单位性质的社会研发机构名单,核定结果由省级科技主管部门函告社会研发机构所在地直属海关,抄送省级财政、税务部门,并报送科技部。享受政策的事业单位性质的社会研发机构,应符合科技部和省级科技主管部门规定的事业单位性质的社会研发机构(新型研发机构)条件。

省级商务主管部门会同省级财政、税务部门和外资研发中心所在地直属海关核定外资研发中心名单,核定结果由省级商务主管部门函告外资研发中心所在地直属海关,抄送省级财政、税务部门,并报送商务部。享受政策的外资研发中心条件见附件2。

本条上述函告文件中,凡不具有独立法人资格的单位、机构,应一并函告其依托单位;有关单位、机构具有有效期限的,应一并函告其有效期限。

(3)教育部核定国家承认学历的实施专科及以上高等学历教育的高等学校及其具有独立法人资格的分校、异地办学机构名单,函告海关总署,抄送财政部、税务总局。

(4)文化和旅游部核定省级以上公共图书馆名单,函告海关总署,抄送财政部、税务总局。省级文化和旅游主管部门会同省级财政、税务部门和公共图书馆所在地直属海关核定省级、地市级公共图书馆名单,核定结果由省级文化和旅游主管部门函告公共图书馆所在地直属海关,抄送省级财政、税务部门,并报送文化和旅游部。

(5)中央宣传部核定具有出版物进口许可的出版物进口单位名单,函告海关总署,抄送中央党校(国家行政学院)、教育部、科技部、财政部、文化和旅游部、税务总局。

出版物进口单位免税进口图书、资料等商品的销售对象为中央党校(国家行政学院)和省级、地市级、县级党校(行政学院)以及本办法第一、三、四条中经核定的单位。牵头核定部门应结合实际需要,将核定的有关单位名单告知有关出版物进口单位。

(6)中央党校(国家行政学院)和省级、地市级、县级党校(行政学院)以及按照本办法规定经核定的单位或机构(以下统称进口单位),应按照海关有关规定,办理有关进口商品的减免税手续。

(7)本办法中相关部门函告海关的进口单位名单和《通知》第五条所称的免税进口商品清单应注明批次。其中,第一批名单、清单自2021年1月1日实施,至第一批名单印发之日后30日内已征的应免税款,准予退还;以后批次的名单、清单,分别自其印发之日后第20日起实施。中央党校(国家行政学院)和省级、地市级、县级党校(行政学院)自2021年1月1日起具备免税进口资格,至本办法印发之日后30日内已征的应免税款,准予退还。

前款规定的已征应免税款,依进口单位申请准予退还。其中,已征税进口且尚未申报增值税进项税额抵扣的,应事先取得主管税务机关出具的《"十四五"期间支持科技创新进口税收政策项下进口商品已征进口环节增值税未抵扣情况表》(见附件3),向海关申请办理退还已征进口关税和进口环节增值税手续;已申报增值税进项税额抵扣的,仅向海关申请办理退还已征进口关税手续。

(8)进口单位可向主管海关提出申请,选择放弃免征进口环节增值税。进口单位主动放弃免征进口环节增值税后,36个月内不得再次申请免征进口环节增值税。

(9)进口单位发生名称、经营范围变更等情形的,应在《通知》有效期限内及时将有关变更情况说明报送核定其名单的牵头部门。牵头部门按照本办法规定的程序,核定变更后的单位自变更登记之日起能否继续享受政策,注明变更登记日期。核定结果由牵头部门函告海关(核定结果较多时,每年至少分两批函告),抄送同级财政、税务及其他有关部门。其中,牵头部门为省级科技、商务、文化和旅游主管部门的,核定结果应相应报送科技部、商务部、文化和旅游部。

(10)进口单位应按有关规定使用免税进口商品,如违反规定,将免税进口商品擅自转让、移作他用或者进行其他处置,被依法追究刑事责任的,在《通知》剩余有效期限内停止享受政策。

(11)进口单位如存在以虚报情况获得免税资格,由核定其名单的牵头部门查实后函告海关,自函告之日起,该单位在《通知》剩余有效期限内停止享受政策。

(12)中央宣传部、国家发展改革委、教育部、科技部、工业和信息化部、民政部、商务部、文化和旅游部加强政策评估工作。

(13)本办法印发之日后90日内,省级科技主管部门应会同省级民政、财政、税务部门和社会研发机构所在地直属海关制定核定享受政策的科技类民办非企业单位性质、事业单位性质的社会研发机构名单的具体实施办法,省级商务主管部门应会同省级财政、税务部门和外资研发中心所在地直属海关制定核定享受政策的外资研发中心名单的具体实施办法。

(14)财政等有关部门及其工作人员在政策执行过程中,存在违反执行免税政策规定的行为,以及滥用职权、玩忽职守、徇私舞弊等违法违纪行为的,依照国家有关规定追究相应责任;涉嫌犯罪的,依法追究刑事责任。

14."十四五"期间支持科普事业发展进口税收政策公布实施

2021年4月9日,财政部、海关总署、税务总局发布了《关于"十四五"期间支持科普事业发展进口税收政策的通知》(财关税〔2021〕26号),有效期为2021年1月1日至2025年12月31日。

该通知指出,为支持科普事业发展,将有关进口税收政策通知如下。

(1)自2021年1月1日至2025年12月31日,对公众开放的科技馆、自然博物馆、天文馆(站、台)、气象台(站)、地震台(站),以及高校和科研机构所属对外开放的科普基地,进口以下商品免征进口关税和进口环节增值税:

①为从境外购买自用科普影视作品播映权而进口的拷贝、工作带、硬盘,以及以其他形式进口自用的承载科普影视作品的拷贝、工作带、硬盘。

②国内不能生产或性能不能满足需求的自用科普仪器设备、科普展品、科普专用软件等科普用品。

(2)第(1)条中的科普影视作品、科普用品是指符合科学技术普及法规定,以普及科学知识、倡导科学方法、传播科学思想、弘扬科学精神为宗旨的影视作品、科普仪器设备、科普展品、科普专用软件等用品。

(3)第(1)条第①项中的科普影视作品相关免税进口商品清单见附件。第(1)条第②项中的科普用品由科技部会同有关部门核定。

(4)"十四五"期间支持科普事业发展进口税收政策管理办法由财政部、海关总署、税务总局会同有关部门另行制定印发。

15."十四五"期间支持科普事业发展进口税收政策管理办法公布实施

2021年4月9日,财政部、中央宣传部、科技部、工业和信息化部、海关总署、税务总局、广电总局7部门联合发布了《关于"十四五"期间支持科普事业发展进口税收政策管理办法的通知》(财关税〔2021〕27号),有效期为2021年1月1日至2025年12月31日。

该通知指出,为落实《财政部 海关总署 税务总局关于"十四五"期间支持科普事业发展进口税收政策的通知》(财关税〔2021〕26号,以下简称《通知》),将政策管理办法通知如下。

(1)科技部核定或者省级(包括省、自治区、直辖市、计划单列市、新疆生产建设兵团,下同)科技主管部门会同省级财政、税务部门及所在地直属海关核定对公众开放的科技馆、自然博物馆、天文馆(站、台)、气象台(站)、地震台(站)以及高校和科研机构所属对外开放的科普基地(以下统称进口单位)名单。科技部的核定结果,由科技部函告海关总署,抄送中央宣传部、工业和信息化部、财政部、税务总局、广电总局、有关省级科技主管部门。省级科技主管部门牵头的核定结果,由省级科技主管部门函告进口单位所在地直属海关,抄送省级财政、税务部门和省级出版、电影、工业和信息化、广播电视主管部门,报送科技部。上述函告文件中,凡不具有独立法人资格的进口单位,应一并函告其依托单位。

享受政策的科技馆,应同时符合以下条件:①专门从事面向公众的科普活动;②有开展科普活动的专职科普工作人员、场所、设施、工作经费等条件。

享受政策的自然博物馆、天文馆(站、台)、气象台(站)、地震台(站)以及高校和科研机构设立的植物园、标本馆、陈列馆等对外开放的科普基地,应同时符合以下条件:①面向公众从事科学技术普及法所规定的科普活动,有稳定的科普活动投入;②有适合常年向公众开放的科普设施、器材和场所等,每年向公众开放不少于200天,每年对青少年实行优惠或免费开放的时间不少于20天(含法定节假日);③有常设内部科普工作机构,并配备有必要的专职科普工作人员。

(2)省级科技主管部门会同省级出版、电影、广播电视主管部门核定属地进口单位可免税进口的自用科普影视作品拷贝、工作带、硬盘。核定结果由省级科技主管部门函告进口单位所在地直属海关,抄送省级出版、电影、广播电视主管部门,并通知相关进口单位。

享受政策的自用科普影视作品拷贝、工作带、硬盘,应同时符合以下条件:①属于《通知》附件所列税号范围;②为进口单位自用,且用于面向公众的科普活动,不得进行商业销售或挪作他用;③符合国家关于影视作品和音像制品进口的相关规定。

(3)科技部会同工业和信息化部、财政部、海关总署、税务总局制定并联合印发国内不能生产或性能不能满足需求的自用科普仪器设备、科普展品、科普专用软件等免税进口科普用品清单,并动态调整。

(4)进口单位应按照海关有关规定,办理有关进口商品的减免税手续。

(5)本办法第(1)、(3)条中,科技部或者省级科技主管部门函告海关的进口单位名单和科技部牵头制定的免税进口科普用品清单应注明批次。其中,第一批名单、清单自2021年1月1日实施,至第一批名单印发之日后30日内已征的应免税款,准予退还;以后批次的名单、清单,自印发之日后第20日起实施。

前款规定的已征应免税款,依进口单位申请准予退还。其中,已征税进口且尚未申报增值税进项税额抵扣的,应事先取得主管税务机关出具的《"十四五"期间支持科普事业发展进口税收政策项下进口商品已征进口环节增值税未抵扣情况表》(见附件),向海关申请办理退还已征进口关税和进口环节增值税手续;已申报增值税进项税额抵扣的,仅向海关申请办理退还已征进口关税手续。

(6)进口单位可向主管海关提出申请,选择放弃免征进口环节增值税。进口单位主动放弃免征进口环节增值税后,36个月内不得再次申请免征进口环节增值税。

(7)进口单位发生名称、业务范围变更等情形的,应在《通知》有效期限内及时将有关变更情况说明分别报送科技部、省级科技主管部门。科技部、省级科技主管部门按照本办法第一条规定,核定变更后的单位自变更登记之日起能否继续享受政策,注明变更登记日期。科技部负责受理的,核定结果由科技部函告海关总署(核定结果较多时,每年至少分两批函告),抄送中央宣传部、工业和信息化部、财政部、税务总局、广电总局、有关省级科技主管部门;省级科技主管部门负责受理的,核定结果由省级科技主管部门函告进口单位所在地直属海关,抄送省级财政、税务部门和省级出版、电影、工业和信息化、广播电视主管部门,报送科技部。

(8)进口单位应按有关规定使用免税进口商品,如违反规定,将免税进口商品擅自转让、移作他用或者进行其他处置,被依法追究刑事责任的,在《通知》剩余有效期限内停止享受政策。

(9)进口单位如存在以虚报情况获得免税资格,由科技部或者省级科技主管部门查实后函告海关,自函告之日起,该单位在《通知》剩余有效期限内停止享受政策。

(10)本办法印发之日后90日内,省级科技主管部门应会同省级财政、税务部门及进口单位所在地直属海关制定核定进口单位名单的具体实施办法,会同省级出版、电影、广播电视主管部门制定核定免税进口科普影视作品拷贝、工作带、硬盘的具体实施办法。

(11)进口单位的免税进口资格,原则上应每年复核。经复核不符合享受政策条件的,由科技部或者省级科技主管部门按本办法第一条规定函告海关,自函告之日起停止享受政策。

(12)财政等有关部门及其工作人员在政策执行过程中,存在违反执行免税政策规定的行为,以及滥用职权、玩忽职守、徇私舞弊等违法违纪行为的,依照国家有关规定追究相应责任;涉嫌犯罪的,依法追究刑事责任。

16."十四五"期间种用野生动植物种源和军警用工作犬进口税收政策公布实施

2021年4月12日,财政部、海关总署、税务总局发布了《关于"十四五"期间种用野生动植物种源和军警用工作犬进口税收政策的通知》(财关税〔2021〕28号),有效期为2021年1月1日至2025年12月31日。

通知指出,为加强物种资源保护,支持军警用工作犬进口利用,将有关进口税收政策及管理措施通知如下:

(1)自2021年1月1日至2025年12月31日,对具备研究和培育繁殖条件的动植物科研院所、动物园、植物园、专业动植物保护单位、养殖场、种植园进口的用于科研、育种、繁殖的野生动植物种源,以及军队、公安、安全部门(含缉私警察)进口的军警用工作犬、工作犬精液及胚胎,免征进口环节增值税。

(2)《进口种用野生动植物种源免税商品清单》由林草局会同财政部、海关总署、税务总局另行制定印发,并适时动态调整。

(3)申请免税进口野生动植物种源的单位,应向林草局提出申请,林草局会同财政部、海关总署、税务总局确定进口单位名单后,由林草局函告海关总署(需注明批次),抄送财政部、税务总局。

林草局函告的第一批名单,以及林草局会同财政部、海关总署、税务总局另行制定印发的第一批《进口种用野生动植物种源免税商品清单》,自2021年1月1日起实施,至第一批名单印发之日后30日内已征的应免税款,准予退还。以后批次的名单、清单,自印发之日后第20日起实施。

(4)申请免税进口军警用工作犬(税则号列01061910)、工作犬精液(税则号列05119910)及胚胎(税则号列05119920)的单位,应向公安部、安全部或中央军委政治工作部(以下称"主管部门")提出申请,主管部门确定进口单位名单后,出具有关工作犬和工作犬精液及胚胎属于免税范围的确认文件。有关确认文件格式由主管部门向海关总署备案。自2021年1月1日起至本通知印发之日后30日内已征的应免税款,准予退还。

(5)取得免税资格的进口单位应按照海关有关规定,办理相关种用野生动植物种源和军警用工作犬的减免税手续。本通知第(3)、(4)条规定的已征应免税款,依进口单位申请准予退还。其中,已征税进口且尚未申报增值税进项税额抵扣的,应事先取得主管税务机关出具的《"十四五"期间种用野生动植物种源和军警用工作犬进口税收政策项下进口商品已征进口环节增值税未抵扣情况表》(见附件),向海关申请办理退还已征进口环节增值税手续。

(6)进口单位发生名称、经营范围变更等情形的,应在政策有效期内及时将有关变更情况说明分别报送本通知第(3)、(4)条中确定该进口单位名单的相关部门。相关部门确定变更后的单位自变更登记之日起能否继续享受政策,确定结果每年至少分两批函告海关总署(并注明变更登记日期),抄送财政部、税务总局。

(7)进口单位应按有关规定使用免税进口商品,如违反规定,将免税进口野生动植物种源和军警用工作犬相关商品擅自转让、移作他用或者进行其他处置,被依法追究刑事责任的,在本通知剩余有效期限内停止享受政策。

(8)免税进口单位如存在以虚假情况获得免税资格,经林草局或主管部门查实后,函告海关总署,抄送财政部、税务总局,自函告之日起,该单位在本通知剩余有效期限内停止享受政策。

(9)财政等有关部门及其工作人员在政策执行过程中,存在违反执行免税政策规定的行为,以及滥用职权、玩忽职守、徇私舞弊等违法违纪行为的,依照国家有关规定追究相应责任;涉嫌犯罪的,依法追究刑事责任。

(10)林草局、主管部门加强政策执行情况评估。

17."十四五"期间种子种源进口税收政策公布实施

2021年4月21日,财政部、海关总署、税务总局发布了《关于"十四五"期间种子种源进口税收政策的通知》(财关税〔2021〕29号),有效期为2021年1月1日至2025年12月31日。

该通知指出,为提高农业质量效益和竞争力,支持引进和推广良种,将有关进口税收政策通知如下:

(1)自2021年1月1日至2025年12月31日,对符合《进口种子种源免征增值税商品清单》的进口种子种源免征进口环节增值税。

(2)《进口种子种源免征增值税商品清单》由农业农村部会同财政部、海关总署、税务总局、林草局另行制定印发,并根据农林业发展情况动态调整。

(3)第一批印发的《进口种子种源免征增值税商品清单》自2021年1月1日起实施,至该清单印发之日后30日内已征应免税款,准予退还。申请退税的进口单位,应当事先取得主管税务机关出具的《"十四五"期间种子种源进口税收政策项下进口商品已征进口环节增值税未抵扣情况表》(见附件),向海关申请办理退还已征进口环节增值税手续。

(4)以后批次印发的清单,自印发之日后第20日起实施。

(5)对本政策项下进口的种子种源,海关不再按特定减免税货物进行后续监管。

(6)农业农村部、林草局加强政策执行情况评估。

(7)财政等有关部门及其工作人员在政策执行过程中,存在违反执行免税政策规定的行为,以及滥用职权、玩忽职守、徇私舞弊等违法违纪行为的,依照国家有关规定追究相应责任;涉嫌犯罪的,依法追究刑事责任。

18. 中国国际消费品博览会展期内销售的进口展品税收优惠政策公布实施

2021年4月26日,财政部、海关总署、税务总局印发了《关于中国国际消费品博览会展期内销售的进口展品税收优惠政策的通知》(财关税〔2021〕32号),自印发之日起执行。

该通知指出,为贯彻落实《海南自由贸易港建设总体方案》,经国务院同意,将中国国际消费品博览会(以下称"消博会")展期内销售的进口展品税收政策通知如下:

(1)全岛封关运作前,对消博会展期内销售的规定上限以内的进口展品免征进口关税、进口环节增值税和消费税。每个展商享受税收优惠政策的展品销售上限按附件规定执行。享受税收优惠政策的展品不包括国家禁止进口商品、濒危动植物及其产品、烟、酒和汽车。

(2)对展期内销售的超出附件规定数量或金额上限的展品,以及展期内未销售且在展期结束后又不退运出境的展品,按照国家有关规定照章征税。

(3)参展企业名单及展期内销售的展品清单,由海南国际经济发展局或其指定单位向海口海关统一报送。

19. 自2021年5月17日至2026年7月19日,巴拿马共和国籍的应税船舶在我国适用船舶吨税优惠税率

2021年8月10日,财政部印发了《关于巴拿马共和国籍的应税船舶适用船舶吨税优惠税率的通知》(财关税〔2021〕39号)。

通知指出,根据《中华人民共和国船舶吨税法》和《中华人民共和国政府和巴拿马共和国政府海运协定》的相关规定,自2021年5月17日至2026年7月19日,巴拿马共和国籍的应税船舶适用船舶吨税优惠税率。

自2021年8月15日至2026年7月19日,巴拿马共和国籍的应税船舶按优惠税率缴纳税款。自2021年5月17日至2021年8月14日,巴拿马共和国籍的应税船舶已按普通税率缴纳税款的,其较优惠税率多缴纳的税款,海关依企业申请予以退还,相关企业自2021年8月15日起6个月内按规定向海关申请办理退税手续。

20. 中国国际服务贸易交易会展期内销售的进口展品税收政策公布实施

2021年9月1日,财政部、海关总署、税务总局印发了《关于中国国际服务贸易交易会展期内销售的进口展品税收政策的通知》(财关税〔2021〕42号)。

该通知指出,为支持办好中国国际服务贸易交易会(以下称"服贸会"),经国务院批准,就有关税收政策通知如下:

(1)对服贸会每个展商在展期内销售的进口展品,按附件规定的数量或金额上限,免征进口关税、进口环节增值税和消费税。附件所列 1~5 类展品,每个展商享受税收优惠的销售数量不超过列表规定;其他展品,每个展商享受税收优惠的销售金额不超过 2 万美元。

(2)享受税收优惠的展品不包括烟、酒、汽车、列入《进口不予免税的重大技术装备和产品目录》的商品、濒危动植物及其产品,以及国家禁止进口商品。

(3)对展期内销售的超出附件规定数量或金额上限的展品,以及展期内未销售且在展期结束后又不退运出境的展品,按照国家有关规定照章征税。

(4)参展企业名单及展期内销售的进口展品清单,由北京市国际服务贸易事务中心或其指定单位向北京海关统一报送。

(5)对享受政策的展期内销售进口展品,海关不再按特定减免税货物进行后续监管。

(6)每届展会结束后 6 个月内,北京市国际服务贸易事务中心应向财政部、海关总署、税务总局报送政策实施情况。

(7)本通知适用于 2021 年至 2023 年期间举办的服贸会。

21. "十四五"期间进口科学研究、科技开发和教学用品免税清单(第一批)公布实施

2021 年 10 月 29 日,财政部、海关总署、税务总局印发了《关于"十四五"期间进口科学研究、科技开发和教学用品免税清单(第一批)的通知》(财关税〔2021〕44 号)。

该通知指出,根据《财政部 海关总署 税务总局关于"十四五"期间支持科技创新进口税收政策的通知》(财关税〔2021〕23 号)和《财政部 中央宣传部 国家发展改革委 教育部 科技部 工业和信息化部 民政部 商务部 文化和旅游部 海关总署 税务总局关于"十四五"期间支持科技创新进口税收政策管理办法的通知》(财关税〔2021〕24 号)有关规定,将"十四五"期间进口科学研究、科技开发和教学用品的第一批免税清单(见附件)予以公布,自 2021 年 1 月 1 日起实施。

(1)科学研究机构、技术开发机构、学校、党校(行政学院)、图书馆的免税进口商品清单,按照附件第一至十五条执行。

(2)出版物进口单位的免税进口商品清单,按照附件第五条执行。

22. 自 2021 年 12 月 24 日起,调整海南自由贸易港原辅料"零关税"政策

2021 年 12 月 24 日,财政部、海关总署、税务总局印发了《关于调整海南自由贸易港原辅料"零关税"政策的通知》(财关税〔2021〕49 号),自公布之日起实施。

该通知指出,为进一步释放政策效应,支持海南自由贸易港建设,将海南自由贸

港原辅料"零关税"政策调整事项通知如下：

（1）增加鲜木薯、氯乙烯、航空发动机零件等187项商品至海南自由贸易港"零关税"原辅料清单,具体范围见附件。原辅料"零关税"政策其他内容继续执行《财政部 海关总署 税务总局关于海南自由贸易港原辅料"零关税"政策的通知》（财关税〔2020〕42号）的有关规定。

（2）海南省相关部门应结合海南自由贸易港发展定位和生态环境保护要求,充分评估产业实际需要,引导企业合理使用"零关税"原辅料。

23. 自2021年6月12日起,我国调整部分成品油进口环节消费税

2021年5月12日,财政部、海关总署、税务总局发布了《关于对部分成品油征收进口环节消费税的公告》（财政部 海关总署 税务总局公告2021年第19号）,自2021年6月12日起执行。

该公告指出,为维护公平税收秩序,根据国内成品油消费税政策相关规定,将有关问题公告如下：

（1）对归入税则号列27075000,且200摄氏度以下时蒸馏出的芳烃以体积计小于95%的进口产品,视同石脑油按1.52元/升的单位税额征收进口环节消费税。

（2）对归入税则号列27079990、27101299的进口产品,视同石脑油按1.52元/升的单位税额征收进口环节消费税。

（3）对归入税则号列27150000,且440摄氏度以下时蒸馏出的矿物油以体积计大于5%的进口产品,视同燃料油按1.2元/升的单位税额征收进口环节消费税。

（4）公告所称视同仅涉及消费税的征、退（免）税政策。

24. 自2021年2月2日起,我国增加海南离岛旅客免税购物提货方式

2021年2月2日,财政部、海关总署、税务总局发布了2021年第2号公告,即《关于增加海南离岛旅客免税购物提货方式的公告》,自公布之日起执行。

该公告指出,为支持海南自由贸易港建设,加快建设国际旅游消费中心,进一步方便旅客购物,就离岛旅客免税购物提货方式有关问题公告如下：

（1）离岛旅客凭有效身份证件和离岛信息在离岛旅客免税购物商店（含经批准的网上销售窗口）购买免税品时,除在机场、火车站、码头指定区域提货外,可选择邮寄送达方式提货。选择邮寄送达方式提货的,收件人、支付人和购买人应为购物旅客本人,且收件地址在海南省外。离岛免税商店应确认购物旅客符合上述要求并已实际离岛后,一次性寄递旅客所购免税品。

（2）岛内居民离岛前购买免税品,可选择返岛提取,返岛提取免税品时须提供本人有效身份证件和实际离岛行程信息。离岛免税商店应确认提货人身份、离岛行程信息

符合要求后交付免税品。

岛内居民包括持有海南省身份证、海南省居住证或社保卡的中国公民,以及在海南省工作生活并持有居留证的境外人士。

海南省相关部门应向海关、税务提供验核岛内居民资格、旅客离岛、购票等相关信息及联网环境。

(3)邮寄送达和返岛提取提货方式的具体监管要求由海关总署另行公布。

(4)本公告自公布之日起执行。《财政部 海关总署 税务总局关于海南离岛旅客免税购物政策的公告》(财政部 海关总署 税务总局公告 2020 年第 33 号)中其他规定继续执行。

25.2022 年我国暂免征收加工贸易企业内销税款缓税利息

2021 年 12 月 28 日,财政部发布 2021 年第 38 号公告,即《关于 2022 年暂免征收加工贸易企业内销税款缓税利息的公告》。公告指出,为推动外贸稳定发展,助企纾困,自 2022 年 1 月 1 日起至 2022 年 12 月 31 日,暂免征收加工贸易企业内销税款缓税利息。

26. 我国调整疫情防控期间口岸进、出境免税店经营和招标期限等规定

2022 年 1 月 12 日,财政部、商务部、文化和旅游部、海关总署、税务总局联合发布了《关于调整疫情期间口岸进、出境免税店经营和招标期限等规定的通知》(财关税〔2022〕3 号)。

该通知指出,为缓解疫情对市场主体的影响,将《口岸进境免税店管理暂行办法》和《口岸出境免税店管理暂行办法》(财关税〔2016〕8 号和财关税〔2019〕15 号,以下统称"管理办法")中有关免税店经营和招标期限规定调整如下:

(1)按照管理办法批准设立并已完成招标的免税店

已按照管理办法批准设立并已完成招标(含经财政部会同有关部门核准的其他方式确定经营主体的情形,下同)的口岸进、出境免税店,免税品经营企业与招标人(或口岸业主,下同)可在友好协商的基础上,延长免税店招投标时确定的经营期限,仅能延期一次,最多延长 2 年。延期后的经营期限可超过 10 年。

免税品经营企业与招标人的延期协议应在 2022 年 12 月 31 日前签署。签署延期协议后,应按照管理办法规定进行备案。

(2)按照管理办法批准设立但尚未完成招标的免税店

2020 年 7 月至 2022 年 6 月期间,由财政部会同有关部门按照管理办法批准设立的口岸进、出境免税店,由地方政府按疫情防控要求,妥善安排招标工作,可不受批准设立之日起 6 个月内完成招标的时间限制,但最晚应于 2022 年 12 月 31 日前完成

招标。

(3)未按照管理办法批准设立的免税店

未按照管理办法规定批准设立的免税店,继续由口岸所属地方政府提出处理意见,报财政部、商务部、文化和旅游部、海关总署和税务总局批准。

27. 自2022年2月14日起,调整海南自由贸易港自用生产设备"零关税"政策

2022年2月14日,财政部、海关总署、税务总局发布了《关于调整海南自由贸易港自用生产设备"零关税"政策的通知》(财关税〔2022〕4号),自公布之日起实施。

通知指出,为进一步释放政策效应,支持海南自由贸易港建设,就海南自由贸易港自用生产设备"零关税"政策调整事项通知如下:

(1)对《财政部 海关总署 税务总局关于海南自由贸易港自用生产设备"零关税"政策的通知》(财关税〔2021〕7号)第二条所指生产设备,增列旋转木马、秋千及其他游乐场娱乐设备等文体旅游业所需的生产设备,按照《中华人民共和国进出口税则(2022)》商品分类,包括:旋转木马、秋千和旋转平台,过山车,水上乘骑游乐设施,水上乐园娱乐设备等8项商品。具体范围见附件。

(2)全岛封关运作前,对海南自由贸易港注册登记并具有独立法人资格的事业单位进口财关税〔2021〕7号文件和上述第(1)条规定范围内的自用生产设备,按照财关税〔2021〕7号文件规定免征关税、进口环节增值税和消费税。

28. 上海市浦东新区有关研发机构适用支持科技创新进口税收政策的资格认定

2022年4月30日,财政部、科技部、民政部、商务部、海关总署、税务总局联合发布了《关于上海市浦东新区有关研发机构适用进口税收政策资格认定事项的通知》(财关税〔2022〕7号)。

通知指出,根据《财政部 海关总署 税务总局关于"十四五"期间支持科技创新进口税收政策的通知》(财关税〔2021〕23号),按照《财政部 中央宣传部 国家发展改革委 教育部 科技部 工业和信息化部 民政部 商务部 文化和旅游部 海关总署 税务总局关于"十四五"期间支持科技创新进口税收政策管理办法的通知》(财关税〔2021〕24号)有关规定,将上海市浦东新区有关研发机构适用上述进口税收政策资格认定的事项通知如下。

(1)将按财关税〔2021〕24号文件规定应由上海市有关部门认定的部分研发机构,调整为由浦东新区有关部门认定(认定标准不变),具体如下:

①浦东新区科技和经济委员会会同浦东新区财政局、国家税务总局上海市浦东新区税务局和上海科创中心海关,认定浦东新区区属从事科学研究工作的科研院所(含其具有独立法人资格的图书馆、研究生院)名单。

②浦东新区科技和经济委员会会同浦东新区财政局、国家税务总局上海市浦东新区税务局和上海科创中心海关,认定浦东新区区属事业单位性质的社会研发机构名单。

③浦东新区科技和经济委员会会同浦东新区民政局、浦东新区财政局、国家税务总局上海市浦东新区税务局和上海科创中心海关,认定住所地处浦东新区范围内的科技类民办非企业单位性质的社会研发机构名单。

④浦东新区商务委员会会同浦东新区财政局、国家税务总局上海市浦东新区税务局和上海科创中心海关,认定住所(或其依托单位住所)地处浦东新区范围内的外资研发中心名单。

(2)本通知第(1)条所述认定结果应注明批次,并由牵头认定部门函告上海科创中心海关,抄送上海市财政局、上海海关、国家税务总局上海市税务局、浦东新区财政局、国家税务总局上海市浦东新区税务局。同时,第(1)条①、②、③项所述认定结果,应报送上海市科学技术委员会,并由上海市科学技术委员会报送科技部;第③项所述认定结果,还应抄送上海市民政局、浦东新区民政局;第④项所述认定结果,应报送上海市商务委员会,并由上海市商务委员会报送商务部。

本条所述函告文件中,若有关研发机构不具有独立法人资格,应将其依托单位一并函告;若有关研发机构具有有效期限,应将其有效期限一并函告。

(3)浦东新区有关部门自本通知印发之日起开展对有关研发机构享受政策资格的认定工作,认定的第一批研发机构自2021年1月1日起享受政策。

(4)上海市有关部门应加强宣传,及时将本通知及认定工作有关事项通知有关研发机构。

(5)其他未尽事宜按照财关税〔2021〕23号、财关税〔2021〕24号文件规定执行。

29. 自2022年3月1日起,我国优化调整《跨境电子商务零售进口商品清单(2019年版)》

2022年1月28日,财政部、发展改革委、工业和信息化部、生态环境部、农业农村部、商务部、海关总署、中华人民共和国濒危物种进出口管理办公室等8部门联合发布了2022年第7号公告,即《关于调整跨境电子商务零售进口商品清单的公告》。该公告指出,为促进跨境电子商务零售进口健康发展,满足人民美好生活需要,自2022年3月1日起,优化调整《跨境电子商务零售进口商品清单(2019年版)》。调整事项见附件。

30. 自2022年11月1日起,我国对电子烟征收消费税

2022年10月2日,财政部、海关总署、税务总局发布了2022年第33号公告,即

《关于对电子烟征收消费税的公告》,自 2022 年 11 月 1 日起执行。

该公告指出,为完善消费税制度,维护税制公平统一,更好发挥消费税引导健康消费的作用,就对电子烟征收消费税有关事项公告如下:

(1)关于税目和征税对象

将电子烟纳入消费税征收范围,在烟税目下增设电子烟子目。

电子烟是指用于产生气溶胶供人抽吸等的电子传输系统,包括烟弹、烟具以及烟弹与烟具组合销售的电子烟产品。烟弹是指含有雾化物的电子烟组件。烟具是指将雾化物雾化为可吸入气溶胶的电子装置。

电子烟进出口税则号列及商品名称见附件。

(2)关于纳税人

在中华人民共和国境内生产(进口)、批发电子烟的单位和个人为消费税纳税人。

电子烟生产环节纳税人,是指取得烟草专卖生产企业许可证,并取得或经许可使用他人电子烟产品注册商标(以下称"持有商标")的企业。通过代加工方式生产电子烟的,由持有商标的企业缴纳消费税。电子烟批发环节纳税人,是指取得烟草专卖批发企业许可证并经营电子烟批发业务的企业。电子烟进口环节纳税人,是指进口电子烟的单位和个人。

(3)关于适用税率

电子烟实行从价定率的办法计算纳税。生产(进口)环节的税率为 36%,批发环节的税率为 11%。

(4)关于计税价格

纳税人生产、批发电子烟的,按照生产、批发电子烟的销售额计算纳税。电子烟生产环节纳税人采用代销方式销售电子烟的,按照经销商(代理商)销售给电子烟批发企业的销售额计算纳税。纳税人进口电子烟的,按照组成计税价格计算纳税。

电子烟生产环节纳税人从事电子烟代加工业务的,应当分开核算持有商标电子烟的销售额和代加工电子烟的销售额;未分开核算的,一并缴纳消费税。

(5)关于进、出口政策

纳税人出口电子烟,适用出口退(免)税政策。

将电子烟增列至边民互市进口商品不予免税清单并照章征税。

除上述规定外,个人携带或者寄递进境电子烟的消费税征收,按照国务院有关规定执行。电子烟消费税其他事项依照《中华人民共和国消费税暂行条例》和《中华人民共和国消费税暂行条例实施细则》等规定执行。

第三节　中国海关法律规范及关税政策变化评述

征收关税和其他税费是《中华人民共和国海关法》(以下简称《海关法》)赋予海关的一项重要工作。关税是由海关仅对进出关境的货物和物品征收的一种流转税,具有财政、保护和调节等重要职能。目前除进出口关税由海关征收之外,我国海关还负责征收船舶吨税,以及代征进口环节增值税和消费税。海关税收是我国中央税收收入的重要来源。2021—2022年,我国海关所征税收收入总额为43 090.12亿元,占中央税收收入的比重达24.08%(详见表2—1),海关为保障我国中央财政收入做出了重要贡献。

表2—1　　　　　　　2021—2022年海关税收收入一览表

年份	海关税收收入(亿元)	关税(亿元)	进口增值税(亿元)	进口消费税(亿元)	船舶吨税(亿元)	中央税收收入(亿元)	海关税收占中央税收比重(%)
2021年	20 182.03	2 806.14	16 600.03	720.13	55.73	88 946.40	22.69
2022年	22 908.09	2 860.29	18 964.79	1 029.99	53.02	89 977.07	25.46
合计	43 090.12	5 666.43	35 564.82	1 750.12	108.75	178 923.47	24.08

数据来源:财政部网站,2021年、2022年中央一般公共预算收入决算表。

2011—2022年是党和国家历史上极为重要的两年,隆重庆祝中国共产党成立一百周年,制定党的第三个历史决议——《中共中央关于党的百年奋斗重大成就和历史经验的决议》,如期全面建成小康社会、实现第一个百年奋斗目标,开启全面建设社会主义现代化国家、向第二个百年奋斗目标进军新征程,党的二十大胜利召开,描绘了全面建设社会主义现代化国家的宏伟蓝图。

这一时期,面对复杂严峻的国内外形势和诸多风险挑战,全国上下共同努力,我国的发展取得了来之不易的新成就。在关税领域,我国不断调整相关法律、法规和规章,进一步完善海关法律体系。灵活应用关税政策工具,动态调整优惠暂定税率,支持经济社会发展。不断降低关税总水平,适应我国进入新发展阶段、提升对外开放水平的需要。服务国内高质量发展和消费升级,满足人民日益增长的美好生活需要。落实区域发展重大决策,构建高水平自贸区网络。通过进口税收优惠政策,有力促进重点产业发展。

一、2021—2022年海关法律规范及关税变化特点

1. 适应经济社会发展,进一步完善海关法律规范

为深化"证照分离"改革,进一步推进"放管服"改革,激发市场主体发展活力,维护

国家法制统一、尊严和权威,全国人大常委会和国务院对"证照分离""放管服"改革涉及的法律、行政法规进行了清理。例如,2021年4月29日全国人大常委会修改了《海关法》,将原设定的报关企业注册登记审批制修改为备案制。2022年3月29日国务院修改了《中华人民共和国海关行政处罚实施条例》《中华人民共和国海关稽查条例》等行政法规,对相关条款做出了修改。

为了建设高水平的中国特色海南自由贸易港,推动形成更高层次改革开放新格局,2021年6月10日全国人大常委会通过了《中华人民共和国海南自由贸易港法》,为海南分步骤、分阶段建立自由贸易港政策和制度体系,实现贸易、投资、跨境资金流动、人员进出、运输来往自由便利和数据安全有序流动提供了强有力的法律保障。

为了建立海关注册登记和备案企业信用管理制度,规范海关对报关单位的备案管理,海关总署先后制订发布了《中华人民共和国海关注册登记和备案企业信用管理办法》(自2021年11月1日起实施)、《中华人民共和国海关报关单位备案管理规定》(自2022年1月1日起施行)、《中华人民共和国海关进出口商品检验采信管理办法》(自2022年12月1日起施行)等部门规章,同时公布了《海关高级认证企业标准》,适应了"证照分离"和"放管服"深化改革的需要。

为了有效实施我国缔结或者参加的优惠贸易协定项下经核准出口商管理制度,规范出口货物原产地管理,海关总署公布实施了《中华人民共和国海关经核准出口商管理办法》。为正确确定我国参与的自贸协定货物的原产地,促进自贸区发展,海关总署先后发布了《中华人民共和国海关〈区域全面经济伙伴关系协定〉项下进出口货物原产地管理办法》《中华人民共和国海关〈中华人民共和国政府和柬埔寨王国政府自由贸易协定〉项下进出口货物原产地管理办法》《中华人民共和国海关〈中华人民共和国政府和新西兰政府自由贸易协定〉项下经修订的进出口货物原产地管理办法》等文件,同时废止了不再适用的《中华人民共和国海关关于执行〈内地与香港关于建立更紧密经贸关系的安排〉项下〈关于货物贸易的原产地规则〉的规定》《中华人民共和国海关关于执行〈内地与澳门关于建立更紧密经贸关系的安排〉项下〈关于货物贸易的原产地规则〉的规定》《中华人民共和国海关〈中华人民共和国与智利共和国政府自由贸易协定〉项下进口货物原产地管理办法》《中华人民共和国海关〈中华人民共和国政府和新西兰政府自由贸易协定〉项下进出口货物原产地管理办法》等部门规章,进一步完善了我国进出口货物原产地规则体系。

此外,为了规范进出口货物的商品归类,保证商品归类的准确性和统一性,海关总署重新制定了《中华人民共和国海关进出口货物商品归类管理规定》并自2021年11月1日起施行。为了规范海关对综合保税区的管理,促进综合保税区高水平开放、高质量发展,海关总署公布了《中华人民共和国海关综合保税区管理办法》并自2022年4月1日起施行。为了加强海关对过境货物的监督管理,促进贸易便利化,海关总署修订公布了《中华人民共和国海关过境货物监管办法》。同时为了落实海南自由贸易港"零关税"政策,海关总署先后制定了《海南自由贸易港交通工具及游艇"零关税"政策海关实施办法(试行)》《海南自由贸易港自用生产设备"零关税"政策海关实施办法(试行)》等文件,积极支持海南自由贸易港建设。

2. 分步降低信息技术产品最惠国税率,关税总水平有所降低

根据国务院关税税则委员会发布的年度关税调整方案,我国于2021年7月1日、2022年7月1日和2023年7月1日分步降低了信息技术产品的最惠国税率。其中2021年7月1日对176项信息技术产品的最惠国税率实施第六步降税,2022年7月1日对62项信息技术产品实施第七步降税,2023年7月1日再次对62项信息技术产品实施第八步降税。调整后,我国关税总水平由7.4%降至7.3%。自2016年我国首次对《信息技术协定》扩围产品实施降税以来,已实施八步降税,这些降税措施促进了信息技术产品的进口,有利于我国信息技术发展,促进国内相关行业和高新技术发展。

3. 充分发挥关税调控作用,灵活应用关税政策工具,促进经济社会高质量发展

关税是国家宏观调控的一项重要手段,是财税政策中统筹国内国际双循环的重要联结点。每逢年末,我国根据经济社会发展需求,对部分进出口商品的关税税率进行调整,特别是充分利用暂定税率工具,发挥关税调节职能作用,不断满足国内百姓生活、企业生产和社会发展需要。2021年、2022年和2023年,我国分别对883项、954项和1 020项商品实施低于最惠国税率的进口暂定税率,同时对100多项出口商品实施低于出口税率的暂定税率,为统筹利用国内国际两个市场两种资源,促进国民经济良性循环发挥了重要作用。

(1)为保障人民健康,减轻患者负担,对部分药品和医疗用品降低进口暂定关税。

围绕人民群众关心的药品和医疗器材,我国持续调整了一些药品和医疗器材的进口关税。2017年12月1日,我国26种进口药品关税统一下调至2%。2018年以来,我国先后公布了三批抗癌药品及原料药、罕见病药品及原料药清单,对这些药品和原料药实施零关税,同时减按3%征收进口环节增值税。其中2021年1月1日起,对第二批抗癌药和罕见病药品原料等实行零关税,降低人工心脏瓣膜、助听器等医疗器材的进口关税。2022年1月1日起,对新型抗癌药氯化镭注射液实施零关税,降低颅内取栓支架、人造关节、X射线断层检查仪专用探测器等部分医疗产品的进口关税。2023年1月1日起,对部分抗癌药原料、抗新型冠状病毒药原料、镇癌痛药品实施零关税,降低假牙、血管支架用原料、造影剂等医疗用品进口关税。这些降税措施大大减

轻了国内患者的经济负担,为提升人民健康福祉、改善人民生活品质发挥了积极作用。

(2)为顺应消费升级趋势,满足人民美好生活需要,降低了部分消费品的进口暂定关税。

为保护国内市场,长期以来我国对进口消费品实施相对较高的关税。随着经济社会发展,人们对美好生活的向往,国内部分消费品无论是数量还是品质不足以满足人们消费需要,为顺应消费升级趋势,以高质量供给满足居民消费需求,我国对优质消费品实施了较低的进口暂定税率。例如,2021年对特殊患儿所需食品实行零关税,降低乳清蛋白粉、乳铁蛋白等婴儿奶粉原料的进口关税。2022年降低了鲑鱼、鳕鱼等优质水产品,婴儿服装,洗碗机,滑雪用具等消费税的进口关税,对超过100年的油画等艺术品实施零关税。2023年降低婴幼儿食用的均化混合食品、冻蓝鳕鱼、腰果等食品,咖啡机、榨汁器、电吹风等小家电的进口关税等。降低部分消费品的进口关税,响应了人民对美好生活的需求,也有助于扩大对外开放、促进国内国际双循环顺畅联通。

(3)为推动绿色低碳发展,改善环境质量,对部分环保产品降低了进口暂定关税。

关税具有引导资源配置,调节产业结构和产品结构的作用,为促进我国绿色低碳经济发展,2021年我国降低了柴油发动机排气过滤及净化装置、废气再循环阀等商品的进口关税,2022年对可提高车辆燃油效率、减少尾气排放的汽油机颗粒捕集器、汽车用电子节气门,以及可用于土壤修复的泥煤降低了进口关税,为改善国内环境质量、保护生态环境做出了积极贡献。

(4)为助力制造业优化升级、提升产业链供应链韧性,满足国内生产需要,对部分重要原产料、中间投入品和关键零部件降低进口暂定关税。

例如,2021年我国降低燃料电池循环泵、铝碳化硅基板、砷烷等新基建或高新技术产业所需部分设备、零部件、原材料的进口关税,对飞机发动机用燃油泵等航空器材实行较低的进口暂定税率,降低木材和纸制品、非合金镍、未锻轧铌等商品的进口暂定税率,并适度降低棉花滑准税。

2022年,降低高纯石墨配件、高速动车使用的高压电缆、燃料电池用膜电极组件和双极板等关键零部件的进口关税,降低可可豆、植物精油、动物毛皮等食品加工、日化、皮革制造行业所需原材料的进口关税,降低国内短缺的黄铁矿、纯氯化钾等资源产品的进口关税。

2023年,对钾肥、未锻轧钴等实施零关税,降低部分木材和纸制品、硼酸等商品的进口关税,降低铌酸锂、电子墨水屏、燃料电池用氧化铱、风力发电机用滚子轴承等商品的进口关税。

上述降税措施,有利于引进先进技术和产品,降低企业经营成本,加强我国资源供应能力,激发企业创新活力,支持企业更好地在全球范围内配置资源,加快产业转型升级。

(5)根据国内产业发展和供需情况变化,提高了部分产品的进出口关税。

这一时期,我国根据国内发展需要,在我国加入 WTO 承诺的范围内,提高了部分商品的进口暂定税率。例如 2021 年为支持装备制造业提高自主化水平,提高或取消喷气织机、光通信用的玻璃毛细管等商品进口暂定税率;为支持国内基础产业加快发展,提高或取消蓝宝石衬底、轮胎等商品的进口暂定税率;对正丙醇等实施反倾销反补贴措施的商品取消了进口暂定税率;为加大生态环保支持力度,取消 6 项金属废碎料等固体废物进口暂定税率,缩小 2 项商品的暂定税率适用范围,取消再造烟草的进口暂定税率。2022 年对部分氨基酸、铅酸蓄电池零件、明胶、猪肉、间甲酚等取消进口暂定税率,恢复执行最惠国税率。2023 年对栗子、甘草及其制品、大型轮胎、甘蔗收获机等取消进口暂定税率,恢复实施最惠国税率。

此外,为促进相关行业转型升级和高质量发展,2021 年分两次调整了部分钢铁产品的进出口关税,其中 2021 年 5 月 1 日起对部分钢铁产品实施较低的进口暂定税率,同时提高了部分钢铁产品的出口暂定税率,2021 年 8 月 1 日进一步对部分钢铁产品取消了出口暂定税率,恢复实施较高的出口税率。2022 年取消了部分磷、粗铜的出口暂定税率,2023 年取消了部分铝和铝合金的出口暂定税率,恢复实施这些出口商品的出口税率。

上述取消进口暂定税率和出口暂定税率的商品,恢复实施进口最惠国税率和出口税率,尽管实际上提高了这些商品的进出口关税,但是由于这些商品的最惠国税率和出口税率并没有改变,因此仍处于我国加入 WTO 承诺的范围内,并未违反 WTO 规则,却可以达到调控国内外供给的目标。

4. 下调有关协定税率,扩大特惠税率适用税目范围,推进构建高标准自贸区网络

根据我国与有关国家或地区签订的自贸协定或优惠贸易安排,这一时期开始实施或进一步下调了有关协定税率。例如中国与毛里求斯自贸协定从 2021 年 1 月 1 日起生效并实施降税。自 2021 年 1 月 1 日起,对我国与新西兰、秘鲁、哥斯达黎加、瑞士、冰岛、巴基斯坦、智利、澳大利亚、韩国、格鲁吉亚的双边贸易协定以及亚太贸易协定的协定税率进一步降低。原产于蒙古国的部分进口商品自 2021 年 1 月 1 日起适用亚太贸易协定税率。2021 年 7 月 1 日起,进一步降低我国与瑞士的双边贸易协定以及亚太贸易协定税率。RCEP、中国-柬埔寨自贸协定自 2022 年 1 月 1 日起生效并实施降税。2022 年 1 月 1 日起中国与新西兰、秘鲁、哥斯达黎加、瑞士、冰岛、韩国、澳大利亚、巴基斯坦、格鲁吉亚、毛里求斯等双边自贸协定以及亚太贸易协定进一步降税。

此外，按照我国给予最不发达国家部分产品零关税待遇的有关承诺，扩大与我国建交的最不发达国家输华零关税待遇的产品范围，自 2022 年 9 月 1 日起，对原产于多哥等 16 个最不发达国家，自 2022 年 12 月 1 日起，对原产于阿富汗等 10 个最不发达国家的 98% 税目的进口产品，适用税率为零的特惠税率。

截至 2023 年初，我国已对 19 个协定项下、原产于 29 个国家或者地区的部分商品实施协定税率，对 44 个与我国建交并完成换文手续的最不发达国家实施特惠税率。这些优惠税率的安排，有利于扩大面向全球的高标准自由贸易区网络，持续推进高水平对外开放，更好地塑造国际合作和竞争新优势，践行互利共赢的开放战略，提升国际循环质量和水平。

5. 进一步优化和完善减免税优惠政策，支持国内相关产业和区域经济发展

进口税收减免税政策是关税政策的重要组成部分，2021—2022 年，对进口税收优惠政策进一步优化和完善，支持经济社会发展，推动产业优化升级，支持科技创新、制造业升级、农业发展、能源资源、区域发展、消费升级的进口税收政策体系，有力支持了国内相关产业和区域经济的发展。

科技创新方面，2021 年 4 月发布了《关于"十四五"期间支持科技创新进口税收政策的通知》（财关税〔2021〕23 号）和《关于"十四五"期间支持科技创新进口税收政策管理办法的通知》（财关税〔2021〕24 号），新增了国家实验室、国家技术创新中心等多种免税主体，扩大免税主体的范围，进一步加大了政策支持力度，支持科技自立自强。此外，2021 年还发布了《关于"十四五"期间支持科普事业发展进口税收政策的通知》（财关税〔2021〕26 号）和《关于"十四五"期间支持科普事业发展进口税收政策管理办法的通知》（财关税〔2021〕27 号），支持科普事业发展，这有利于我国进一步加强科普工作，丰富人民精神文化生活，提高人民科学文化素质。

支持信息产业方面，由于集成电路产业和软件产业是信息产业的核心，是引领新一轮科技革命和产业变革的关键力量，2021 年 3 月财政部等部门发布了《关于支持集成电路产业和软件产业发展进口税收政策的通知》（财关税〔2021〕4 号）和《关于支持集成电路产业和软件产业发展进口税收政策管理办法的通知》（财关税〔2021〕5 号），进一步优化集成电路产业和软件产业发展环境，有力支撑了国家信息化建设。在数字化、信息化时代，新型显示产业是电子信息产业的核心和基础，也是国家重点发展的战略性产业，为加快壮大新一代信息技术，支持新型显示产业发展，2021 年 3 月财政部等部门发布了《关于 2021—2030 年支持新型显示产业发展进口税收政策的通知》（财关税〔2021〕19 号）和《关于 2021—2030 年支持新型显示产业发展进口税收政策管理办法的通知》（财关税〔2021〕20 号）。

为加快壮大航空产业,促进我国民用航空运输、维修等产业发展,2021年发布了《关于2021—2030年支持民用航空维修用航空器材进口税收政策的通知》(财关税〔2021〕15号)和《关于2021—2030年支持民用航空维修用航空器材进口税收政策管理办法的通知》(财关税〔2021〕16号)。

为完善能源产供储销体系,加强国内油气勘探开发,支持天然气进口利用,发布了《关于"十四五"期间能源资源勘探开发利用进口税收政策的通知》(财关税〔2021〕17号)和《关于"十四五"期间能源资源勘探开发利用进口税收政策管理办法的通知》(财关税〔2021〕18号)。

支持农业发展方面,2021年4月财政部等部门发布了《关于"十四五"期间种子种源进口税收政策的通知》(财关税〔2021〕29号),有利于提高农业质量效益和竞争力,支持引进和推广良种。为加强物种资源保护,支持军警用工作犬进口利用,财政部等部门还发布了《关于"十四五"期间种用野生动植物种源和军警用工作犬进口税收政策的通知》(财关税〔2021〕28号)。

为支持国际展会业发展,促进开放平台,2021年4月财政部等发布了《关于"十四五"期间中西部地区国际性展会展期内销售的进口展品税收优惠政策的通知》(财关税〔2021〕21号)和《关于中国国际消费品博览会展期内销售的进口展品税收优惠政策的通知》(财关税〔2021〕32号),2021年9月发布了《关于中国国际服务贸易交易会展期内销售的进口展品税收政策的通知》(财关税〔2021〕42号),明确了相关展会展期内销售的进口展品税收优惠政策。

为坚持基本医疗卫生事业公益属性,支持艾滋病防治工作,2021年3月财政部等部门发布了《关于2021—2030年抗艾滋病病毒药物进口税收政策的通知》(财关税〔2021〕13号),对卫生健康委委托进口的抗艾滋病病毒药物,免征进口关税和进口环节增值税。

税收优惠政策是我国贯彻倾斜和扶持政策的重要手段。2021—2022年,我国对一些特定行业、特定用途产品的减免税政策做了调整,但总体上延续了以前的优惠政策,保持了税收政策的延续性和完整性,一定程度上可以反映我国税收减免政策发挥的积极作用。

二、我国未来关税发展前景

当今世界正经历百年未有之大变局,新一轮科技革命和产业变革深入发展,国际力量对比深刻调整。国际环境日趋复杂,不稳定性、不确定性明显增加,世界经济陷入低迷期,经济全球化遭遇逆流,国际经济政治格局复杂多变,世界进入动荡变革期,单边主义、保护主义、霸权主义对世界和平与发展构成威胁。

我国已转向高质量发展阶段,制度优势显著,治理效能提升,经济长期向好,物质基础雄厚,人力资源丰富,市场空间广阔,发展韧性强劲,社会大局稳定,继续发展具有多方面优势和条件。同时,我国发展不平衡不充分问题仍然突出,重点领域关键环节改革任务仍然艰巨,创新能力不适应高质量发展要求,农业基础还不稳固,城乡区域发展和收入分配差距较大,生态环保任重道远,民生保障存在短板,社会治理还有弱项。

1. 加快关税立法,完善海关法律体系

"落实税收法定原则"是党的十八届三中全会决定提出的一项重要改革任务。为落实税收法定原则,早在2015年6月十二届全国人大常委会公布的立法规划中,关税法就被纳入"条件比较成熟、任期内拟提请审议"的第一类立法项目。但是至今海关征收的税种中,仅《中华人民共和国船舶吨税法》已制定实施,《关税法》《增值税法》和《消费税法》仍在制定之中。此外,2018年国家机构改革之后,海关职能发生了重大变化,海关全面深化改革成效显著,原《海关法》的规定已不适应当前发展形势,需要做出重大修改。因此未来一段时间,加强关税立法,提升关税立法层级,修订海关法,进一步完善海关法律规范是一项十分紧迫的任务。

2. 不断调整关税税率,充分发挥关税调控作用

我国关税设置了普通税率、最惠国税率、协定税率、特惠税率、暂定税率等多种税率。目前我国平均最惠国税率已降至7.3%,未来将主要通过调整暂定税率发挥关税的调控作用,同时通过双边或多边协定调整协定税率和特惠税率,实现国家战略,使关税成为支持双循环战略和实现"一带一路"倡议的有力政策工具。

3. 进一步规范税收优惠政策,促进相关行业产业发展

为促进消费和产业升级,巩固产业链供应链,助力地方经济发展,增进人民福祉,将进一步规范完善进口税收优惠政策,降低进口关税和制度性成本,扩大优质消费品、先进技术、重要设备、能源资源等进口,促进进口来源多元化。鼓励先进技术设备、关键零部件、原材料等进口,促进产业结构调整和发展,支持科技创新,支持绿色低碳发展,支持高水平开放经济,支持协调平衡发展,增加优质产品进口,推动消费优化升级,灵活有效地平衡竞争与保护。

4. 充分利用国际贸易规则,积极参与关税谈判,开拓互利共赢新局面

关税是货物贸易自由化的主要议题,也是贸易救济和经贸斗争的重要工具。目前协定税率和特惠税率是自贸协定的常见优惠税率,对多边双边贸易的发展有很大的促进作用。我国已签订20个自由贸易协定或优惠贸易安排(其中19个协定已实施),未来我国继续坚持自贸区战略,与相关国家或地区进行关税谈判,积极参与国际经贸规

则制定,在多双边关税谈判中争取达成互利共赢的协定,不断完善自贸区网络。同时在国际贸易领域,充分利用包括关税调控在内的多种手段,捍卫国家主权和尊严。

5. 深化海关业务改革,优化税收征管模式,提高税收征管质量

海关全面深化改革成效显著,未来将进一步完善海关税收征管流程,优化税收征管模式,提高税收征管质量。优化非贸渠道税收征管机制,依托大数据等新技术促进征管智能化、作业信息化、缴税便利化。加强原产地管理,引导企业用好用足保税、减免税等政策,支持补齐产业链供应链短板,保障和促进产业安全。全面实施"智关强国"行动,以智慧海关为抓手全面推进中国特色社会主义现代化海关建设和高质量发展。

(本章执笔:上海海关学院钟昌元副教授)

第三章

境外关税政策变化

2020年，全球货物贸易急剧萎缩5.3%。受各国经济渐次复苏力量支撑，2021年全球国际贸易逐渐修复创伤，回归相对正常轨道。美国取消对进口欧洲钢铁和铝产品征收的惩罚性关税，从而结束了长达3年的美欧贸易争端，美国和欧盟还同意搁置围绕空中客车和波音的飞机补贴争议，将彼此向对方115亿美元出口商品征收关税暂停期延长5年。与此同时，中国宣布进一步扩大同中国建交的最不发达国家输华零关税待遇产品范围，对原产于最不发达国家98%的税目产品提供适用税率为零的特惠待遇。中国积极申请加入《全面与进步跨太平洋伙伴关系协定》(CPTPP)和《数字经济伙伴关系协定》(DEPA)，并与东盟、新西兰等经济体签署了自由贸易协定升级议定书。非洲自由贸易区于2021年1月正式启动。英国与澳大利亚达成自由贸易协定，这是英国脱离欧盟后签订的首个贸易协定。

2022年2月21日，俄罗斯总统普京宣布承认乌克兰东部两地区独立，2月24日，派遣军队进入两地区执行特别军事行动，俄罗斯和乌克兰冲突爆发。随后，美国、欧盟纠集英、加、日、韩等国，对俄罗斯发动多轮制裁。俄罗斯随之采取反制措施。俄乌冲突严重破坏了第二次世界大战以后建立的国际社会秩序，造成严重国际政治、经济、军事、社会影响，引发全球能源和粮食危机，加剧全球通货膨胀。截至2022年年底，俄乌冲突仍在继续。这场危机让百年未有之大变局加速演进，引发世界经济衰退，复苏困难。新冠疫情延宕与俄乌冲突长期化趋势演变等重大历史事件加速重塑国际政治、经济格局。

通过考察全球各国关税政策变化，进而深层次理解百年未有之大变局中全球经济与贸易环境变化，具有十分强烈的现实意义。

本章不包括出于贸易救济角度而进行的关税调整，也不包括针对特定国家的关税调整。

本章所查阅的资料来源于中华人民共和国商务部网站(驻外经商机构提供的资讯)及相关国家、国际组织官方网站。

第一节 2021—2022年境外进口关税政策变化

境外进口关税政策的变化包括进口关税税率的上调、下调或者取消。无论是进口关税税率的上调、下调还是取消,都是出于调节国内贸易的目的。2021—2022年,境外各国进口关税调整变化具体如下。

(一)非洲大陆自贸区正式启动

2021年1月1日,非洲大陆自由贸易区自由贸易启动仪式在线上举行,非洲大陆自贸区秘书长梅内宣布非洲国家正式开始在自贸区内进行贸易活动。

联合国常务副秘书长阿明娜·穆罕默德在启动仪式上致辞指出,非洲大陆自贸区为非洲实现可持续发展目标创造了契机。南非总统、非盟轮值主席拉马福萨表示,非洲大陆自贸区正式启动是非洲一体化进程中重要的里程碑之一。按相关协议安排,从2021年1月1日开始,非洲大陆自贸区成员将依照产品类别和各自情况逐步取消例外产品之外的货物关税。自贸区官网和配套数据监测平台已经上线,位于加纳首都阿克拉的非洲大陆自贸区秘书处也已启用。

2019年7月7日,非洲大陆自贸区宣告成立,但由于疫情等原因,非洲大陆自贸协定未能按原计划于2020年7月1日正式实施。截至目前,非洲联盟55个成员中,54个成员已签署非洲大陆自贸协定,34个成员已完成本国相关法律程序,成为自贸区正式成员。

(二)英国实施"英国全球关税"(UK Global Tariff,简称UKGT)制度,取代原来一直实施的欧盟的共同对外关税制度(CET)

英国脱欧过渡期结束,根据新的税收制度,从2021年1月1日开始,按照WTO规则和其他现行最惠国待遇政策,英国60%的进口商品在新税收制度下享受免关税待遇。对于未与英国签署贸易协议的国家,将取消所有税率低于2%的关税。农业、渔业和汽车业等英国关键产业将受到保护,维持对牛羊肉、家禽等农产品,绝大多数陶瓷产品征收关税,对汽车关税维持为10%不变。为抗击新冠疫情,英国已采取"临时零关税"做法,对部分来自非欧盟国家和地区的个人防护物品和医疗设备免征关税。关税计量单位从欧元更新为英镑,以前进口环节缴纳关税可以用欧元,后续进口关税的缴纳只能用英镑。欧盟的EORI(企业海关登记号)号码将不再适用于英国进出口业务,针对英国进出口贸易必须使用GB开头的EORI号码。作为执行独立关税政策的国家,进出口企业需要在英国海关进行注册登记,所有英国进出口企业必须重新注册海关进出口资质。

(三)白俄罗斯将在物流方面推动与"一带一路"倡议对接

白俄罗斯外交部 2020 年 12 月 31 日表示,白俄罗斯 2021 年担任独联体轮值主席国期间将在物流方面推动与中国"一带一路"倡议对接。

白俄罗斯外交部在当日发布的 2021 年担任独联体轮值主席国工作构想中说,白俄罗斯担任独联体轮值主席国期间,将努力促进国际运输通道发展和加强运输基础设施建设,在相关领域推动与中国"一带一路"倡议对接。

白方表示,将致力于推动各独联体成员国的运输系统与欧洲和亚洲地区其他国家的运输系统融合,消除跨境客货运输壁垒,实施协调一致的关税政策,并运用现代信息技术使得相关方面可就运载的货物、运输工具等进行提前申报。

2020 年 12 月 18 日举行的独联体元首理事会决定,白俄罗斯 2021 年将担任该组织轮值主席国。独联体全称为独立国家联合体,现有 9 个正式成员国,分别是阿塞拜疆、亚美尼亚、白俄罗斯、哈萨克斯坦、吉尔吉斯斯坦、摩尔多瓦、俄罗斯、塔吉克斯坦和乌兹别克斯坦。

(四)中蒙两国于 2021 年 1 月 1 日相互实施《亚太贸易协定》关税减让安排

2021 年 1 月 1 日,我国与蒙古国相互实施在《亚太贸易协定》项下的关税减让安排。根据安排,蒙古国对 366 个税目削减关税,主要涉及水产品、蔬菜水果、动植物油、矿产品、化学制品、木材、棉纱、化学纤维、机械产品、运输设备等,平均降税幅度 24.2%。同时,我国在《亚太贸易协定》项下的关税减让安排适用于蒙古国。

2020 年 9 月 29 日,蒙古国正式加入《亚太贸易协定》,成为第 7 个成员国。这对促进"一带一路"建设,推动亚太发展中国家区域经济一体化进程具有积极意义,同时,也有助于扩大中蒙两国间市场开放,进一步深化双边经贸合作。《亚太贸易协定》前身为签订于 1975 年的《曼谷协定》,是在联合国亚太经济社会委员会主持下,为促进南南合作,在发展中国家之间达成的一项优惠贸易安排。我国于 2001 年正式加入该协定,目前成员国包括孟加拉国、中国、印度、老挝、韩国、蒙古国和斯里兰卡。

(五)《越南与英国自由贸易协定》正式签署

越南时间 2020 年 12 月 29 日,越南和英国政府的授权代表(大使)在英国伦敦正式签署《越南与英国自由贸易协定》(UKVFTA)。

目前,双方正在抓紧完成国内的相关手续以符合各自国家的法律规定,确保从 2020 年 12 月 31 日 23 时起实施该协定。

在英国正式退出欧盟和退出欧盟后的过渡期即将结束(2020 年 12 月 31 日)的背景

下,签署 UKVFTA 一事将确保越南与英国的双边贸易在过渡期结束后不会被中断。UKVFTA 不仅开放了商品和服务贸易,而且纳入了许多其他重要因素,例如面向绿色增长和可持续发展等。英国脱欧后,从《越南与欧盟自由贸易协定》(EVFTA)带来的优惠将不适用于英国市场。因此,签署一项双边自由贸易协定将为在继承 EVFTA 的积极谈判成果的基础上促进改革、开放市场和贸易便利化活动创造便利条件。

(六)英国与土耳其签署自由贸易协议

当地时间 2020 年 12 月 29 日,据英国《卫报》网站报道,英国贸易部表示,英国与土耳其当天签署一项协议,以扩大双方的贸易安排。这是时任英国首相鲍里斯·约翰逊与欧盟达成贸易协定之后所签署的第一项协议。

报道称,英国与土耳其之间的贸易延续性协议,基本复制两国之间现有的贸易条款。两国贸易官员以在线方式签署的贸易连续性协议于 2021 年 1 月 1 日生效,以确保英国脱欧过渡期结束后,现有的货物流通不会受到影响。

英国与土耳其在 2019 年的贸易总额达到 186 亿英镑。英国是土耳其的第二大出口市场,主要商品涉及贵金属、车辆、纺织品和电气设备。英国表示,这是英国贸易部继与日本、加拿大、瑞士和挪威达成协议之后,所谈判签署的第五大贸易协议。

英国与欧盟日前已达成脱欧后的贸易协议。欧盟成员国 2020 年 12 月 28 日批准协议于当地时间 2021 年 1 月 1 日暂时生效。

(七)美国对法德飞机部件、葡萄酒等加征关税

美国政府 2020 年 12 月 30 日宣布,将对产自法国和德国的飞机零部件和葡萄酒等欧盟输美产品加征关税。这是美欧航空业补贴争端中美方最新的报复性措施。

美国海关与边境保护局 2021 年 1 月 11 日宣布,美国将从 12 日开始对产自法国和德国的飞机零部件、葡萄酒等商品加征关税。美国海关与边境保护局当天发布通知说,根据美国贸易代表此前修改与美欧航空补贴争端相关的加征关税商品清单的决定,美国将对产自法德的部分飞机零部件加征 15% 的关税,对产自法德的部分葡萄酒加征 25% 的关税,新关税从 12 日开始生效。

美国贸易代表办公室在一份声明中说,将对产自法国和德国的飞机零部件、部分非起泡葡萄酒、干邑和其他种类白兰地加征关税。声明说,这是针对欧盟对美国产品加征关税的报复性措施。

欧盟与美国的航空业补贴之争已持续 16 年。2004 年以来,WTO 先后裁定美欧双方均存在对各自航空制造企业提供非法补贴的问题。2019 年,WTO 裁定欧盟及其部分成员国仍违规补贴空中客车公司,美方随后宣布对价值 75 亿美元的欧盟输美产品加征关税。WTO 2020 年 10 月做出仲裁裁决,允许欧盟以美国违规补贴波音公司为由,向总价约 40 亿美元的美国货物和服务施以加征关税等惩罚措施。欧盟同年 11 月起对美国产品加征关税。

(八)巴西政府将部分计算机、电信产品和资本货物进口关税从价税率由 2% 降至零

巴西经济部外贸委员会 2020 年 12 月 10 日发布 128 号决议,对该委员会 2017 年 7 月发布的第 50 号和 51 号决议涉及的计算机、电信产品(BIT)和资本货物(BK)征收的进口税的从价税率由原来的 2% 降为零。涉及产品主要包括 HS 编码第 84 章、85 章、86 章、87 章和 90 章的部分产品。

(九)巴西临时取消注射器和针头进口关税和反倾销措施

巴西《经济价值报》2021 年 1 月 6 日消息,根据巴西卫生部的要求,巴西经济部外贸委员会特别会议决定,为保证新冠疫苗接种使用,巴西政府决定临时将注射器和针头进口关税降为零。会议决定,暂时中止执行对原产于中国的一次性注射器的反倾销措施,有效期至 2021 年 6 月 30 日。

巴西政府此次将进口关税降为零的产品包括 5 个税号,303 种商品,原进口税率为 16%。实行进口零关税的有效期至 2021 年 6 月 30 日。

(十)摩洛哥与英国签署的新贸易协议正式生效

MEIDA 24 网站 2021 年 1 月 4 日消息,摩洛哥海关发布公告,宣布自 2021 年 1 月 1 日起,摩洛哥与英国的新贸易协议正式生效。根据新协议,自英国脱欧以后,摩英双方将继续维持 1996 年签署协议中的双边贸易优惠条件,并将为进一步开放贸易创造平台。协议中的主要变化是对原产地的累计规则和禁止退税条款进行了修改。

(十一)尼日利亚将汽车进口关税从 30% 下降至 5%

据尼日利亚《抨击报》2021 年 1 月 15 日报道,尼日利亚新《金融法》将汽车进口关税从 30% 下降至 5%,卡车进口关税从 35% 下降至 10%,拖拉机进口关税从 35% 降低至 5%。

《抨击报》认为,这对尼日利亚国内 65 家持牌的汽车装配厂来说不是个好消息。尼日利亚有汽车装配厂,也有座椅制造商、电池制造商、汽车拉杆制造商。尼日利亚汽车装配业吸引了超过 10 亿美元的投资,创造了 6 000~10 000 个就业机会。

(十二)韩国为进口鸡蛋免关税

由于高病原性禽流感流行,韩国在 2020 年的几个月内共扑杀了 880 万只母鸡,导致韩国市场上的鲜鸡蛋价格飙升。为保障市场供应、稳定鸡蛋价格,韩国政府针对鲜鸡蛋等进口产品临时采取"零关税"政策。据韩联社 2021 年 1 月 20 日报道,与上年相比,韩国鲜鸡蛋价格同比飙升 23%,10 枚鸡蛋售价 2 177 韩元(约合 14 元人民币)。同时,鸡肉和鸭肉的价格也同比上涨 35% 和 11.7%。问题是,与鸡鸭肉不同,鲜鸡蛋不能冷冻储存,短期内也无法扩大供应。在此背景下,韩国农林畜产食品部发布"新年民生稳定对策",宣布到2021年6月底,对鲜鸡蛋以及蛋类加工品免征关税。韩国政府将确保在2021年农历新年前进口到充足的鲜鸡蛋,并计划让大型超市进行鸡蛋8折促销活动,以减轻消费者负担。通常情况下,韩国政府进口鸡蛋产品会征收8%～30%不等的关税。

(十三)菲律宾机械去骨肉关税仍保持在5%

据菲律宾《每日问询者报》2021年1月19日报道,杜特尔特总统签署了第123号行政令,将机械去骨肉(MDM)(加工肉中的关键成分)的关税保持在5%,有效期至2021年底。菲律宾MDM主要来自进口,用于制造热狗、午餐肉和罐头肉产品。

长期以来,对MDM征收关税一直是行业参与者之间争执的话题,进口商和加工商坚持认为税率应保持在5%,而生产商则认为应保持在40%。

(十四)巴西下调25种商品的进口关税

巴西《经济价值报》2021年2月23日消息,当日,巴西经济部外贸委员会(CAMEX)发布四项决定,下调部分产品的进口关税,主要是南共市成员国不生产或无法满足需求的产品。部分药品及制药原料、镍钛基金属丝、照相机镜头等11个税号的商品进口税率下调至零或2%。为满足市场供应,在配额内临时下调部分化工产品的进口关税,其中包括:书写或绘图油墨、活性炭、氨基甲酸酯和高强度聚酯纱线、碳纤维等。

(十五)美国延长对中国医疗产品关税豁免期

美国贸易代表办公室2021年3月10日发布公告称,拜登政府将把对大约99种来自中国医疗产品的关税豁免延长至2021年9月30日,以帮助应对美国的新冠肺炎疫情。

(十六)欧亚经济联盟调整部分商品进口关税税率

2021年3月,欧亚经济委员会理事会做出决议,将部分冶金用石墨电极的进口关税税率确定为0%,实施期限为2年;将稀土冶炼和药物生产用草酸的进口关税税率由6.5%调降为0%,实施期限为2年;将纸尿裤生产用超吸收剂的进口关税零税率实施期限延长3年;将易拉罐用铝带的进口关税税率从10%提高至12%,实施期限为2年。

为优化统一关税优惠制度,欧亚经济委员会理事会决定重新审定享受欧亚经济联盟进口关税优惠的发展中国家和最不发达国家国别名单。

(十七)乌兹别克斯坦暂时取消进口水泥关税

乌兹别克斯坦报纸网2021年3月12日报道,为降低在建房屋价格,乌总统米尔济约耶夫3月11日签署总统令,决定临时对进口水泥产品免征关税。

根据《关于通过在市场原则基础上提供抵押贷款保障居民住房的若干补充措施》

总统令,乌将自 2021 年 4 月 1 日至 10 月 1 日期间暂停对进口水泥征收关税(现行税率为海关价值的 30%)。

乌央行 11 日指出,未来数月建筑领域将迅猛发展,恐导致水泥等建材价格上涨,政府有必要及时采取措施,扩大相关产品和服务供应,鼓励市场竞争。

(十八)巴西政府下调部分生产领域所需机械设备和家电产品进口关税

巴西《经济价值报》2021 年 3 月 17 日消息,当日巴西经济部宣布,下调部分生产领域所需的机械设备以及手机、电脑等电子产品的进口关税。有关措施已经外贸委员会会议批准通过。此次降税涉及产品包括 1 494 个南方共同市场关税税号,自官方公报发布后 7 日内生效。根据巴西经济部网站 3 月 19 日发布信息,巴西经济部外贸委员会(CAMEX)3 月 18 日发布第 173 号决定,下调部分资本货、信息和通信领域 1 000 多个税号的商品进口关税,降税范围重点涉及第 84 章,还包括部分第 85 章、86 章、87 章、89 章和 90 章的商品。

(十九)欧亚经济委员会决定将光纤材料进口关税免税政策延长 3 年

据欧亚经济委员会官方网站 2021 年 4 月 5 日报道,委员会在 4 月 5 日举行的理事会会议上决定,将用于生产光纤的聚氨酯和环氧涂料进口免税政策延长 3 年至 2023 年底。报道称,目前联盟境内不生产此类商品或生产的此类产品不合格。委员会做出此项决定的目的是为联盟境内生产光纤创造条件,提高相关项目的投资吸引力和最终产品在联盟和国际市场上的竞争力。

(二十)欧盟将进口医疗设备和个人防护装备免税期延至 2021 年底

中新社布鲁塞尔 2021 年 4 月 20 日电,欧盟 20 日通报继续对进口医疗设备和个人防护装备暂时免征关税和增值税,有效期延至 2021 年 12 月 31 日。

欧盟委员会当日在一份公告中称,鉴于欧盟成员国抗击新冠肺炎疫情仍面临挑战,从第三国进口医疗设备和个人防护装备仍十分重要,欧盟决定将免税有效期从 2021 年 4 月 30 日延至 12 月 31 日,从而继续为成员国提供财政支持,帮助医护人员和患者获取口罩、呼吸机等急需的抗疫物资。

2020 年 4 月新冠肺炎疫情在欧洲蔓延之际,欧盟应所有成员国请求,决定对进口医疗设备和个人防护装备暂时免征关税和增值税,免税期从 2020 年 1 月 30 日算起,有效期为 6 个月,但可视情延长,其后欧盟于 2020 年 7 月和 10 月两度延长免税有效期。

目前除对进口医疗设备和个人防护装备免征关税和增值税,2020 年 12 月欧盟决定对新冠疫苗、病毒检测试剂盒以及相关服务减免增值税;2021 年 4 月 12 日,欧盟决定进一步扩大税收优惠范围,提议对疫情防控期间欧盟分发的重要商品和服务免征增值税,免税期将从 2021 年 1 月 1 日算起。

(二十一)巴基斯坦免除进口氧气及相关设备关税

据巴基斯坦《黎明报》2021 年 5 月 6 日报道,巴基斯坦内阁经济协调委员会(ECC)决定,随着第三波疫情在巴境内持续蔓延,为更好满足国内氧气需求,将对进口氧气、氧气罐、制氧设备等相关进口物资免征关税和其他税收,免税期为 180 天。

ECC 还批准向国家灾害管理局提供 18 亿卢比资金,用于采购氧气和氧气罐,以满足向医院供应氧气的紧急需求,确保新冠感染患者得到更好的治疗。

(二十二)印度免除抗疫关键物资进口关税

印度财政部 2021 年 5 月 3 日宣布,即日起,免除用于新冠感染治疗的关键医疗设备和药物的所有进口关税和国内税费。消息称,这项行政令至少执行至 2021 年 6 月 30 日。

(二十三)欧亚经济联盟对光伏材料进口实施零关税

国际文传电讯社莫斯科 2021 年 5 月 18 日电,据欧亚经济委员会官网发布消息,欧亚经济委员会理事会决定对生产太阳能电池板所需的原材料商品进口实施零关税,期限为 2 年。相关决议涉及基于异质结技术生产光伏元器件和光伏模块所需的进口材料和原料。决议自发布之日起 10 个自然日后生效。目前,欧亚经济联盟境内不能生产所需的同类高性能产品。上述材料的现行进口关税税率为 6.5%。

欧亚经济委员会理事会同时要求欧亚经济委员会执委会尽快研究对生产太阳能电池板所需的其他类别商品进口实施零关税问题。

欧亚经济委员会认为,实施光伏材料进口零关税,对于扩大欧亚经济联盟太阳能电池板产能具有重要意义。采用先进生产技术,能够带动太阳能电池板产品在联盟境内及海外市场热销。上述决议将为联盟成员国生产商提供支持。

(二十四)巴西继续延长与抗击新冠疫情相关产品进口零关税措施

巴西《经济价值报》2021 年 5 月 19 日消息,巴西外贸委员会(Camex)执行委员会做出决定,将与抗击新冠疫情相关的产品进口关税继续延长到 2021 年 12 月 31 日。相关产品共 628 项,其中包括药品、疫苗、医疗设备、个人清洁用品等。

(二十五)哈萨克斯坦将对白糖和原蔗糖进口实施零关税

据法律网 2021 年 5 月 24 日报道,哈萨克斯坦农业部日前制定完成《关于白糖和原蔗糖进口若干问题的命令(草案)》,决定对部分进口到哈萨克斯坦境内的白糖和原蔗糖免征关税。

根据政府令,为满足国内市场需求,对进口到哈萨克斯坦境内专门用于含糖食品生产的白糖(欧亚经济联盟海关编码 1701 99100),以及用于工业加工的原蔗糖(欧亚经济联盟海关编码1701 13、1701 14)免征关税,上述商品进口总量合计不超过13.44万吨。

正在办理(或已完成)海关申报的上述商品可享受进口免税优惠;对于尚未办理海关申报的此类商品,须在2021年5月15日至9月30日期间向海关部门提交申请,才能享受进口免税优惠。外贸企业自备仓库和临时仓库中的现有此类商品也可享受免税优惠。外贸企业可在2021年6—7月和2021年8—9月两个时间段内,分两次提交进口货物免税申请。

(二十六)欧盟将对钢铁、水泥、铝等进口产品征收碳税

欧盟2021年7月14日出台应对气候变化的一揽子新提案。其中,最具争议的是建立欧盟"碳边境调节机制",即碳关税机制。根据这一机制,欧盟将对从碳排放限制相对宽松的国家和地区进口的钢铁、水泥、铝和化肥等商品征税。3月10日,欧洲议会通过了不具有法律效力的碳关税决议——《迈向与WTO兼容的欧盟碳边境调节机制》(简称"碳关税决议")。6月底,欧盟《气候变化法》通过立法程序,正式将2050年前实现碳中和的承诺转变为强制性的法律约束,备受争议的碳关税由此合法"落地"。欧盟经济问题委员保罗表示,欧盟碳边境调节机制将自2026年起与碳排放配额交易系统同步实施,过渡期由2023年延长至2025年。过渡期内,该机制仅针对铁、钢、铝、水泥、化肥和电力生产商。自2026年起,进口商必须购买欧盟碳边境调节机制生态认证,认证成本取决于商品碳排放量。欧盟拟将认证成本与碳排放配额交易系统中的碳价格相关联。若能证明进口商品已在生产环节缴纳碳税,欧盟将不在进口环节重复征收。

欧盟碳关税的基础和核心是其碳排放交易体系(简称欧盟碳市场,EU-ETS)。欧盟在碳关税决议中强调,碳关税机制应体现EU-ETS"污染者付费"原则,防止出现全球碳泄漏风险。因此,外国同类进口产品也需要为碳排放付费。据欧洲环境署EU-ETS数据,截至2020年底,EU-ETS已涵盖欧盟26个成员国,以及英国、挪威、冰岛和列支敦士登4个欧洲国家。此外,自2020年1月1日起,瑞士碳市场与EU-ETS实现交易互连。

(二十七)越南免防疫物资进口税

越南《年轻人报》2021年8月16日报道,越南政府办公厅日前就出台《政府关于对协助抗疫的商品实行免征进口税政策决议》征求政府成员意见。

此前,财政部已向政府总理提交了关于越南的组织和个人进口用于协助政府、卫生部、省市人委会、祖国阵线抗击新冠疫情的商品,如人道援助、无偿援助等商品免征进口税和增值税的决议草案。

因此,如果政府出台该项政策决议,则组织和个人进口用于协助政府和地方抗击新疫情的医疗用品、设备和物资将免征进口税和增值税。

(二十八)埃塞俄比亚颁布新关税手册

据埃塞俄比亚《资本报》2021年8月19日报道,埃塞财政部公布新关税手册,涉及原材料、半成品、资本品等8 000余种产品关税。其中,大部分工业原材料享受5%或零关税待遇。

(二十九)波黑或将暂时减免电动汽车进口关税

波黑媒体"N1"2021年10月12日报道,据悉,波黑外经贸部已拟定关于到2022年12月31日前临时减免电动汽车进口关税的提案,对纯电车取消关税,混合插电式汽车关税由15%降到5%。

(三十)韩国将调整2022年液化天然气(LNG)进口征税标准

据韩联社2021年10月19日报道,考虑到煤气费等物价上涨因素,韩国企划财政部或不会同意将2022年的LNG进口配额关税定为0%。

通常情况下,韩国政府对进口LNG征收的关税为3%,从10月至第二年3月的冬季会适用2%的配额关税,并在适当范围内接受产业通商资源部提出的0%的配额关税申请。但2021年国际LNG价格暴涨,煤气费等物价上涨难以抑制,因此有预测认为,企划财政部可能不会接受0%的配额关税申请。

(三十一)尼泊尔政府将白银进口关税提高约26%

尼泊尔《共和报》2021年10月15日报道,政府已将进口白银的关税提高了25.88%,以检查涉嫌将这种贵金属走私到印度的情况。

贸易商称,根据修订后的规定,白银的进口关税已从每10克85卢比增至107卢比。由于该国最近几天白银进口量大幅增加,政府已采取了这一措施。

据海关部门称,2021年7月中旬至9月中旬,尼泊尔进口了超过69 000千克白银,价值66.5亿卢比。2020年同期,尼泊尔仅进口了1 000千克白银,价值7.61亿卢比。在上一财年期间,进口额仅为58亿卢比。

白银进口的大幅增加被怀疑将贵金属走私到印度。尼泊尔白银比印度便宜,许多印度贸易商被发现在尼泊尔市场购买这种金属以赚取巨额利润。

(三十二)乌兹别克斯坦将对82种进口原料和半成品实施零关税

乌兹别克斯坦报纸网2021年10月21日消息,乌总统米尔济约耶夫于10月20日签署《关于进一步扩大竞争性产品生产的若干举措》总统令,决定2024年1月1日前对82种进口原料和半成品实施零关税。

免征进口关税的原料和半成品包括:蓖麻油、石棉、氢氧化钠(烧碱)、染料、人造毛皮、人造蜡、纸和纸板、棉织物、亚麻纤维织物、电池、扬声器等,共计82种。

该总统令旨在落实乌总统 2021 年 8 月与企业家对话期间的承诺,支持本国生产企业扩大高附加值产品出口。此前,乌政府于 10 月 7 日出台内阁令,决定在 2022 年 5 月 1 日前对进口香蕉、苹果、菠萝、番石榴等水果免征关税。

(三十三)欧亚经济联盟下调多项商品进口关税税率

据欧亚经济委员会官网 2021 年 10 月 29 日发布消息,当天举行的欧亚经济委员会理事会会议通过调整多项商品进口关税税率的决定。

根据《欧亚经济联盟对外经济活动统一商品名录》,决定对用于生产耐高温个人防护用品的间位芳纶产品中部分品种合成纤维进口适用零关税,为期 2 年。零税率只适用于由欧亚经济联盟国家政府授权部门确认进口用途的此类商品。现行税率为 5%。

决定将压榨果汁用的柑橘类水果进口关税税率从 11% 降至 5.5%,为期 3 年。同时对欧亚经济联盟部分法律文件做相应修订。

决定对用于制作高档和中高档衬衣的部分品种棉质面料进口适用零关税,为期 2 年。现行税率为 10%。

决定对部分品种微波炉变压器进口适用零关税,为期 2 年。现行税率为 8%。

决定对部分品种磷酸酯及其化合物进口适用零关税,为期 2 年。现行税率为 5%。

决定对用于生产植物化学保护制剂的部分品种有机化合物进口适用零关税,为期 2 年。现行税率为 3%~5%。

上述决定均自 2022 年 1 月 2 日起正式生效。

(三十四)巴西宣布单方面暂时削减进口关税 10%

巴西《经济价值报》2021 年 11 月 5 日报道,巴西政府宣布单方面暂时削减进口关税 10%,范围涉及 87% 的税目,有效期至 2022 年 12 月 31 日。此前,巴西和阿根廷已就削减南共市共同对外关税(TEC)达成协议。

巴西经济部对外贸易和国际事务特别秘书罗伯托表示,削减进口关税旨在应对当前迫切的通货膨胀压力。巴西将继续推动南共市谈判,一旦各成员国达成共识,进口关税削减将正式成为南共市永久性措施。

目前 4 个成员国均赞同减少共同对外关税,然而,乌拉圭还希望开放成员国同区域外经济体之间的自由贸易。

(三十五)喀麦隆计划对 2.5 万吨进口大米免征关税

Ecomatin 网站 2021 年 11 月 8 日报道,为稳定物价,喀麦隆总统比亚授权政府采取特别措施,对自中国和印度进口的 2.5 万吨大米免征关税。

喀政府要求相关受益大米进口商与政府合力稳定物价,降低该批大米出售价格,价格需低于此前政府批准的大米价格。根据喀国家统计局数据,2021年上半年喀共进口大米31.9万吨,同比上涨23%。

(三十六)加纳税务局取消部分进口产品50%基准价格政策

据电子媒体加纳网2021年11月15日报道,加纳税务局决定自即日起取消32类进口产品的50%基准价格政策,这意味着这些进口产品在报关征收关税时不再享受价格折扣优惠待遇。这些商品包括车辆、瓷砖、铝产品、水泥和棕榈油等加纳本地能够生产的商品。

加纳财政部认为此举不仅能增加海关税收,而且能抑制进口,有利于本地制造业发展,但加纳贸易商会表示政府的此项政策对于当地贸易发展将带来灭顶之灾,将极大地推高物价,降低低收入者和失业者的生活水平。

(三十七)越南用于国内汽车生产的进口零配件实行零关税至2027年

越南《西贡经济在线》2021年11月22日报道,越南政府决定将国内生产和组装汽车的税收优惠政策延长至2027年12月31日。2027年底前,用于生产和组装国内汽车的进口零配件享受0%关税优惠。

具体来说,拥有越南工贸部颁发的汽车制造和组装资格证书,并符合最惠国进口税率的零配件、车型、产量、排放量、优惠考虑期、资料和程序条件的企业,进口国内无法生产的汽车零配件享受零关税优惠。

(三十八)欧亚经济联盟延长钒铝合金进口零关税期限

国际文传电讯社莫斯科2021年11月24日电,据欧亚经济委员会发布消息,欧亚经济委员会执委会已批准将用于生产钛合金的部分钒铝合金进口零关税有效期延长至2022年12月31日。

欧亚经济委员会关税和非关税调节司司长卡扎良表示,钒铝合金成本约占钛合金价格的30%。实行关税优惠政策对于降低欧亚经济联盟钛生产成本和保持竞争力有着重要影响。钒铝合金的主要消费者是制造航空航天产品的冶金企业。

2019年7月,欧亚经济委员会决定对钒铝合金进口实行零关税,有效期至2021年12月31日。在没有优惠措施的情况下,钒铝合金产品进口关税税率为完税价格的10%。

(三十九)沙特阿拉伯批准《海合会统一关税法》执行条例修正案

阿拉伯新闻2021年11月27日报道,沙特财政大臣穆罕默德·贾丹已批准对《海合会统一关税法》执行条例的修正案。

根据修订后的规则,在海合会境外转口的外国商品的关税应全部或部分退还,前提是出口商(转口商)是以其自身名义进口外国商品的进口商,或向海关部门证明其所有权。此外,需要退还关税的转口贸易商品需为同一批货物,以便与进口文件进行识别和匹配,再出口且适用新规则的外国商品的价值不应低于 20 000 里亚尔(5 332 美元)或等值的其他海合会国家货币。

退税申请针对从海合会地区以外进口、在当地未使用的外国商品,需与进口时的状况相同。外国商品首次从海合会境外进口时,应在缴纳关税之日起一个日历年内再出口,并在再出口之日起 6 个月内申请退款。

(四十)埃及财政部调整部分产品进口关税

今日埃及 2021 年 11 月 29 日报道,财政部长穆罕默德·马伊特证实,埃及近期对海关关税政策做出调整,以鼓励民族工业和深化本地生产,增强埃及产品在全球市场的竞争实力。

财政部在一份声明中介绍,在众议院批准 2021 年第 558 号决议后,一些类别产品的海关关税将出现变化。其中,对作为最终产品进口的光伏电池将征收 5% 的关税,对进口手机征收 10% 的关税,以刺激当地信息技术产业。同时,维持计算机及其配件和"平板电脑"的免税待遇,以保证数字化转型和教育系统发展的需要。

(四十一)喀麦隆调整进口商品完税价格计算方式

喀麦隆《日报》2021 年 11 月 18 日报道,喀财政部长莫塔泽 16 日签发公告,为减轻喀进口商因国际海运价格大幅上涨带来的成本压力,喀海关将调整海运进口物资的完税价格计算方式,在计算商品完税价格时将运费价格调低 80%,以降低进口商品的应纳税费金额。该措施有效期至 2022 年 2 月底,如有必要,可进一步延长。预计喀海关每月将减少税费收入 120 亿~150 亿中非法郎(约 2 100 万~2 700 万美元)。

喀政府此举是回应喀企业家联合会(GICAM,喀最大雇主团体)此前 11 月 9 日发布的声明。GICAM 表示国际海运价格根据路线不同上涨 20%~400%,喀进口企业难以承担,要求政府尽快采取措施。

(四十二)欧亚经济联盟通过 20 项一体化文件

俄 PRIME 通讯社 2021 年 12 月 10 日报道,欧亚经济联盟成员国元首在最高欧亚经济理事会会议期间通过 20 项旨在加强一体化的文件,包括关于在联盟境内使用电子铅封追踪货物、加强联盟审计合作,以及根据海关过境程序开展货物运输时就履行缴纳关税、税收及特殊税、反倾销税、反补贴税义务进行担保等内容。

(四十三)欧亚经济联盟确定 2022 年食糖进口关税配额

国际文传电讯社莫斯科 2021 年 12 月 10 日电,欧亚经济委员会当天发布消息,欧亚经济委员会理事会批准 2022 年 8 月 31 日前欧亚经济联盟食糖进口关税配额。联盟各成员国进口食糖免税配额分别为:亚美尼亚 6 万吨,白俄罗斯 10 万吨,哈萨克斯坦 25 万吨,吉尔吉斯斯坦 7 万吨,俄罗斯 30 万吨。

欧亚经济委员会贸易委员斯列普涅夫表示,食糖是重要社会民生食品,食糖价格上涨将影响其他食品价格。根据联盟对含糖食品供需关系的预测,未来一段时间,含糖食品供应恐将出现短缺,为此有必要采取新的海关监管措施。

欧亚经济委员会执委会将同联盟成员国政府一道,共同跟踪国际食糖市场价格,监测关税优惠措施下食糖实际进口量及联盟内部市场食糖销售量,有关结果将于2022 年 3—4 月提交欧亚经济委员会理事会审议。根据监测结果,可考虑将食糖进口免税政策变更为下调关税税率。

(四十四)越南降低小麦、玉米、猪肉产品最惠国关税

据贸易投资网,越南政府发布法令修定了其玉米、小麦和冷冻猪肉的最惠国(MFN)税率。该法令取消了所有类别小麦的最惠国关税,将玉米关税从 5% 降至 2%,并将冷冻猪肉的关税从 15% 降至 10%。小麦和玉米的关税削减于 2021 年 12 月 30 日生效,而冷冻猪肉的关税削减将于 2022 年 7 月 1 日生效。

(四十五)印度下调棕榈油进口关税

据新华丝路网,2021 年 12 月印度政府下调棕榈油进口关税至 12.5%,同时允许进口商在没有进口许可证的条件下进口棕榈油至 2022 年底。

(四十六)加纳暂停进口产品基准价格 50% 政策的终止执行

据《加纳时代报》2022 年 1 月 10 日报道,加纳总统表示暂停进口产品基准价格 50% 政策的终止执行。该政策原定在 2022 年 1 月起停止执行对 43 种进口产品的基准价格 50% 政策,引发了销售业者的强烈反对,预计市场价格将会因此大幅度上涨。

阿库福阿多总统表示将进一步与社会各利害关系方就有关政策问题展开协商,取得一致意见后再展开相关工作。

(四十七)阿塞拜疆临时取消 92 号、95 号汽油进口关税

巴库 2022 年 1 月 29 日国际文传电讯社报道,阿塞拜疆内阁决定,自 2022 年 2 月 1 日至 6 月 1 日,临时取消 92 号、95 号汽油的进口关税。

(四十八)塔吉克斯坦计划免征电动汽车进口关税

塔吉克斯坦卫星通讯社 2022 年 3 月 14 日杜尚别报道,为推动绿色经济发展,加快提高清洁可再生能源消费比重,降低二氧化碳排放强度,改善生态环境质量,塔计划将在 10 年期内对电动汽车、电动公交车、无轨电车和其他电力能源交通工具免征进口关税,同步正在研究免除增值税及消费税等相关问题。

(四十九)巴西大幅降低部分商品进口税率

2022 年 3 月 22 日,巴西经济部外贸局批准将乙醇、咖啡、人造黄油、奶酪、意大利面、糖和豆油这7类商品的进口税降为零,相关政策将于23日在政府《官方公报》上公布后生效,有效期至2022年12月31日。

分析指出,近期俄乌冲突与新冠疫情叠加,巴西通胀压力增大,因此减税措施优先考虑居民生活消费权重相对较大的商品,目前这7类商品实行的进口税从9%(咖啡、豆油)到28%(奶酪)不等。

此外,巴西经济部还批准降低电子类和机械设备类产品的进口税率,于4月1日生效。从2021年初至今,此类产品进口税率总削减幅度达到20%。

(五十)美国宣布对华352项商品免予加征关税

当地时间2022年3月23日,美国贸易代表办公室(USTR)发布公告称,将恢复部分进口自中国的商品的加征关税豁免。此次豁免涉及此前549项待定产品中的352项。该规定将适用于2021年10月12日至2022年12月31日之间进口自中国的商品。

(五十一)美国取消针对英国钢铁和铝产品的关税

据中国经济网报道,当地时间2022年3月22日,美英发表联合声明,宣布就取消特朗普政府针对英产钢铁、铝产品的高额关税达成一致。据悉,美方将允许每年有50万吨英产钢铁以零关税进入美国市场,该措施将于6月1日生效。

(五十二)英国对俄进口商品额外增收35%关税

据新浪财经2022年3月17日报道,英国政府宣布对俄罗斯进口产品实施新一轮制裁,约价值9亿英镑(11.7亿美元)的俄罗斯商品将额外增收35%关税,产品清单覆盖海产品、船舶、铁钢、化肥、木材、轮胎、铁路集装箱、水泥、铜、铝、银、铅、铁矿石、酒精饮料、玻璃器皿、谷物、油料种子和纸类等。

(五十三)印度降低钻石进口关税,调降毛棕榈油进口税率

2022年2月,印度财政部长表示,该国将降低有关钻石产品的进口关税,其中成品钻石进口关税由原来的7.5%降至5%,彩色宝石进口关税也从7.5%降至5%,"锯切钻石"进口关税从7.5%降至零。

印度政府通知,该国已将毛棕榈油(CPO)的进口税率从7.5%下调至5%,该项减税政策于2月20日生效。印度政府还表示,将把食用油基本进口关税减免措施延长至9月30日。这项减税措施原定于3月31日到期。

(五十四)美国延长光伏进口关税政策

2022年2月,白宫官网发表声明,确认延长即将到期的光伏进口关税政策4年。此外,白宫也宣布将保护性关税的起征点从进口2.5GW提升至5GW,同时加入了邻国加拿大和墨西哥的免税供应途径。

(五十五)东共体 7 月采用 35% 共同对外关税

坦桑尼亚主流媒体《卫报》2022 年 5 月 9 日报道,东共体部长级委员会主席贝蒂·梅娜 8 日发表声明称,东共体成员国贸易和财政部长 5 日在肯尼亚召开东共体对外关税修订审议会。

会议同意,东共体将第四档共同对外关税税率修改为 35%,实施时间为 2022 年 7 月 1 日;对于税目内的相关产品,特别是受当前全球经济形势影响的产品,在实施过程中应具有灵活性。第四档关税税目包括:乳制品和肉制品、谷物、棉花和纺织品、钢铁、食用油、饮料和烈酒,以及家具、皮革制品、鲜切花、水果和坚果、糖和糖果、咖啡、茶和香料、纺织品和服装、头饰、陶瓷产品和油漆等。

(五十六)巴西为抑制通胀计划取消 11 项产品的进口关税

据《经济价值报》2022 年 5 月 10 日报道,距离大选还剩 5 个月,出于对通胀加剧的担忧,博索纳罗政府将取消 11 类产品的进口税,主要包括基本食品篮和建筑用钢铁材料。此外,TEC 也将下调 10%,只有汽车和蔗糖等少数产品除外。相关措施预计将在 5 月 19 日发布,将成为 6 个月内巴政府第二次降低进口税。

2022 年 3 月,巴西政府已经宣布在 2022 年底之前大幅降低包括乙醇、基础食品、IT 产品等商品的进口关税。根据当时巴西经济部的测算,实施后这项政策的年度免税额将达到 10 亿雷亚尔,约合 13 亿元人民币。

(五十七)利比里亚暂停部分太阳能产品进口关税

利比里亚《每日观察家报》2022 年 5 月 11 日报道,利比里亚总统乔治·维阿发布第 107 号行政命令,暂停太阳能照明设备和与可再生能源开发直接相关的设备的进口关税,包括太阳能灯、太阳能家用系统、太阳能电池组件、太阳能充电控制器等,进口商只支付海关用户费用(CUF)和西共体贸易税(ETL)。

(五十八)利比里亚总统发布行政令免除水务公司关税

利比里亚通讯社官网 2022 年 5 月 20 日报道,利比里亚总统维阿于 5 月 16 日发布第 109 号行政令,免除利比里亚供水和污水处理公司(Liberia Water and Sewer Corporation,LWSC)特定物品关税。主要包括用于运营和生产所需柴油,运营所需消耗性备件,水处理厂使用的低扬程和高扬程泵,水处理化学品和氯化器,以及水处理设施的实验室仪器。还有一些重型设备,包括沥青切割机、千斤顶、检漏仪,以及阀门(空气泄压、浪涌和管道)、压力污水清洁器、各种高压管道、配件和流量计等。

(五十九)巴哈马政府将取消 36 种食品的关税

在通货膨胀出现历史性上升的情况下,巴哈马政府打算取消大约 36 种食品的关税。2022 年 5 月底,总理戴维斯向众议院提交了《2022 年消费税(修正)法案》和《2022

年关税(修正)法案》,其中详细说明了关税税率下调的变化。计划免除关税的大部分食品的原税率为5%,这些食品包括奶酪、生菜、玉米、黄瓜、豌豆和豆类、甜椒、辣椒、南瓜、山药、花椰菜、西兰花和红薯等,预加工牛肉、猪肉和火鸡肉的关税将由20%降为零关税,这将有助于降低因通胀导致的生活成本提高。

戴维斯总理还宣布,将免除建筑用材料的关税;将把价值低于7万美元的电动汽车关税降至10%,将对价值超过7万美元的电动汽车的关税降至25%。

此外,政府计划提高烟草制品关税,烟叶关税将从10%提高到25%,小雪茄预计增加300%。

(六十)菲律宾猪肉和大米的低关税延长至2022年底

据菲律宾《商业镜报》2022年5月28日报道,为缓解国际局势对当地食品价格和供应的影响,杜特尔特总统将猪肉和大米的低关税延长至年底,还将玉米配额内关税降至5%,煤炭关税降至零,直至2022年底。

进口猪肉的配额内关税保持在15%,配额外关税保持在25%。进口大米关税为35%。

(六十一)韩国对食用油等13种进口商品适用零税率配额关税

为缓解供需矛盾、稳定韩国国内物价,尹锡悦总统于2022年6月16日主持召开国务会议决定,在2022年底前对食用油、面粉、猪肉等13种进口商品适用零税率配额关税。

(六十二)美国发布2022年制作或保藏的金枪鱼关税配额

美国联邦公报2022年6月13日消息,美国海关和边境保护局发布2022-12723号公告,发布2022年制作或保藏的金枪鱼关税配额数量。公告规定,2022年1月1日至12月31日期间,在14 672 350千克配额以内进口的制作或保藏的金枪鱼,归入16041422美国商品统一关税表(HTSUS),按照6.0%税率征收关税。超过14 672 350千克配额的进口制作或保藏的金枪鱼,归入子目16041430(HTSUS)下,按12.5%税率征税。

(六十三)挪威修订农产品关税配额分配条例

2022年6月27日,挪威农业和食品部消息,将农产品关税配额分配的第1132号条例修订如下:在对发展中国家的普惠制体系内,对配额内进口的粮食、油籽等原料给予关税优惠,使零关税国家免关税,"普惠制+"国家获得40%关税优惠和其他普惠制国家获得20%的关税优惠。该修订于2022年7月1日生效。

(六十四)韩国对7种生活必需品实施零关税

据中新经纬网、韩联社报道,韩国政府2022年7月份召开第一次紧急经济民生会议,决定自7月起,暂时将牛肉、猪肉、鸡肉、奶粉、咖啡豆、大葱、酒精原料的配额关税降为零,以稳控物价。

(六十五)伊朗原材料进口税将减半

迈赫尔通讯社2022年7月6日报道,伊朗财经部长汉杜兹在个人社交平台上发文表示,为降低生产商运营成本,从7月6日起至伊历1401年底(2023年3月20日),原材料和中间品适用的进口税将从4%减半至2%。

(六十六)摩洛哥政府宣布取消对跨境电商小额包裹的免税措施

摩洛哥《晨报》2022年6月22日消息,摩洛哥财政部负责预算事务的大臣当日在众议院口头质询环节中,就摩政府对跨境电商平台征税发表意见。其表示,截至法令发布前,跨境电商平台发送的400万件、价值20亿迪拉姆的货物收货人并未缴纳关税,但集装箱进口商需缴纳68%的关税。取消跨境电商平台关税豁免的目的并非扩大税基,而是建立税收正义,保护雇用数百万家庭成员的本地工商业,确保税法面前人人平等。

摩政府于2022年6月16日会议上通过了第2.22.438号法令草案,修订了1977年10月9日发布的第2-77-862号法令,旨在加强对跨境电商货物的海关监管,明确取消对其的关税豁免。翌日海关发布公告称,自2022年7月1日起,所有商业跨境包裹入境摩洛哥,无论价值如何,均不享受免税。非商业性质的跨境包裹,如价值不高于1 250迪拉姆,可予以免税。

(六十七)印度大幅提高黄金进口税

据环球市场播报的报道,印度政府2022年7月1日发布消息,通知将黄金的基本进口税从7.5%提高到12.5%,旨在减少黄金进口,缩减贸易逆差。印度是全球第二大黄金消费国,需要通过进口满足其大部分黄金需求,这也给该国货币带来贬值压力,印度卢比兑美元汇率当日创下历史新低。

(六十八)美国对570种俄罗斯商品征收35%进口关税

据USTR介绍,美国征收高关税的对象产品为钢铁、铝、矿物、木材、飞机零部件及汽车零部件等,2022年6月30日以后生效。据美国政府统计,加征关税商品的进口总额为23亿美元。

拜登政府和议会2022年4月通过法律,取消俄罗斯基于WTO规则的"最惠国待遇"。美国总统拜登2022年6月27日宣布,对俄罗斯特定进口产品的关税将提高到35%。七国集团(G7)已决定将对俄罗斯产品征收高关税获得的收入用于支援乌克兰,提高关税以增加收入。

(六十九)美国暂停对进口婴儿配方奶粉征收关税

据界面新闻,美国参议院2022年7月21日批准针对婴儿配方奶粉短缺的立法草案,暂停对进口婴儿配方奶粉征收关税直至2022年12月31日,以降低配方奶粉成本,缓解美国国内婴幼儿配方奶粉短缺情况。

(七十)英国延长 5 种产品的钢铁进口保障关税至 2024 年 6 月

据财联社,英国国际贸易大臣称,英国将 5 种产品的钢铁进口保障关税延长至 2024 年 6 月,以保护英国国内工业,尽管有人担心此举可能与 WTO 的规则产生冲突。此前,英国表示,在做出决定之前,将与其他国家就其计划进行磋商。

(七十一)喀麦隆将取消部分进口消费品的减免关税规定

据"投资喀麦隆"网站报道,喀财政部长莫塔泽 2022 年 7 月 27 日表示,政府希望取消对进口消费品(大米、鱼和小麦)的减免关税规定。他指出,政府将对现行所有的税务支出进行审查,取消与公共发展政策不符合的免税政策。例如,为实施进口替代政策,应取消对某些进口产品的关税豁免。

(七十二)哥斯达黎加取消稻米参考价格并降低稻米进口关税

2022 年 8 月 22 日,联合国粮食及农业组织网站消息,8 月 3 日哥斯达黎加政府签署了两项法令(38884-MEIC 和 39763MAG-MEIC-COMEX),取消了自 2013 年起实行的批发和零售市场稻米参考价格。此外,稻谷的进口关税从 35% 降至 3.5%,精米的进口关税则从 35% 降至 4%。这些措施旨在遏制稻米价格的上涨,自 2021 年 9 月以来,该国稻米价格持续上涨,到 2022 年 6 月,零售市场的稻米价格同比上涨近 15%。国际价格上涨给国内价格带来了额外的上行压力,因为该国一半以上的消费需求可以通过国际市场得到满足。平均而言,2019—2021 年间,该国大约 1/3 的进口稻米源自美国,根据自由贸易协定,这些稻米已享受零关税,其余则主要来自南美洲。

(七十三)美国发布 2022 财年生蔗糖关税税率配额延长入境期

2022 年 9 月 9 日,美国农业部发布 2022 财年生蔗糖关税税率配额延长入境期,具体内容如下:根据 2022 财年世界贸易组织原糖 TRQ 进入美国的所有糖将被允许在 2022 年 12 月 31 日之前进入美国海关领土,比先前宣布的入境日期晚两个月。美国协调关税减让表第 17 章附加的美国照会 5(a)(iv)规定:"在本照会规定的配额期内进入美国的糖,经部长书面批准,可计入上一个或以后的配额期。"在确定美国市场需要额外供应原蔗糖后,正在采取这一行动。美国农业部将持续密切监测库存、消费、进口以及所有糖市场和计划变量。

(七十四)以色列取消食品进口关税

2022 年 9 月 22 日,《耶路撒冷邮报》报道,财政部长阿维格多·利伯曼签署了一项命令,取消对植物油、酱料、干果、糕点、果酱和零食的进口关税。与过去削减关税的做法类似,取消进口食品关税预计将降低消费者的价格,增加消费。此外,取消关税将增加进口到以色列的产品种类,因此以色列消费者将能够享有更广泛的选择。

(七十五)欧盟 2023 年 10 月开征碳关税

2022 年 12 月 13 日,欧洲理事会官网发布消息称,理事会和欧洲议会于当天达成一项临时协议,确定欧盟碳关税将于 2023 年 10 月起试运行。该法规将最先适用于水泥、钢铁、铝、化肥、电力和氢气等产品。欧盟碳关税提案于 2022 年 6 月获欧洲议会通过,原本碳关税定于 2023 年 1 月 1 日开始实施。经过欧盟内部长期讨论之后,此次有了实质性落地。初期碳关税只适用于报告义务,旨在收集数据。但随着政策逐步落地,后续欧盟公司进口产品时需要为其碳排放支付费用,价格挂钩欧盟碳排放交易体系(ETS)。ETS 是欧盟减排的主要政策工具,它要求排放污染物的发电厂和工业企业购买二氧化碳排放许可证,并对排放量设置上限。在欧盟碳关税过渡期结束之前,欧盟委员会将考虑把其他有碳泄漏风险的商品包括在内,包括有机化学品和聚合物,目标是到 2030 年将 ETS 涵盖的所有商品包括在内。碳关税也有豁免机制,和欧盟排放标准一致的国家将享有免税待遇。

(七十六)缅甸宣布启用 2022 年缅甸海关税则

2022 年 10 月 20 日,缅甸计划暨财政部部长办公室第 84/2022 号公告及海关局内部第 16/2022 号指令,宣布将自 2022 年 10 月 18 日起启用《2022 年缅甸海关税则》(2022 Customs Tariff of Myanmar)。缅甸海关税则为每 5 年更新一版,海关官网分别刊有《2007 年缅甸海关税则》(MFN Tariff 2007)、《2012 年缅甸海关税则》(MFN Tariff 2012)、《2017 年缅甸海关税则》(MFN Tariff 2017)以及最新版《2022 年缅甸海关税则》(MFN Tariff 2022)。另海关局于 2022 年 10 月 13 日公布 MACCS 小组第 018/2022 号通告说明,使用缅甸自动清关系统(MACCS)申请报关者,须自 2022 年 10 月 18 日起使用《2022 年缅甸海关税则》之税率申请报关。

(七十七)乌兹别克斯坦延长部分进口食品零关税优惠期限

为保障居民日常生活需求,遏制物价上涨,降低通胀影响,2022 年 11 月,乌兹别克斯坦总统米尔济约耶夫签署总统令,将肉类、鱼类、乳制品、水果和植物油等 22 类进口食品零关税优惠期限延长至 2023 年 7 月 1 日,同时对进口小麦面粉和黑麦面粉免征关税。

(七十八)俄罗斯对部分进口商品加征 35% 关税

今日俄罗斯网站报道,俄罗斯工业和贸易部 2022 年 12 月 9 日公布一项决定,俄政府将对来自"不友好国家"的部分进口商品加征 35% 的关税。这一政策将在公布之日起 5 天后生效,有效期至 2023 年 12 月 31 日。俄专家称,俄政府此举是对西方对俄制裁的回应,同时,俄将加大对从中国等友好国家进口相关商品。俄罗斯此次加征关税涉及 14 类商品,包括室内空气芳香产品、洗涤剂和清洁产品等。此外,35% 的关税政策也适用于进口自"不友好国家"的民用武器和弹药及零件（包括运动和狩猎枪支等）。俄工业和贸易部称，其所列出的产品在俄国内均有相应的替代产品。

第二节　2021—2022年境外出口关税政策变化

境外出口关税政策变化包括出口关税税率的上调、下调或者取消。无论是出口关税税率的上调、下调还是取消，都是出于调节国内贸易的目的。但相对于进口关税政策的变化，出口关税政策变化较小。2021—2022年，境外出口关税的调整变化如下。

（一）玻利维亚撤销贸易自由出口法令

2020年12月10日玻利维亚《责任报》报道，玻经财部部长马塞洛透露，玻部长内阁会议决定在近期废除玻"临时政府"颁布的第4139号和第4181号最高法令，因为这两项法令威胁到玻粮食安全，只是有利于大型进出口企业。"第4139号最高法令解除了出口限制，取消了国内供应和合理价格证书"，今后，玻生产商和贸易商必须重新提交一份官方许可的确保供应证书后才能出口，以确保向国内市场供应货物。他补充说："这一法令危及了玻主权和粮食安全，可能导致牛肉、鸡肉、小麦、大米和玉米等敏感产品价格上涨和短缺，从而造成价格压力。"第4181号最高法令规定了新的货物进口关税退税程序，也只是对大型进出口企业有利。

（二）俄罗斯政府对大豆出口征收关税

俄新社2021年1月4日报道，俄法律信息网当日公布了2020年12月31日米舒斯京总理签署的第2397号政府令，将于2月1日至6月30日期间，对向欧亚经济联盟以外国家出口俄产大豆征收30%且每吨不低于165欧元的关税。

俄经济发展和一体化立法委员会下设的关税－税费分委会于2020年12月批准了对大豆出口征收关税的提议。俄经济发展部表示，征收关税的原因是大豆的国际价格上涨、以保障俄本国大豆加工企业的原材料供应。

（三）俄罗斯对谷物出口征收弹性关税

俄消息网2021年2月9日报道，米舒斯京总理批准谷物关税计算办法：当小麦出口价格不高于200美元/吨，大麦和玉米出口价格不高于185美元/吨时，不予征收关税。当每种谷物出口价格超过上述范围时，关税为出口价格与国际基准价格差值的70%。俄农业部每周根据交易所登记的谷物出口合同价格计算出口关税。

俄政府表示，弹性关税制度有助于规避全球谷物价格上涨对国内市场的影响，企业也能制订长期计划。

（四）土库曼斯坦取消私营企业和公司的出口关税

土库曼斯坦商业网2021年5月15日报道，土总统别尔德穆哈梅多夫于14日签署命令,自 2022 年 1 月 1 日起将取消在土经营的私营企业和公司的出口关税(没有成为法人却从事创业活动的私营企业家和自然人的手提行李物品除外)。

此前,私营企业和公司的出口关税为货物海关价格的 2 个百分点。此外,私营企业和公司生产的商品和产品的出口以及从私营企业和公司购买的商品(原料)的出口可不经国家商品原料交易所交易。该法令旨在促进出口,随着该法令的实施,预计土出口量将有所增加。

(五)俄罗斯政府将大豆出口关税从 30% 下调至 20%

俄塔斯社 2021 年 5 月 28 日报道,俄政府新闻办称,俄政府批准自 2021 年 7 月 1 日至 2022 年 8 月 31 日期间将大豆出口关税从 30% 下调至 20%,且每吨不少于 100 美元。此举有利于促进出口,保持俄国内市场供需平衡。

(六)俄罗斯实行小麦、玉米、大麦浮动出口关税制

俄塔斯社 2021 年 6 月 2 日报道,俄政府取消小麦、玉米、大麦固定出口关税,正式实行浮动出口关税制(适用于对欧亚经济联盟外国家出口)。

俄总理米舒斯京已于 2021 年 2 月签署相关法令。根据法令,俄小麦出口关税起征点为莫斯科交易所 200 美元/吨的指导价,税率为该起征点与合同价差额的 70%。玉米、大麦出口关税起征点为 185 美元/吨。俄农业部每周将根据合同价格的变化,在该部官网更新上述商品出口关税税率。

(七)俄罗斯政府调整黑色金属废料出口关税

俄 PRIME 通讯社 2021 年 6 月 25 日报道,俄总理米舒斯京签署政府令,将俄黑色金属废料出口关税的最低税额由 45 欧元/吨上调至 70 欧元/吨,税率不变,仍为 5%。新的关税将于该政府令公布之日起 30 日后生效,有效期 6 个月。

(八)俄罗斯调整部分农产品出口关税

俄 PRIME 通讯社 2021 年 7 月 1 日报道,2021 年 7 月 1 日至 2022 年 8 月 31 日,俄对非欧亚经济联盟成员国大豆出口关税由此前的 30% 且每吨不低于 165 欧元降至 20% 且每吨不低于 100 美元,葵花子出口关税由 30% 且每吨不低于 165 欧元提至 50% 且每吨不低于 320 美元,此前葵花子和油菜子出口关税均为 30%,且每吨不低于 165 欧元。

(九)俄罗斯将上调石油出口关税

俄《生意人报》2021 年 7 月 15 日报道,8 月 1 日起,轻质油出口关税从 18.5 美元/吨上调至 20.3 美元/吨,重质汽油调至 67.8 美元/吨,普通汽油调至 20.3 美元/吨,直馏汽油调至 37.2 美元/吨。此外,还将对液化石油气征收 9 美元/吨的出口关税。

(十)加纳计划对矿产品征收 3% 的出口税

据加纳电子媒体加纳网 2021 年 11 月 10 日报道,加纳财政部长表示正在研究对

矿产品征收3%的出口税,并将在2022年度的财政预算报告中正式公布。

新冠疫情的影响让加纳的黄金产量在2020年下降了14%,为此政府在2020年5月对黄金征收3%的出口税,但小规模企业生产的黄金被大量走私到国外,让政府每年损失大量的财政收入,政府正在研究有关对策,以阻止相关情况的进一步发生。

(十一)阿根廷下调部分有机农产品出口税

阿根廷政府决定自2022年1月1日起,取消或下调已获相关机构生态和有机产品认证的小麦、大豆、花生和玉米等产品的出口税。

(十二)伊朗对四种蛋白质产品征收出口关税

伊朗《金融论坛报》2022年1月10日报道,伊朗农业部所属商务部门副主任阿斯卡扎德称,于2021年2月28日和2021年12月22日发布的关于奶粉、奶油、黄油和动物脂肪出口的所有指令都将被撤销,并对这4种蛋白质产品征收出口关税,以调节国内市场价格。

所征出口关税税费为:每千克奶粉10万里亚尔(36美分),每千克奶油6万里亚尔(21美分),每千克黄油15万里亚尔(54美分),每千克动物脂肪20万里亚尔(72美分)。

(十三)俄罗斯限制原木出口

央视新闻讯,当地时间2022年1月21日,欧盟提出在WTO框架下就俄罗斯限制原木出口与其展开磋商。欧盟方面称,自2022年1月起,俄罗斯违反承诺,大幅提高原木的出口关税至80%,而且把原木出口的边境口岸从原来的30处减到只留1处。这对严重依赖进口俄罗斯原木的欧盟木材加工业造成了严重伤害。

(十四)俄罗斯提高石油出口关税

据财联社2022年3月15日报道,俄罗斯将从4月1日起把石油出口关税提高到每吨61.2美元。

(十五)俄罗斯对黑色金属废料实行出口关税配额

据塔斯社报道,2022年6月1日至7月31日,俄罗斯政府对出口到欧亚经济联盟以外的黑色金属废料实行关税配额,以平抑国内市场价格,满足冶金企业原材料需求。出口量不超过54万吨时,关税为100欧元/吨,超过时为290欧元/吨。

(十六)俄罗斯提高石油出口关税

据俄罗斯PRIME通讯社近日报道,自2022年7月1日起,俄石油出口关税提高至55.2美元/吨,轻油油品关税上调至16.5美元/吨,深色油品关税上调至55.2美元/吨,商业汽油上调至16.5美元/吨,直馏生成油上调至30.3美元/吨。

(十七)印度尼西亚宣布取消棕榈油产品出口税至8月31日

2022年7月16日,央视新闻消息,当天印度尼西亚财政部官员表示,印度尼西亚已取消对所有棕榈油产品征收的出口税至8月31日,以再次尝试促进出口和缓解高库存。印度尼西亚是全球最大的棕榈油出口国,出口量占全球六成,2022年5月23日印度尼西亚政府取消了棕榈油的出口禁令。

(十八)俄罗斯政府增加葵花子油及油粕出口配额

俄新社2022年7月17日报道,俄政府决定将葵花子油出口配额增加40万吨(此前配额为150万吨),将油粕出口配额增加15万吨(此前配额为70万吨),有效期至8月31日(含)。

(十九)俄罗斯连续下调石油出口关税

据中国五矿化工进出口商会,俄罗斯财政部2022年7月15日发布消息称,从2022年8月1日起,俄石油出口关税每吨将下调2.2美元,降至53美元;液化天然气关税将从110.4美元降至102.2美元;焦炭关税将从每吨3.5美元降至3.4美元。

俄罗斯财政部发布公告称,自2022年9月1日起将俄罗斯的石油出口税下调1美元,降至每吨52美元。

据俄罗斯媒体2022年10月17日消息,11月起,俄罗斯将把本国石油出口关税下调,降至每吨42.7美元。这已经是2022年8月以来俄罗斯第三次下调石油出口税。值得注意的是,俄罗斯液化天然气自11月起的出口关税将从90.7美元增加到96.2美元。

(二十)俄罗斯小麦出口税将上调52.3%

财联社2022年10月14日电,俄罗斯农业部10月14日发表声明称,10月19日俄罗斯小麦的出口关税将从目前的每吨1 926.8卢布上涨52.3%,增至2 934.3卢布。大麦的新关税将上升52%,增至每吨2 479.9卢布,玉米的关税将下降22.6%,降至每吨2 410.1卢布。

(二十一)印度宣布征收"大米关税"

印度政府宣布,从2022年9月9日起对部分等级的大米出口征收20%的关税,主要针对未碾米、去壳糙米、半精米和全精米等品类。分析称,印度对这些品类的大米出口施加关税可能意味着全球"食品保护主义"的不断升级。印度在过去相当长一段时间都是大米出口最多的国家,占全球大米贸易的近35%。因此,印度对大米出口的限制可能会提升全球大米的价格,导致粮食通胀更为严重。在印度宣布大米关税之前,已经在今年早些时候宣布禁止小麦和食糖等产品出口。

(二十二)伊朗将开征西红柿和洋葱出口关税

迈赫尔通讯社2022年9月26日报道,伊朗农业部宣布,为控制西红柿和洋葱产品的价格波动,伊朗将对上述两种产品分别征收40 000里亚尔/千克和20 000里亚尔/千克的出口关税,实施时间分别为10月1日至次年1月15日和11月1日至次年2月底。

(二十三)印度下调铁品位58%以上铁矿石和精矿的出口税

印度财政部发布通知,取消对铁品位低于58%的粉矿、块矿、球团征收的出口关税;将除焙烧黄铁矿以外的铁品位58%以上的铁矿石和精矿的出口税从50%降至30%;取消对部分钢铁中间产品征收的15%的出口税,调整自印度时间2022年11月19日生效。

第三节 2021—2022年境外关税政策变化评述

2021—2022年,世界百年未有之大变局进入加速演变期,国际环境日趋错综复杂。一方面,新一轮科技革命和产业变革深入发展,国际力量对比深刻调整,人类命运共同体理念深入人心。另一方面,国际形势不确定性明显增加,新冠肺炎疫情大流行反复延宕,影响广泛深远,经济全球化遭遇逆流,民粹主义、排外主义抬头,单边主义、保护主义、霸权主义对世界发展与安全构成威胁,国际经济、科技、文化、安全、政治等格局发生深刻复杂变化。俄乌冲突、高通胀、气候变化以及新冠肺炎疫情延宕对全球经济造成严重冲击。关税政策作为维护国家经济权益的重要手段甚至作为国家间斗争的武器,两年来发生的调整变化值得密切关注。

一、各国调整应对新冠疫情的贸易支持和限制措施

随着各国对新冠疫情病毒的认识和应对逐步走上正轨,为减轻疫情带来的社会和经济负面影响,2021—2022年,各国对2020年推出的应对新冠疫情实施的各项贸易支持和限制措施进行了调整和修订。

2021年6月28日,WTO发布二十国集团(G20)第25期贸易监测报告,报告显示,在2020年10月中旬至2021年5月中旬监测期间,为应对新冠疫情,G20经济体在货物领域实施了140项贸易和与贸易有关的措施,其中101项(72%)属于贸易便利性质,39项(28%)属于贸易限制性质。减少或取消进口关税和进口税占所采取贸易便利化措施的60%,G20部分经济体降低了对个人防护用品、消毒剂、医疗设备和药品等各种商品的关税。在监测期内,三个G20经济体暂时取消COVID-19疫苗的进口关税,从而使G20成员中对该领域实施零税率最惠国关税的国家总数达到10个。

2022年7月7日和2022年10月28日,WTO发布G20第27期(监测期为2021年10月中旬至2022年5月中旬)、28期(2022年5月中旬至2022年10月中旬)贸易

监测报告。报告显示,G20经济体通过逐步废止与新冠肺炎疫情相关的贸易限制措施来支持经济复苏。2020年初新冠疫情暴发以来,G20经济体实施了201项与新冠疫情相关的货物贸易相关措施,大多数(61%)为贸易便利化措施,其余(39%)可被视为贸易限制措施。

截至2022年10月中旬,共有20项贸易便利措施和21项贸易限制措施被废止。出口限制措施占所有贸易限制措施的95%,77%的出口限制已经取消,还有17项出口限制措施仍在生效中(详见表3—1)。

表3—1 新冠肺炎疫情暴发以来G20经济体实施的疫情相关贸易措施数量

(截至2022年10月中旬)

单位:项

类别	贸易便利性	废止	贸易限制性	废止	总数
进口	88	49	1	0	89
出口	20	11	75	58	95
其他	14	4	3	1	17
总数	122	64	79	59	201

资料来源:WTO秘书处。

为抗击疫情而实施的封锁和其他政策导致基本和日常商品交货时间和运输成本急剧增加,港口拥堵在全球多国上演,进口成本飙升,部分国家采取调整进口货物完税价格计算方式降低进口费用。FBX全球集装箱运费指数(FBX Global Container Freight Index)是衡量全球主要航线的全球航运成本的一项指标,从疫情前每集装箱约1 300美元增至2021年9月峰值11 000美元,增长了8倍左右。新加坡港是世界上较大的集装箱港口之一,港口拥堵程度十分严峻,海运船在港口等待时间从原来2~3天,变成7~10天不等。部分国家海关调整海运进口物资的完税价格计算方式。如喀麦隆财政部长于2021年11月16日签发公告,为减轻喀进口商因国际海运价格大幅上涨带来的成本压力,喀海关调整海运进口物资的完税价格计算方式,在计算商品完税价格时将运费价格调低80%,以降低进口商品的应纳税费金额。该措施有效期至2022年2月底。

二、俄乌冲突引发全球各国关税政策调整

2022年2月24日,俄罗斯宣布对乌克兰采取特别军事行动,俄乌冲突爆发。虽然俄乌冲突是一场发生在欧洲地区的局部常规冲突,但它爆发的节点、地点和产生的巨大影响,却超出了局部和常规的范畴,引发全球经济、政治、军事、社会巨大震荡并将众多大国和主要力量牵涉其中。

(一)俄乌冲突后,关税政策成为俄罗斯与西方国家的战争工具

1. 俄乌冲突后,西方国家对俄罗斯实施一系列经济制裁,除采取一系列禁止俄罗斯产品进口政策外,还使用关税政策作为制裁工具。2022年3月17日,英国政府宣布对俄罗斯进口产品实施新一轮制裁,对价值9亿英镑(11.7亿美元)的俄罗斯商品额外增收35%的关税,产品清单覆盖海产品、船舶、铁钢、化肥、木材、轮胎、铁路集装箱、水泥、铜、铝、银、铅、铁矿石、酒精饮料、玻璃器皿、谷物、油料种子和纸类等。2022年4月,拜登政府和议会通过法律,取消俄罗斯基于WTO规则的"最惠国待遇"。美国总统拜登2022年6月27日宣布,对俄罗斯特定进口产品的关税提高到35%。G7决定将对俄罗斯产品征收高关税获得的收入用于支援乌克兰。

2. 为应对西方多国制裁,2022年3月29日,俄罗斯政府对外正式宣布平行进口合法化,任何公司可以在不经过厂家授权情况下,越过经销商,直接向俄罗斯公司供货。面对西方国家多轮经济制裁以及供应链中断威胁,俄罗斯调整关税政策来应对制裁带来的物资紧缺,对1 000种商品实施零关税,包括对各种电子设备、智能手机、平板电脑、笔记本电脑以及高科技、IT领域相关设备实施零关税。

由于俄罗斯是粮食和能源出口大国,为了反制西方国家制裁,根据战争局势和国际市场大宗商品价格变动,俄罗斯频繁调整粮食和能源出口关税。在西方国家采取制裁,挫伤贸易商对俄罗斯粮食采购积极性情况下,为了利好出口,俄罗斯农业部2022年5月6日将5月13日至5月17日的小麦可变出口税定为每吨114.30美元,比5月6日至5月12日下降了5.80美元,这是自3月16日以来首次下调出口税。针对美国将俄罗斯剔除出金融结算体系,俄罗斯政府批准不再以美元结算谷物、葵花子油和油籽粕的出口关税,而以卢布来结算。俄罗斯政府在计算相应农产品出口关税时,使用之前5个工作日里俄罗斯央行公布的美元与卢布平均汇率。2022年10月14日俄罗斯农业部发表声明称,10月19日俄罗斯小麦的出口关税将从目前的每吨1 926.8卢布上涨52.3%,增至2 934.3卢布。大麦新关税将上升52%,增至每吨2 479.9卢布。另外,2022年4月、7月俄罗斯上调石油出口关税,8、9、11月下调石油出口关税。

(二)俄乌冲突加剧全球粮食和能源危机,加重全球通货膨胀,各国采取关税政策减缓通胀影响

近年来,气候变化、新冠肺炎疫情、能源成本上升和通货膨胀等负面因素导致全球农业产量下降。由于亚洲、非洲和拉丁美洲多个国家异常干旱或国内市场农产品价格上涨,相关国家在2022年2月24日前实施限制基本农产品出口措施,对各种农产品实行临时出口禁令。随着时间推移,出口限制的性质变得更加多样化。从出口禁令到提高出口许可证要求、实施农产品出口配额或征收出口关税。

俄罗斯和乌克兰是全球重要农产品生产和出口大国，俄罗斯也是全球化肥出口大国。俄乌两国小麦产量约占全球的14%，出口量约占全球的29%。俄乌局势持续紧张导致全球粮食、饲料、化肥供应紧张，价格猛涨。WTO对2022年5月至10月G20经济体的监测显示，在监测期内，G20经济体共推出51项进口便利措施（占所有贸易便利措施77%），其中14项与食品、饲料和化肥有关。降低进口关税、增加进口配额和引入免关税配额、免征增值税、取消进口许可要求是贸易便利措施的主要特点。在出口便利方面，G20经济体推出15项措施（占所有贸易便利措施的23%），主要是降低出口关税和取消数量限制。其中5项与食物、饲料和化肥有关。监测期内，G20经济体共记录47项新的贸易限制措施，占记录措施总数的24%。在进口限制方面，记录了25项措施（占所有限制措施的53%），其中8项针对食品、饲料和化肥。大多数进口限制措施是提高进口关税和实施更严格的进口程序。在出口限制方面，22项出口限制（占所有限制措施的47%）被取消。其中大多数是数量限制，其次是增加出口税。其中，对食品、饲料和化肥实行了16项出口限制措施。

如印度政府宣布，从2022年9月9日起对部分等级的大米出口征收20%关税。出于对通胀加剧的担忧，巴西政府2022年3月份将乙醇、咖啡、人造黄油、奶酪、意大利面、糖和豆油7类商品的进口税降为零。2022年5月份取消11类产品的进口税，主要包括基本食品和建筑用钢铁材料。此外，TEC也下调10%。

三、英国"脱欧"后制定独立的对外贸易和关税政策

2020年1月31日，英国正式"脱欧"。2021年1月1日，英国"脱欧"过渡期结束，欧盟贸易协议不再适用于英国，英国开始制定独立的对外贸易和关税政策。为了保证贸易连续性，英国加快与各国谈判，签订多项自由贸易协议，确保原来与各国的贸易往来不受"脱欧"影响。

过渡期结束前，英国与欧盟已达成新的贸易协议。自2021年1月1日起，英国和欧盟之间不再对商品征收关税或限制配额，避免因成本提升导致物价上涨。但和"脱欧"前不同的是，由于英国不再需要遵守欧盟关于产品标准的规定，欧盟对从英国进口的商品新增了安全检查和海关申报。例如，香肠、汉堡等未煮熟的肉类，须冷冻到 $-18°C$，否则不能进入欧盟。英国"脱欧"后与各国签订的新协议往往仍以欧盟协议为基础。目前，英国已与欧盟及包括加拿大、澳大利亚、新西兰、日本在内的70个欧盟以外国家签订贸易协议，与其中大多数国家均沿用英国作为欧盟成员国时的条款。

作为近50年来首次发布的独立关税制度，英国全球关税制度（UKGT）体现了英国政府倡导自由贸易、降低及消除贸易壁垒、反对贸易保护主义的贸易政策。在英国

新关税制度下,60%的进口商品(大约4 250亿英镑)根据WTO规则和现有优惠政策免税进入英国,此前这一比例只有47%;平均关税税率从7.2%降至5.7%。英国政府希望与主要贸易伙伴展开贸易谈判,通过达成自由贸易协定方式将免税进口比例提升至80%。

英国全球关税制度特点如下:一是简化关税。英国政府取消所有税率低于2%的关税,将税率高于2%的关税向下取整到最接近的标准关税区间,并逐步简化农产品复杂的清关措施。这一举措免除了约500类产品的关税,既使英国消费者和中小企业受益,也减轻了政府因收取小额税金而承担的行政负担。二是关税放开。为了在"脱欧"后更好地服务于英国经济,英国政府决定放开关键原材料、英国很少生产或不生产的产品和绿色产品的关税,以期降低英国制造商的成本,提高生产效率和出口竞争力。为此新关税制度取消了近2 000种产品的关税,降低生产商和消费者的进口成本。三是关税维持不变。由于取消关税可能使英国企业面临来自世界其他地区的更多竞争,因此为了支持企业的发展,英国对部分原材料类产品、关键行业部门的产品保留了关税,包括农产品、陶瓷产品、汽车等。同时,对主要从发展中国家优惠进口(如普惠制)的产品,UKGT也保留了相应产品的关税。虽然放开这些产品的关税可能使英国企业和消费者受益,但也可能降低发展中国家出口商的优惠幅度,从而对那些发展中经济体造成重大负面影响。另外,出于维护公平贸易环境和保护英国国内幼稚产业的目的,英国将暂时保留适用贸易救济措施的产品的关税。英国国际贸易部对相关贸易救济措施将进行过渡期复审,决定其存废;产品对应的关税可能根据复审结果进行调整。

四、欧盟推出碳关税

2021年3月10日,欧洲议会以144票支持、70票反对和181票弃权通过了建立"碳边境调节机制"(Carbon Border Adjustment Mechanism,CBAM,即"碳关税")的决议,2023年至2025年将作为试点阶段开始执行。2022年6月22日,欧洲议会以450票赞成、115票反对和55票弃权通过了关于建立碳边境调节机制(CBAM)草案修正案,迈出了立法程序的重要一步。2022年12月13日,欧洲理事会官网发布消息称,理事会和欧洲议会于当天达成一项临时协议,确定欧盟碳关税将于2023年10月起试运行。该法规将最先适用于水泥、钢铁、铝、化肥、电力和氢气等产品。作为全球第一个针对产品碳含量而采取的贸易措施,欧盟碳关税受到各方广泛关注。

碳关税是指主权国家或地区对高耗能产品进口征收的二氧化碳排放特别税。通常来说,推行碳关税的核心理由是,碳市场严格气候规制造成境内产品国际竞争力下降,生产活动及相应碳排放转移到其他国家而造成碳泄漏,因而需要通过碳关税来应对。欧盟对碳边境调整机制的积极态度引发全球对其贸易保护主义的质疑。尽管欧盟碳关税具体方案还未出台,但一旦落地,将对发展中国家和国际贸易带来巨大挑战。较高的碳关税将削弱发展中国家企业在欧洲市场的竞争力,可能给发展中国家产品出口欧盟带来新的"绿色壁垒",削弱发展中国家和地区的竞争力,迫使发展中国家对欧贸易政策发生改变,造成地缘政治紧张形势,甚至引发贸易争端。中国作为国际贸易中重要的制造业出口国必将首当其冲。

据欧盟统计局发布数据显示,从2020年开始,中国已连续两年成为欧盟最大贸易伙伴。我国主要对欧盟出口机电产品、半成品、纺织品、衣服、家具、玩具等。欧盟在电子产品、化工品、矿物/金属、药物/医疗产品、印刷电路板等行业的103个类别对中国产品具有"严重的战略性依赖"。这一机制最可能首先冲击钢铁、电解铝、水泥、塑料等能源密集型行业,这些行业多有中欧之间的大宗进出口交易。以钢铁、造船行业为例,一旦CBAM正式推行,以欧洲碳价与我国碳价的差值为计算方式征收碳关税,中国将由此遭受每年数十亿欧元的"碳关税"。中国输欧商品大多处于产业链中低端,能耗高、附加值低,容易成为"碳关税"的惩罚目标,可能带来中欧贸易格局的变化。

从全球应对气候变化的大趋势看,以"碳关税"为特征的新国际贸易格局将是不可避免的,无论是被动转变还是主动调整,都意味着中国需要调整产业结构和贸易策略,做好以下应对准备:

1. 推动国际气候治理机制改革,维护"共同但有区别责任"原则。反对以气候之名的贸易保护措施,维护发展中国家理应获得的气候正义,处于发展阶段的国家因其经济水平较低且历史累计排放较低,应得到更多排放权,即在评估商品碳关税时根据发展水平应该享有折扣。反对发达经济体与发展中经济体碳价一视同仁的企图。碳价对比不仅应该参考各国发展水平,而且应该考虑人均碳排放指标,新增造绿、潜在排放量与实际排放量之差等非货币化的减排努力等因素。

2. 加快构建和完善监测、报告、核查体系。支持外贸企业做好数据核算准备,剥离来料加工、转口贸易等本不属于我国排放而成品由我国生产的产品造成的碳排放,为我国国内统一碳市场的碳价界定夯实数据基础。

3. 完善我国碳排放交易体系和碳税机制。提升高排放产业的碳排放成本,从而对欧盟碳关税进行有效规避,将欧盟从碳关税中可能得到的收入纳入本国的财政收入中,并实施本国碳边境管理机制,避免发生由我国向其他发展中国家的碳泄漏,以支持我国绿色发展。

(本章执笔:上海海关学院张翅博士、拱北海关李宇)

第四章

进口环节代征税和出口退税政策的变化

第一节 2021—2022年进口环节代征税政策的变化

一、进口环节代征税概况

海关进口代征税包括进口环节增值税和进口环节消费税。《中华人民共和国增值税暂行条例》(国务院令2017年691号)规定,进口货物的单位和个人,为增值税的纳税人。进口货物的增值税由海关代征。《中华人民共和国消费税暂行条例》(国务院令2008年539号)规定,进口该条例规定的消费品的单位和个人,为消费税的纳税人,应当依照条例缴纳消费税。《海关法》第六十五条规定,进口环节海关代征税的征收管理,适用关税征收管理的规定。由此可见,进口环节代征税是指进口环节增值税和进口环节消费税。

海关进口环节代征税在我国税收构成中占有重要比例。以2021年为例,海关进口环节代征税占全国税收收入的比重以及海关税收中进口环节代征税与关税的比重分别见表4—1和图4—1。

表4—1 2021年我国税收收入及结构[①]

税种	收入(亿元)	占比
国内增值税	63 519	36.77%

[①] 数据来源:中华人民共和国政府,2021年财政收支情况,http://www.gov.cn/shuju/2022-01-29/content_5671104.htm.

续表

税种	收入（亿元）	占比
国内消费税	13 881	8.04%
企业所得税	42 041	24.34%
个人所得税	13 993	8.10%
进口代征税	17 316	10.02%
关税	2 806	1.62%
出口退税	−18 158	−10.51%
城市维护建设	5 217	3.02%
车辆购置税	3 520	2.04%
印花税	4 076	2.36%
资源税	2 288	1.32%
契税	7 428	4.30%
土地增值税	6 896	3.99%
房产税	3 278	1.90%
耕地占用税	1 065	0.62%
城镇土地使用税	2 126	1.23%
环境保护税	203	0.12%
其他	1 236	0.72%
合计	172 731	100.00%

如图4—1所示，海关进口环节代征税在我国税收收入中占较大比重，2021年关税和进口环节代征税占我国全年税收收入的11.64%，而在海关税收中，进口环节代征税占的比重达到了86%，因此进口环节代征税对于组织财政收入具有重要作用和意义。

二、进口环节代征税的税基与税率

我国的增值税与消费税的设立始于1994年的分税制改革。进口环节的增值税、消费税并不是独立税种，只是征收环节位于"进口"，因此进口环节代征税的税率与国内征收环节的税率是没有差异的。但进口环节增值税、消费税的税基计算有其特定的计算方法，具体见表4—2。

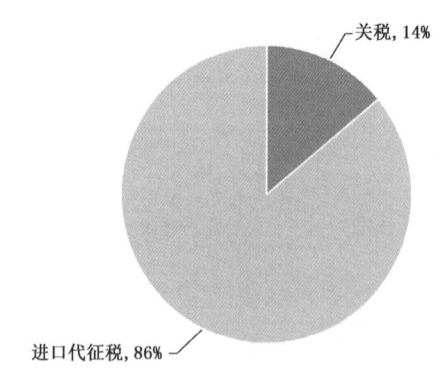

图 4—1　2021 年关税与进口代征税占海关税收的比重①

表 4—2　　　　　　　　进口环节增值税、消费税的计算方法②

征税方式	进口环节增值税	进口消费税
从价计征	$\dfrac{\text{关税完税价格}+\text{进口关税}}{1-\text{消费税税率}}\times\text{增值税税率}$	$\dfrac{\text{关税完税价格}+\text{进口关税}}{1-\text{消费税税率}}\times\text{消费税税率}$
从量计征	无	进口数量×定额税率
复合计征	$\dfrac{\text{关税完税价格}+\text{进口关税}+\text{定额消费税}}{1-\text{消费税税率}}$ ×增值税税率	$\dfrac{\text{关税完税价格}+\text{进口关税}+\text{定额消费税}}{1-\text{消费税税率}}\times$ 消费税税率+进口数量×定额税率

三、2021—2022 年进口环节增值税、进口消费税政策变化

（一）进口环节代征税基本税率的变化

2019 年 4 月 1 日起，我国增值税一般纳税人（以下称"纳税人"）发生增值税应税销售行为或者进口货物，原适用 16％税率的，税率调整为 13％；原适用 10％税率的，税率调整为 9％。③ 2021—2022 年进口代征税增值税税率沿用这一政策不变，并没有发生太大的变化。消费税税率也是保持了税率不变。

但这段时期内，消费税发生了一个重要的变化。为完善消费税制度，维护税制公平统一，更好发挥消费税引导健康消费的作用，我国自 2022 年 11 月 1 日起开始对电子烟征收消费税，具体政策包括如下。④

---

① 资料来源：中华人民共和国政府，2021 年财政收支情况，http://www.gov.cn/shuju/2022-01/29/content_5671104.htm。
② 根据《中华人民共和国增值税暂行条例》《中华人民共和国消费税暂行条例》整理。
③ 《财政部、税务总局、海关总署关于深化增值税改革有关政策的公告》（财政部、税务总局、海关总署公告 2019 年第 39 号）。
④ 本小节参考的法律文件包括：财政部 海关总署 税务总局公告 2022 年第 33 号。

(1)将电子烟纳入消费税征收范围,在烟税目下增设电子烟子目。

(2)颁布了电子烟进出口税则号列及商品名称。

(3)在中华人民共和国境内生产(进口)、批发电子烟的单位和个人为消费税纳税人。

电子烟生产环节纳税人,是指取得烟草专卖生产企业许可证,并取得或经许可使用他人电子烟产品注册商标(以下称"持有商标")的企业。通过代加工方式生产电子烟的,由持有商标的企业缴纳消费税。电子烟批发环节纳税人,是指取得烟草专卖批发企业许可证并经营电子烟批发业务的企业。电子烟进口环节纳税人,是指进口电子烟的单位和个人。

(4)电子烟实行从价定率的办法计算纳税。生产(进口)环节的税率为36%,批发环节的税率为11%。

(5)纳税人生产、批发电子烟的,按照生产、批发电子烟的销售额计算纳税。

电子烟生产环节纳税人采用代销方式销售电子烟的,按照经销商(代理商)销售给电子烟批发企业的销售额计算纳税。纳税人进口电子烟的,按照组成计税价格计算纳税。电子烟生产环节纳税人从事电子烟代加工业务的,应当分开核算持有商标电子烟的销售额和代加工电子烟的销售额;未分开核算的,一并缴纳消费税。

(6)纳税人出口电子烟,适用出口退(免)税政策。

(7)将电子烟增列至边民互市进口商品不予免税清单并照章征税。

这一政策的变化,使得电子烟进口环节开始征收消费税,税负水平加重。

(二)进口环节代征税的优惠政策变化

1."十四五"期间能源资源勘探开发利用进口商品税收优惠政策[①]

为完善能源产供储销体系,加强国内油气勘探开发,支持天然气进口利用,自2021年1月1日至2025年12月31日期间有关能源资源的进口税收政策如下。

(1)对在我国陆上特定地区进行石油(天然气)勘探开发作业的自营项目,进口国内不能生产或性能不能满足需求的,并直接用于勘探开发作业的设备(包括按照合同随设备进口的技术资料)、仪器、零附件、专用工具,免征进口关税;在经国家批准的陆上石油(天然气)中标区块(对外谈判的合作区块视为中标区块)内进行石油(天然气)勘探开发作业的中外合作项目,进口国内不能生产或性能不能满足需求的,并直接用于勘探开发作业的设备(包括按照合同随设备进口的技术资料)、仪器、零附件、专用工具,免征进口关税和进口环节增值税。

---

① 本小节参考的法律文件包括工信部联重装〔2021〕157号、财关税〔2021〕17号、财关税〔2021〕18号。

(2)对在我国海洋(指我国内海、领海、大陆架以及其他海洋资源管辖海域,包括浅海滩涂)进行石油(天然气)勘探开发作业的项目(包括1994年12月31日之前批准的对外合作"老项目"),以及海上油气管道应急救援项目,进口国内不能生产或性能不能满足需求的,并直接用于勘探开发作业或应急救援的设备(包括按照合同随设备进口的技术资料)、仪器、零附件、专用工具,免征进口关税和进口环节增值税。

(3)对在我国境内进行煤层气勘探开发作业的项目,进口国内不能生产或性能不能满足需求的,并直接用于勘探开发作业的设备(包括按照合同随设备进口的技术资料)、仪器、零附件、专用工具,免征进口关税和进口环节增值税。

(4)对经国家发展改革委核(批)准建设的跨境天然气管道和进口液化天然气接收储运装置项目,以及经省级政府核准的进口液化天然气接收储运装置扩建项目进口的天然气(包括管道天然气和液化天然气),按一定比例返还进口环节增值税。具体返还比例如下:

①属于2014年底前签订且经国家发展改革委确定的长贸气合同项下的进口天然气,进口环节增值税按70%的比例予以返还。

②对其他天然气,在进口价格高于参考基准值的情况下,进口环节增值税按该项目进口价格和参考基准值的倒挂比例予以返还。倒挂比例的计算公式为:倒挂比例=(进口价格－参考基准值)÷进口价格×100%,相关计算以一个季度为一周期。

在此背景下,工业和信息化部、财政部、海关总署、国家税务总局、国家能源局在2021年10月印发了《能源资源勘探开发利用免税进口商品清单(2021年版)》,这批清单共涉及22个税目的商品。

2."十四五期间"进口科学研究、科技开发和教学用品税收优惠政策[①]

为深入实施科教兴国战略、创新驱动发展战略,支持科技创新,自2021年1月1日至2025年12月31日起,进口税收优惠政策如下:

(1)对科学研究机构、技术开发机构、学校、党校(行政学院)、图书馆进口国内不能生产或性能不能满足需求的科学研究、科技开发和教学用品,免征进口关税和进口环节增值税、消费税。

(2)对出版物进口单位为科研院所、学校、党校(行政学院)、图书馆进口用于科研、教学的图书、资料等,免征进口环节增值税。

在此背景下,财政部、海关总署、税务总局在2021年10月出台了《进口科学研究、科技开发和教学用品免税清单(第一批)》;科技部等五部门在2022年3月出台了《免

---

① 本小节参考的法律文件包括:财关税〔2021〕23号、财关税〔2021〕44号、国科发才〔2022〕26号。

税进口科普用品清单(第一批)》。

3. 中国国际服务贸易交易会展期内销售的进口展品税收优惠政策[①]

为支持办好中国国际服务贸易交易会,经国务院批准制定了如下税收政策:

(1)对服贸会每个展商在展期内销售的进口展品,按附件规定的数量或金额上限,免征进口关税、进口环节增值税和消费税。附件所列1~5类展品,每个展商享受税收优惠的销售数量不超过列表规定;其他展品,每个展商享受税收优惠的销售金额不超过2万美元。

(2)享受税收优惠的展品不包括烟、酒、汽车、列入《进口不予免税的重大技术装备和产品目录》的商品、濒危动植物及其产品,以及国家禁止进口商品。

(3)对展期内销售的超出附件规定数量或金额上限的展品,以及展期内未销售且在展期结束后又不退运出境的展品,按照国家有关规定照章征税。

4. 调整重大技术装备进口税收政策有关目录[②]

(1)《国家支持发展的重大技术装备和产品目录(2021年版)》《重大技术装备和产品进口关键零部件、原材料商品目录(2021年版)》和《进口不予免税的重大技术装备和产品目录(2021年版)》自2022年1月1日起执行。

(2)对2021年12月31日前(含12月31日)批准的按照或比照《国务院关于调整进口设备税收政策的通知》(国发〔1997〕37号)规定享受进口税收优惠政策的项目和企业,在2022年6月30日前(含6月30日)进口设备,继续按照《财政部 工业和信息化部 海关总署 税务总局 能源局关于调整重大技术装备进口税收政策有关目录的通知》(财关税〔2019〕38号)和《财政部 国家发展改革委 海关总署 国家税务总局关于调整〈国内投资项目不予免税的进口商品目录〉的公告》(2012年第83号)执行。

(3)对2021年12月31日前(含12月31日),举办的中国国际进口博览会、中国国际服务贸易交易会以及中西部地区国际性展会展期内销售的进口展品税收优惠政策项下的国际性展会,展期内销售的进口展品继续按照财关税〔2019〕38号文执行;2022年1月1日以后举办的,按新规定执行。

此外还同时颁布了国家支持发展的重大技术装备和产品目录(2021年版)、重大技术装备和产品进口关键零部件、原材料商品目录(2021年版)、进口不予免税的重大技术装备和产品目录(2021年版)3个目录。

5. 中国国际消费品博览会展期内销售的进口展品税收优惠政策[③]

[①] 本小节参考的法律文件包括:财关税〔2021〕42号。
[②] 本小节参考的法律文件包括:工信部联重装〔2021〕198号。
[③] 本小节参考的法律文件包括:财关税〔2021〕32号。

为贯彻落实《海南自由贸易港建设总体方案》,经国务院同意制定了中国国际消费品博览会(以下称"消博会")展期内销售的进口展品税收政策,包括:

(1)全岛封关运作前,对消博会展期内销售的规定上限以内的进口展品免征进口关税、进口环节增值税和消费税。每个展商享受税收优惠政策的展品销售上限按附件规定执行。享受税收优惠政策的展品不包括国家禁止进口商品、濒危动植物及其产品、烟、酒和汽车。

(2)对展期内销售的超出附件规定数量或金额上限的展品,以及展期内未销售且在展期结束后又不退运出境的展品,按照国家有关规定照章征税。

6. 对部分成品油征收进口环节消费税①

为维护公平税收秩序,自2021年6月12日起,对部分成品油征收进口环节消费税:

(1)对归入税则号列27075000,且200℃以下时蒸馏出的芳烃以体积计小于95%的进口产品,视同石脑油按1.52元/升的单位税额征收进口环节消费税。

(2)对归入税则号列27079990、27101299的进口产品,视同石脑油按1.52元/升的单位税额征收进口环节消费税。

(3)对归入税则号列27150000,且440℃以下时蒸馏出的矿物油以体积计大于5%的进口产品,视同燃料油按1.2元/升的单位税额征收进口环节消费税。

7. 进口种源税收优惠②

为提高农业质量效益和竞争力,支持引进和推广良种,有关进口税收政策如下:

(1)自2021年1月1日至2025年12月31日,对符合《进口种子种源免征增值税商品清单》的进口种子种源免征进口环节增值税。

(2)《进口种子种源免征增值税商品清单》由农业农村部会同财政部、海关总署、税务总局、林草局另行制定印发,并根据农林业发展情况动态调整。

(3)第一批印发的《进口种子种源免征增值税商品清单》自2021年1月1日起实施,至该清单印发之日后30日内已征应免税款,准予退还。申请退税的进口单位,应当事先取得主管税务机关出具的《"十四五"期间种子种源进口税收政策项下进口商品已征进口环节增值税未抵扣情况表》,向海关申请办理退还已征进口环节增值税手续。

8. "十四五"期间种用野生动植物种源和军警用工作犬进口税收优惠政策③

为加强物种资源保护,支持军警用工作犬进口利用,有关进口税收政策及管理措

---

① 本小节参考的法律文件包括:财政部、海关总署、税务总局公告〔2021〕19号。
② 本小节参考的法律文件包括:财关税〔2021〕29号。
③ 本小节参考的法律文件包括:财关税〔2021〕28号。

施如下：

(1)自2021年1月1日至2025年12月31日,对具备研究和培育繁殖条件的动植物科研院所、动物园、植物园、专业动植物保护单位、养殖场、种植园进口的用于科研、育种、繁殖的野生动植物种源,以及军队、公安、安全部门(含缉私警察)进口的军警用工作犬、工作犬精液及胚胎,免征进口环节增值税。

(2)《进口种用野生动植物种源免税商品清单》由林草局会同财政部、海关总署、税务总局另行制定印发,并适时动态调整。

9. "十四五"期间中西部地区国际性展会展期内销售的进口展品税收优惠政策[①]

"十四五"期间中西部地区国际性展会展期内销售的进口展品税收优惠政策如下：

(1)对中国-东盟博览会(以下称"东盟博览会")、中国-东北亚博览会(以下称"东北亚博览会")、中国-俄罗斯博览会(以下称"中俄博览会")、中国-阿拉伯国家博览会(以下称"中阿博览会")、中国-南亚博览会暨中国昆明进出口商品交易会(以下称"南亚博览会")、中国(青海)藏毯国际展览会(以下称"藏毯展览会")、中国-亚欧博览会(以下称"亚欧博览会")、中国-蒙古国博览会(以下称"中蒙博览会")、中国-非洲经贸博览会(以下称"中非博览会"),在展期内销售的免税额度内的进口展品免征进口关税和进口环节增值税、消费税。享受税收优惠的展品不包括国家禁止进口商品、濒危动植物及其产品、烟、酒、汽车以及列入《进口不予免税的重大技术装备和产品目录》的商品。

(2)享受税收优惠政策的展品清单类别范围和销售额度等规定见文件附件1(《中西部地区国际性展会享受税收优惠政策的展品清单(一)》)和附件2(《中西部地区国际性展会享受税收优惠政策的展品清单(二)》)。其中,附件1适用于东盟博览会,附件2适用于东北亚博览会、中俄博览会、中阿博览会、南亚博览会、藏毯展览会、亚欧博览会、中蒙博览会和中非博览会。

(3)对展期内销售的超出享受税收优惠政策的展品清单类别范围或销售额度的展品,以及展期内未销售且在展期结束后又不退运出境的展品,按照国家有关规定照章征税。

10. 支持新型显示产业发展的进口税收政策[②]

为加快壮大新一代信息技术,支持新型显示产业发展,有关进口税收政策如下：

(1)自2021年1月1日至2030年12月31日,对新型显示器件(即薄膜晶体管液晶显示器件、有源矩阵有机发光二极管显示器件、Micro-LED显示器件)生产企业进

---

① 本小节参考的法律文件包括:财关税〔2021〕21号。
② 本小节参考的法律文件包括:财关税〔2021〕19号。

口国内不能生产或性能不能满足需求的自用生产性(含研发用)原材料、消耗品和净化室配套系统、生产设备(包括进口设备和国产设备)零配件,对新型显示产业的关键原材料、零配件(即靶材、光刻胶、掩模版、偏光片、彩色滤光膜)生产企业进口国内不能生产或性能不能满足需求的自用生产性原材料、消耗品,免征进口关税。

根据国内产业发展、技术进步等情况,财政部、海关总署、税务总局将会同国家发展改革委、工业和信息化部对上述关键原材料、零配件类型适时调整。

(2)承建新型显示器件重大项目的企业自2021年1月1日至2030年12月31日期间进口新设备,除《国内投资项目不予免税的进口商品目录》《外商投资项目不予免税的进口商品目录》和《进口不予免税的重大技术装备和产品目录》所列商品外,对未缴纳的税款提供海关认可的税款担保,准予在首台设备进口之后的6年(连续72个月)期限内分期缴纳进口环节增值税,6年内每年(连续12个月)依次缴纳进口环节增值税总额的0%、20%、20%、20%、20%、20%,自首台设备进口之日起已经缴纳的税款不予退还。在分期纳税期间,海关对准予分期缴纳的税款不予征收滞纳金。

(3)第一条中所述国内不能生产或性能不能满足需求的免税进口商品清单,由工业和信息化部会同国家发展改革委、财政部、海关总署、税务总局另行制定印发,并动态调整。

11. 抗艾滋病病毒药物进口税收优惠政策[①]

为坚持基本医疗卫生事业公益属性,支持艾滋病防治工作,自2021年1月1日至2030年12月31日,对卫生健康委委托进口的抗艾滋病病毒药物,免征进口关税和进口环节增值税。享受免税政策的抗艾滋病病毒药物名录及委托进口单位由卫生健康委确定,并送财政部、海关总署、税务总局。

12. 支持集成电路产业和软件产业发展的进口税收政策[②]

(1)对下列情形,免征进口关税:

①集成电路线宽小于65纳米(含)的逻辑电路、存储器生产企业,以及线宽小于0.25微米的特色工艺(即模拟、数模混合、高压、射频、功率、光电集成、图像传感、微机电系统、绝缘体上硅工艺)集成电路生产企业,进口国内不能生产或性能不能满足需求的自用生产性(含研发用)原材料、消耗品,净化室专用建筑材料、配套系统和集成电路生产设备(包括进口设备和国产设备)零配件。

②集成电路线宽小于0.5微米的化合物集成电路生产企业和先进封装测试企业,进口国内不能生产或性能不能满足需求的自用生产性原材料、消耗品。

---

① 本小节参考的法律文件包括:财关税〔2021〕13号。
② 本小节参考的法律文件包括:财关税〔2021〕4号。

③集成电路产业的关键原材料、零配件(即靶材、光刻胶、掩模版、封装载板、抛光垫、抛光液、8英寸及以上硅单晶、8英寸及以上硅片)生产企业,进口国内不能生产或性能不能满足需求的自用生产性原材料、消耗品。

④集成电路用光刻胶、掩模版、8英寸及以上硅片生产企业,进口国内不能生产或性能不能满足需求的净化室专用建筑材料、配套系统和生产设备(包括进口设备和国产设备)零配件。

⑤国家鼓励的重点集成电路设计企业和软件企业,以及符合本条第①、②项条件的企业(集成电路生产企业和先进封装测试企业)进口自用设备,及按照合同随设备进口的技术(含软件)及配套件、备件,但《国内投资项目不予免税的进口商品目录》《外商投资项目不予免税的进口商品目录》和《进口不予免税的重大技术装备和产品目录》所列商品除外。上述进口商品不占用投资总额,相关项目不需出具项目确认书。

(2)根据国内产业发展、技术进步等情况,财政部、海关总署、税务总局将会同国家发展改革委、工业和信息化部对特色工艺类型和关键原材料、零配件类型适时调整。

(3)承建集成电路重大项目的企业自2020年7月27日至2030年12月31日期间进口新设备,除《国内投资项目不予免税的进口商品目录》《外商投资项目不予免税的进口商品目录》和《进口不予免税的重大技术装备和产品目录》所列商品外,对未缴纳的税款提供海关认可的税款担保,准予在首台设备进口之后的6年(连续72个月)期限内分期缴纳进口环节增值税,6年内每年(连续12个月)依次缴纳进口环节增值税总额的0%、20%、20%、20%、20%、20%,自首台设备进口之日起已经缴纳的税款不予退还。在分期纳税期间,海关对准予分期缴纳的税款不予征收滞纳金。

(4)支持集成电路产业和软件产业发展进口税收政策管理办法由财政部、海关总署、税务总局会同国家发展改革委、工业和信息化部另行制定印发。

(5)上述规定自2020年7月27日至2030年12月31日实施。自2020年7月27日,至第一批免税进口企业清单印发之日后30日内,已征的应免关税税款准予退还。

(6)自2021年4月1日起,《财政部关于部分集成电路生产企业进口自用生产性原材料消耗品税收政策的通知》(财税〔2002〕136号)、《财政部关于部分集成电路生产企业进口净化室专用建筑材料等物资税收政策问题的通知》(财税〔2002〕152号)、《财政部 海关总署 国家税务总局信息产业部关于线宽小于0.8微米(含)集成电路企业进口自用生产性原材料消耗品享受税收优惠政策的通知》(财关税〔2004〕45号)、《财政部 发展改革委 工业和信息化部 海关总署 国家税务总局关于调整集成电路生产企业进口自用生产性原材料消耗品免税商品清单的通知》(财关税〔2015〕46号)废止。

自2020年7月27日至2021年3月31日,既可享受上述4个文件相关政策,又可享受第(1)条第①、②项相关政策的免税进口企业,对同一张报关单,自主选择适用上述4个文件相关政策或相关政策,不得累计享受税收优惠。

第二节　2021—2022年出口退税政策的变化

出口退税政策是指在国际贸易中,对报关出口的货物退还国内流转环节已缴纳的增值税(表现为进项税)和消费税,即出口环节免税且退还以前纳税环节已纳税款的政策。出口退税政策是调节出口贸易的有效手段。2021—2022年我国出口退税政策的变化如下。

一、取消部分钢铁产品出口退税

2021年4月26日,财政部、税务总局发布《关于取消部分钢铁产品出口退税的公告》(财政部 税务总局公告2021年第16号),决定自2021年5月1日起,取消部分钢铁产品的出口退税。具体产品清单见该公告附件《取消出口退税的钢铁产品清单》,该清单涉及146个税号的钢铁产品。具体执行时间,以出口货物报关单上注明的出口日期界定。

二、进一步加大出口退税支持力度

2022年4月20日,税务总局等十部门发布了《关于进一步加大出口退税支持力度 促进外贸平稳发展的通知》(税总货劳发〔2022〕36号),该通知指出,为深入贯彻党中央、国务院决策部署,助力外贸企业缓解困难、促进进出口平稳发展,更好发挥出口退税这一普惠公平、符合国际规则政策的效用,并从多方面优化外贸营商环境,经国务院同意,决定进一步加大助企政策支持力度、进一步提升退税办理便利程度、进一步优化出口企业营商环境。

该通知规定,强化出口信用保险与出口退税政策衔接。企业申报退税的出口业务,因无法收汇而取得出口信用保险赔款的,将出口信用保险赔款视为收汇,予以办理出口退税。完善加工贸易出口退税政策。为支持加工贸易企业发展,进一步减轻企业负担,对出口产品征退税率一致后,因征退税率不一致等原因而多转出的增值税进项税额,允许企业转入进项税额予以抵扣。挖掘离境退税政策潜力。进一步扩大境外旅客购物离境退税政策覆盖地域范围。优化退税商店布局,推动更多优质商户成为退税商店,形成更大规模集聚效应。积极推行离境退税便捷支付、"即买即退"等便利措施,促进境外旅客在华旅游购物消费,推动离境退税规范发展。

三、北京 2022 年冬奥会和冬残奥会及其测试赛增值税退税管理办法发布

2021 年 5 月 27 日,国家税务总局印发的《关于发布〈北京 2022 年冬奥会和冬残奥会及其测试赛增值税退税管理办法〉的公告》(国家税务总局公告 2021 年第 13 号)规定,2019 年 6 月 1 日至 2022 年 12 月 31 日期间,国际奥委会及其相关实体和国际残奥委会及其相关实体因从事与北京 2022 年冬奥会和冬残奥会及其测试赛相关的工作,在中国境内发生的指定清单内的货物或服务采购支出对应的增值税额,可按照规定向税务机关申请退还。

四、优化出口退税管理①

为了更好地促进外贸保稳提质,提升对外开放水平,税务机关不断优化出口退税的管理水平,出台了一系列的出口退税管理办法优化退税环境。其中 2022 年 4 月 20 日,税务总局等十部门发布了《关于进一步加大出口退税支持力度 促进外贸平稳发展的通知》(税总货劳发〔2022〕36 号)。该通知指出,要阶段性加快出口退税进度、做好宣传解读和纳税人辅导工作、强化出口信用保险与出口退税政策衔接、完善加工贸易出口退税政策、挖掘离境退税政策潜力、大力推广出口业务"非接触"办理、持续精简出口退税环节报送资料。强化海关、税务等部门间数据共享与衔接管理,进一步精简委托出口货物退税申报、融资租赁货物出口退税申报、来料加工免税核销申报环节的报送资料,积极推行出口退税备案单证电子化,大幅提升出口退税智能申报水平,不断提高出口退税办理质效,进一步提高出口货物退运通关效率,优化简化出口退税事项办理流程,帮助企业提高出口业务办理效率,支持跨境电商健康持续创新发展,引导外贸综合服务企业健康成长,加强信息共享,引导企业诚信经营,积极营造公平公正的营商环境等。

第三节 中国进口环节代征税与出口退税政策变化评述

一、变化趋势

与 2019—2020 年周期相比,2021—2022 年周期进口环节代征税与出口退税政策的变化主要体现在进口代征税的调整上。2020 年 3 月,我国将瓷制卫生器具等 1 084

---

① 本小节参考的法律文件包括:税总货劳发〔2022〕36 号、税总货劳函〔2022〕83 号。

项产品出口退税率提高至13%;将植物生长调节剂等380项产品出口退税率提高至9%,合计共1 464项商品。此次调整之后,在2021—2022年周期除了对钢铁产品退税进行了调整,并没有对其他产品的退税率进行调整。而在进口代征税的调整上,主要包含三个方面的内容:一是本身税目发生变化而产生的调整,如电子烟;二是根据国家发展战略对新的特定领域的税收优惠,如能源资源勘探开发利用进口商品、进口科学研究、科技开发和教学用品等;三是对税收优惠所涉及的目录清单的调整,如这一周期内对《重大技术装备和产品目录》和《重大技术装备和产品进口关键零部件、原材料商品目录》等都进行了调整。

二、评述

(一)进口环节代征税与出口退税变化紧跟国家政策与发展战略

党的二十大报告指出,我国要建设现代化产业体系。实施产业基础再造工程和重大技术装备攻关工程,支持专精特新企业发展,推动制造业高端化、智能化、绿色化发展。为了保障现代化产业体系的建立,长期以来,我国对国内企业为生产国家支持发展的重大技术装备和产品而确有必要进口的关键零部件及原材料,免征进口关税和进口环节增值税,并根据国家发展战略需要,不断地修订《重大技术装备和产品目录》和《重大技术装备和产品进口关键零部件、原材料商品目录》。

党的二十大报告指出,教育、科技、人才是全面建设社会主义现代化国家的基础性、战略性支撑。必须坚持科技是第一生产力、人才是第一资源、创新是第一动力,深入实施科教兴国战略、人才强国战略、创新驱动发展战略,开辟发展新领域新赛道,不断塑造发展新动能新优势。为了更好地配合国家"科教兴国"战略,我国制定了"十四五期间"进口科学研究、科技开发和教学用品税收优惠政策,进口科学研究、科技开发和教学用品免征进口关税、进口增值税和进口消费税。

党的二十大报告指出,要积极稳妥推进碳达峰、碳中和。深入推进能源革命,加强煤炭清洁高效利用,加大油气资源勘探开发和增储上产力度。为了更好地推进能源革命,我国对能源资源勘探开发利用进口商品制定了税收优惠政策,进而保障能源产供储销体系,加强国内油气勘探开发以及支持天然气进口利用。

通过上述分析可以看出,进口环节代征税和出口退税都是为国家整体发展战略服务的。对鼓励进口或出口的商品一般会免征进口关税、进口环节增值税和进口环节消费税或实行较高的出口退税率;对限制出口的商品一般会开征出口关税或降低出口退税率甚至取消其出口退税。

(二)进口环节代征税以及出口退税政策是调节国际贸易的有力工具

从国际贸易视角看,关税(包括进口和出口)、进口环节代征税以及出口退税是能够直接调节进出口商品的成本,从而达到促进或限制商品进出口的目的。随着我国加入WTO以及签署多双边自贸协定,最惠国以及协定关税税率越来越低。据统计,2016—2021年,我国关税总水平从9.8%降到7.4%。[①] 因此单纯依靠进口关税的减免产生的减税力度越来越小。而进口环节代征税本身税率就比较高,又由于其特殊的计税方式,进口环节增值税和消费税税率越高、综合税负水平则越高(并非简单的税率叠加,具体见表4—3)。

表4—3　　　　　　　　不同税率水平下进口税收税负水平

序号	关税税率	增值税税率	消费税税率	代征税税负水平	综合税负水平
1	0%	9%	0%	9.00%	9.00%
2	0%	9%	5%	14.74%	14.74%
3	0%	9%	10%	21.11%	21.11%
4	0%	9%	15%	28.24%	28.24%
5	0%	9%	20%	36.25%	36.25%
6	5%	9%	0%	9.45%	14.45%
7	5%	9%	5%	15.47%	20.47%
8	5%	9%	10%	22.17%	27.17%
9	5%	9%	15%	29.65%	34.65%
10	5%	9%	20%	38.06%	43.06%
11	10%	9%	0%	9.90%	19.90%
12	10%	9%	5%	16.21%	26.21%
13	10%	9%	10%	23.22%	33.22%
14	10%	9%	15%	31.06%	41.06%
15	10%	9%	20%	39.88%	49.88%
16	15%	9%	0%	10.35%	25.35%
17	15%	9%	5%	16.95%	31.95%
18	15%	9%	10%	24.28%	39.28%
19	15%	9%	15%	32.47%	47.47%
20	15%	9%	20%	41.69%	56.69%
21	0%	13%	0%	13.00%	13.00%
22	0%	13%	5%	18.95%	18.95%

---

① 资料来源:商务部,2016—2021年,我国关税总水平从9.8%降到7.4%。

续表

序号	关税税率	增值税税率	消费税税率	代征税税负水平	综合税负水平
23	0%	13%	10%	25.56%	25.56%
24	0%	13%	15%	32.94%	32.94%
25	0%	13%	20%	41.25%	41.25%
26	5%	13%	0%	13.65%	18.65%
27	5%	13%	5%	19.89%	24.89%
28	5%	13%	10%	26.83%	31.83%
29	5%	13%	15%	34.59%	39.59%
30	5%	13%	20%	43.31%	48.31%
31	10%	13%	0%	14.30%	24.30%
32	10%	13%	5%	20.84%	30.84%
33	10%	13%	10%	28.11%	38.11%
34	10%	13%	15%	36.24%	46.24%
35	10%	13%	20%	45.38%	55.38%
36	15%	13%	0%	14.95%	29.95%
37	15%	13%	5%	21.79%	36.79%
38	15%	13%	10%	29.39%	44.39%
39	15%	13%	15%	37.88%	52.88%
40	15%	13%	20%	47.44%	62.44%

如表4—3所示，在关税水平(0%、5%、10%、15%)、消费税水平(0%、5%、10%、15%、20%)和增值税水平(9%、13%)不同的搭配下，进口环节代征税的税负水平变化幅度在9%(序号1)到47.44%(序号40)之间。如果能配合进口关税、进口环节增值税和进口环节消费税全部免税的政策，进口商品获得的税收红利是非常大的，产生的调节效果也十分可观。我国在"十四五"期间对能源资源勘探开发利用进口商品、进口科学研究、科技开发和教学用品等都采用免征进口关税和进口环节代征税的优惠政策，能够极大地降低进口成本、促进此类产品的进口。

（三）进口环节代征税以及出口退税的调节方式更加多样

2021—2022年，进口环节代征税以及出口退税的调节作用更加多样，在免税政策方面，有单纯的进口关税减免，也有进口关税和进口环节代征税的减免。还有分期纳税的税收优惠政策、进口增值税的返还以及退税方式的重大变化。如承建集成电路重大项目的企业自2020年7月27日至2030年12月31日期间进口新设备，对未缴纳的税款提供海关认可的税款担保,准予在首台设备进口之后的 6 年(连续 72 个月)期限内分期缴纳进口环节增值税,6 年内每年(连续 12 个月)依次缴纳进口环节增值税总额的 0%、20%、20%、20%、20%、20%。经省级政府核准的进口液化天然气接收储运装置扩建项目进口的天然气(包括管道天然气和液化天然气),按一定比例返还进口环节增值税。对于加工贸易企业出口退税过程中,产生的"免、抵、退税额不得免征和抵扣税额"允许在国内销项税中继续抵扣(按照税法规定,这部分原本是不能抵扣的)。这说明进口代征税的调节方式更加科学、合理,能够让企业切切实实地享受到减税红利。

(四)进口环节代征税以及出口退税优惠政策大都采用清单管理模式且实行动态调整

进口环节代征税以及出口退税一般会涉及某一类商品,因此大多结合海关的商品归类并采用清单管理模式。2021—2022 年,进口代征税优惠涉及的清单包括《免税进口科普用品清单(第一批)》《科学研究、科技开发和教学用品免税清单(第一批)》《能源资源勘探开发利用免税进口商品清单(2021 年版)》《中国国际消费品博览会享受税收优惠政策的进口展品清单》《进口种子种源免征增值税商品清单》《中西部地区国际性展会享受税收优惠政策的展品清单》《取消出口退税的钢铁产品清单》等。同时在运行过程中也会根据实际情况对这些清单适时调整。如《进口种子种源免征增值税商品清单》由农业农村部会同财政部、海关总署、税务总局、林草局制定印发,并会根据农林业发展情况动态调整。

清单制管理模式使得环节代征税以及出口退税税收优惠政策的管理更加精准,配合着海关监督管理,能够使得真正有需要的企业享受到税收优惠政策。同时清单管理使得税收优惠的适用商品能够适时更新,更具有针对性,更好地服务国际贸易。

(五)重视对税收优惠的管理

2021—2022 年间涉及的进口税收优惠政策较多,且大多出台了配套的管理办法。如《科研院所等科研机构免税进口科学研究、科技开发和教学用品管理细则》《能源资源勘探开发利用进口税收政策管理办法》《支持科普事业发展进口税收政策管理办法》《2021—2030 年支持新型显示产业发展进口税收政策管理办法》《支持科技创新进口税收政策管理办法》等。这些管理办法对享受优惠的主体资格、相关产品清单、监管部门、违反政策规定的后果、期限等都进行了规范,使得代征税税收优惠管理更加规范。

(本章执笔:上海海关学院张磊博士、
中国海关传媒中心中国海关编辑部高扬)

第五章

商品归类及原产地规则的变化

第一节 2021—2022年中国商品归类的变化

一、税则税目的变化

(一)2021年《中华人民共和国进出口税则》税目的变化

国务院关税税则委员会于2020年12月21日发布《关于2021年关税调整方案的通知》(税委会〔2020〕33号),对进口关税税率及部分税则税目进行调整。

该通知指出,为支持加快构建新发展格局,推动经济高质量发展,根据《中华人民共和国进出口关税条例》的相关规定,自2021年1月1日起对部分商品的进口关税进行调整。

根据《2021年关税调整方案》,对部分税则税目进行调整。调整后,2021年《中华人民共和国进出口税则》税目总数为8 580个。

(二)2022年《中华人民共和国进出口税则》税目的变化

国务院关税税则委员会于2021年12月13日发布《关于2022年关税调整方案的通知》(税委会〔2021〕18号),对进出口关税税率及部分税则税目进行调整。

通知指出,为完整、准确、全面贯彻新发展理念,支持构建新发展格局,继续推动高质量发展,根据《中华人民共和国进出口关税条例》的相关规定,自2022年1月1日起,对部分商品的进出口关税进行调整。

根据《2022年关税调整方案》,2022年《中华人民共和国进出口税则》税目总数为8 930个。

二、我国商品归类的变化

(一)海关总署发布《中华人民共和国海关进出口货物商品归类管理规定》(海关总署令第 252 号)

2021 年 9 月 6 日,海关总署发布海关总署令第 252 号《中华人民共和国海关进出口货物商品归类管理规定》(下称《归类管理规定》)。《归类管理规定》共计 29 条,自 2021 年 11 月 1 日起施行。

(二)海关总署发布《关于发布 2022 年版〈协调制度〉修订目录中文版的公告》(海关总署 2021 年第 78 号公告)

2021 年 10 月 8 日,海关总署发布 2021 年第 78 号公告。公告指出,《商品名称及编码协调制度》(简称《协调制度》)是我国制订进出口税则,实施贸易管制、贸易统计以及其他各项进出口管理措施的基础目录。为适应国际贸易的发展,世界海关组织发布了 2022 年版《协调制度》修订目录,将于 2022 年 1 月 1 日生效。为履行《协调制度公约》缔约方的义务,保证新版《协调制度》在我国的有效实施,现发布 2022 年版《协调制度》修订目录中文版。

(三)海关总署发布《关于公布〈特殊物品海关检验检疫名称和商品编号对应名录〉的公告》(海关总署 2022 年第 26 号公告)

2022 年 3 月 15 日,海关总署发布 2022 年第 26 号公告。公告指出,为保障我国生物安全,进一步加强出入境特殊物品卫生检疫监管,根据《中华人民共和国生物安全法》《中华人民共和国国境卫生检疫法》及其实施细则规定和《中华人民共和国进出口税则(2022)》,海关总署制定了《特殊物品海关检验检疫名称和商品编号对应名录》,予以公布。未列入对应名录的出入境特殊物品根据《中华人民共和国海关进出口货物报关单填制规范》要求进行申报。

该公告自发布之日起实施,海关总署公告 2020 年第 46 号同时废止。

(四)海关总署发布《关于腈纶有关商品编号申报要求的公告》(海关总署 2022 年第 59 号公告)

2022 年 7 月 13 日,海关总署发布 2022 年第 59 号公告。公告指出,根据《中华人民共和国反倾销条例》的规定,国务院关税税则委员会决定自 2022 年 7 月 14 日起,对进口原产于日本、韩国和土耳其的腈纶(税则号列:55013000、55033000、55063000)继续征收反倾销税,对聚丙烯腈基碳纤维原丝不征收反倾销税,期限为 5 年。商务部发布了 2022 年第 21 号公告,并明确了实施反倾销措施产品的具体商品范围。为了实施上述贸易救济措施,就有关商品编号申报要求公告如下:进口货物收货人或其代理人在申报进口腈纶(税则号列55013000)时,聚丙烯腈制长丝丝束(不包括变性聚丙烯腈长丝丝束和聚丙烯腈基碳纤维原丝)商品编号应填报55013000.10,变性聚丙烯腈长丝丝束和聚丙烯腈基碳纤维原丝应填报55013000.90。进口货物收货人或其代理人在申报进口腈纶(税则号列55033000)时,未梳或未经其他纺前加工的聚丙烯腈制短纤维(不包括变性聚丙烯腈制)商品编号应填报55033000.10,未梳或未经其他纺前加工的变性聚丙烯腈制短纤维应填报55033000.90。进口货物收货人或其代理人在申报进口腈纶(税则号列55063000)时,已梳或经其他纺前加工的聚丙烯腈制短纤(不包括变性聚丙烯腈制)商品编号应填报55063000.10,已梳或经其他纺前加工的变性聚丙烯腈制短纤维应填报55063000.90。

公告自2022年7月14日起施行,海关总署公告2016年第41号同时废止。

(五)海关总署发布《关于发布2022年商品归类决定的公告》(海关总署2022年第78号公告)

2022年8月17日,海关总署发布2022年第78号公告。公告指出,为便于进出口货物的收发货人及其代理人正确申报商品归类事项,保证海关商品归类的统一,根据《中华人民共和国海关进出口货物商品归类管理规定》(海关总署令第252号)有关规定,海关总署制定了有关商品归类决定,涉及164项商品。同时,根据我国进出口商品及国际贸易实际,将世界海关组织协调制度委员会的部分商品归类意见转化为商品归类决定并予以公布,涉及33项商品。

该公告自2022年9月1日起实施。有关商品归类决定所依据的法律、行政法规以及其他相关规定发生变化的,商品归类决定同时失效。

(六)海关总署发布《关于酞菁类颜料有关商品编号申报要求的公告》(海关总署2022年第104号公告)

2022年10月31日,海关总署发布2022年第104号公告。公告指出,根据《中华人民共和国反倾销条例》的规定,国务院关税税则委员会决定自2022年11月1日起,对进口原产于印度的酞菁类颜料(税则号列:32041700、32129000)实施临时反倾销措施。商务部发布了2022年第30号公告,并明确了实施临时反倾销措施产品的具体商品范围。为了实施上述贸易救济措施,就有关商品编号申报要求公告如下:进口货物收货人或其代理人在申报进口税则号列32041700项下酞菁类颜料时商品编号应填报32041700.20;进口税则号列32129000项下零售形状及零售包装的酞菁类颜料时商品编号应填报32129000.10。

公告自2022年11月1日起施行。

第二节 2021—2022年中国原产地规则的变化

一、海关总署发布《关于优惠贸易协定项下进出口货物报关单有关原产地栏目填制规范和申报事宜的公告》(海关总署公告〔2021〕34号)

2021年4月25日,海关总署发布2021年公告第34号。公告指出,为进一步优化优惠贸易协定项下进出口货物申报,海关总署决定将《中华人民共和国海关进(出)口货物报关单》(以下简称《报关单》)有关原产地栏目的填制和申报要求调整如下。

(一)进出口货物收发货人或者其代理人在办理优惠贸易协定项下货物海关申报手续时,应当如实填报《报关单》商品项"优惠贸易协定享惠"类栏目,同时在商品项对应的"原产国(地区)"栏填报依据《中华人民共和国进出口货物原产地条例》和海关总署令第122号确定的货物原产地,不再需要按照海关总署公告2019年第18号附件中有关优惠贸易协定项下进口货物填制要求填报"随附单证及编号"栏目。

(二)进口货物收货人或者其代理人(以下统称"进口人")可以自行选择"通关无纸化"方式或者"有纸报关"方式申报:

1. 选择"通关无纸化"方式申报的,进口人应当以电子方式向海关提交原产地证明、商业发票、运输单证和未再加工证明文件等单证正本。进口人以电子方式提交的原产地单证内容应当与其持有的纸质文件一致。进口人应当按照海关有关规定保存原产地单证纸质文件。海关认为有必要时,进口人应当补充提交原产地单证纸质文件。

2. 选择"有纸报关"方式申报的,进口人在申报进口时提交原产地单证纸质文件。

(三)对于出海关特殊监管区域和保税监管场所申请适用协定税率或者特惠税率的货物,进口人应在内销时按照公告第一条的要求填报《报关单》;在货物从境外入区域(场所)时,无需比照公告第一条要求填报《中华人民共和国海关进(出)境货物备案清单》(以下简称《备案清单》)商品项"优惠贸易协定享惠"类栏目。内销时货物实际报验状态与其从境外入区域(场所)时的状态相比,超出了相关优惠贸易协定所规定的微小加工或处理范围的,不得享受协定税率或者特惠税率。

(四)优惠贸易协定项下实施特殊保障措施的农产品仍然按照海关总署2019年第207号公告要求申报。

(五)向香港或者澳门特别行政区出口用于生产《内地与香港关于建立更紧密经贸关系的安排》(香港CEPA)或者《内地与澳门关于建立更紧密经贸关系的安排》(澳门

CEPA)项下协定税率货物的原材料时,应当在《报关单》的"关联备案"栏填报香港或澳门生产厂商在香港工贸署或者澳门经济局登记备案的有关备案号。公告中"原产地证明"是指相关优惠贸易协定原产地管理办法所规定的原产地证书和原产地声明。

该公告自 2021 年 5 月 10 日起实施。自公告实施之日起,海关总署公告 2016 年第 51 号、2017 年第 67 号和 2019 年第 178 号废止。海关总署公告 2019 年第 18 号附件中"三十一、随附单证及编号"项下的第(二)、(三)项内容停止执行。

二、海关总署发布《关于公布澳门 CEPA 项下修订的原产地标准的公告》(海关总署公告〔2021〕42 号)

2021 年 6 月 16 日,海关总署发布 2021 年公告第 42 号。公告指出,为促进内地与澳门的经贸往来,根据《〈内地与澳门关于建立更紧密经贸关系的安排〉货物贸易协议》有关规定,对海关总署公告 2018 年第 213 号附件中部分商品原产地标准予以修订,具体包括品目 1806 巧克力及其他含可可的制品项下的 4 个子目:1806.20、1806.31、1806.32 和 1806.90,原产地标准从"从其他品目改变至此"修订为"(1)从其他品目改变至此;或(2)区域价值成分按扣减法计算 40% 或按累加法计算 30%"。经修订的标准自 2021 年 7 月 1 日起执行。

三、海关总署发布《关于调整中国-瑞士自贸协定项下原产地证书格式的公告》(海关总署公告〔2021〕49 号)

2021 年 6 月 29 日,海关总署发布 2021 年第 49 号公告。公告指出,根据《中华人民共和国和瑞士联邦自由贸易协定》有关规定和联合委员会决议,该协定项下进出口货物原产地证书商品项数上限从 20 项增加至 50 项,证书格式按照附件执行。公告自 2021 年 9 月 1 日起施行。

四、海关总署发布《关于不再对输欧亚经济联盟货物签发普惠制原产地证书的公告》(海关总署公告〔2021〕73 号)

2021 年 9 月 23 日,海关总署发布 2021 年第 73 号公告。公告指出,根据欧亚经济委员会通报,欧亚经济联盟决定自 2021 年 10 月 12 日起不再给予中国输联盟产品普惠制关税优惠。现将有关事宜公告如下:(一)自 2021 年 10 月 12 日起,海关不再对输欧亚经济联盟成员国的货物签发普惠制原产地证书;(二)如输欧亚经济联盟成员国的货物发货人需要原产地证明文件,可申请签发非优惠原产地证书。

五、海关总署发布《关于不再对输欧盟成员国、英国、加拿大、土耳其、乌克兰和列支敦士登等国家货物签发普惠制原产地证书的公告》(海关总署公告〔2021〕84号)

2021年10月25日,海关总署发布2021年第84号公告。公告指出,根据《中华人民共和国普遍优惠制原产地证明书签证管理办法》,海关总署决定,自2021年12月1日起,对输往欧盟成员国、英国、加拿大、土耳其、乌克兰和列支敦士登等已不再给予中国普惠制关税优惠待遇国家的货物,海关不再签发普惠制原产地证书。输往上述国家的货物发货人需要原产地证明文件的,可以申请领取非优惠原产地证书。

六、海关总署发布《中华人民共和国海关〈区域全面经济伙伴关系协定〉项下进出口货物原产地管理办法》(海关总署令第255号)

2021年11月23日,海关总署公布海关总署令第255号,发布《中华人民共和国海关〈区域全面经济伙伴关系协定〉项下进出口货物原产地管理办法》(以下简称《办法》)。《办法》共计44条,从2022年1月1日起施行。

七、海关总署发布《关于公布香港CEPA项下经修订的原产地标准的公告》(海关总署公告〔2021〕102号)

2021年12月8日,海关总署公布2021年第102号公告。公告指出,为促进内地与香港经贸往来,根据《〈内地与香港关于建立更紧密经贸关系的安排〉货物贸易协议》有关规定,对海关总署公告2018年第214号附件中《协调制度》编码56.03的原产地标准予以修订。经修订的标准从"从其他品目改变至此"变化为"(1)从其他品目改变至此;或(2)区域价值成分按扣减法计算40%或按累加法计算30%"。自2022年1月1日起执行。

八、海关总署发布《关于〈区域全面经济伙伴关系协定〉实施相关事项的公告》(海关总署公告〔2021〕106号)

2021年12月14日,海关总署公布2021年第106号公告,发布《关于〈区域全面经济伙伴关系协定〉实施相关事项的公告》。

经国务院批准,《区域全面经济伙伴关系协定》(以下简称《协定》)自2022年1月1日起正式生效实施。根据《中华人民共和国海关〈区域全面经济伙伴关系协定〉项下进出口货物原产地管理办法》(以下简称《办法》,海关总署令第255号发布)规定,将有关事项公告如下。

（一）《办法》以及公告中所述的成员方是指中国、文莱、柬埔寨、老挝、新加坡、泰国、越南、日本、新西兰、澳大利亚等自2022年1月1日起正式实施《协定》的国家。

（二）进口货物收货人或者其代理人（以下简称"进口人"）、出口货物发货人或者其代理人办理《协定》项下货物海关申报手续的，按照海关总署公告2021年第34号对"尚未实现原产地电子信息交换的优惠贸易协定项下进口货物"的有关要求填制《中华人民共和国海关进（出）口货物报关单》（以下简称《报关单》），提交原产地单证。

（三）进口人依据《办法》第二十七条申请享受《协定》项下税率的，应当按照以下方式办理：

1. 申请适用对为该货物生产提供原产材料的其他成员方相同原产货物实施的《协定》项下最高税率的，《报关单》"优惠贸易协定项下原产地"栏目应当填报"原产地不明（按相关成员最高税率）"，并提供相关证明材料。

2. 申请适用对所有其他成员方相同原产货物实施的《协定》项下最高税率的，《报关单》"优惠贸易协定项下原产地"栏目应当填报"原产地不明（按所有成员最高税率）"。

（四）根据《办法》第三十三条，申请人可以向海关、中国国际贸易促进委员会及其地方分会等我国签证机构申请签发《协定》项下原产地证书。

（五）海关认定的经核准出口商，应当按照海关总署令第254号及相关公告的规定出具原产地声明。

（六）依据《办法》第二十二条申请签发或者开具背对背原产地证明，且货物进境时未通过"优惠贸易协定原产地要素申报系统"填报初始原产地证明电子数据的，原产地证书的申请人或者经核准出口商应当补充填报。

（七）《协定》生效之前已经从其他成员方出口，尚未抵达我国的在途货物，进口人在2022年6月30日前向海关提交有效原产地证明的，可以申请享受《协定》项下协定税率。《协定》生效之前已经从我国出口，尚未抵达其他成员方的在途货物，2022年6月30日前，申请人可以按照《办法》规定申请补发原产地证书，经核准出口商可以开具原产地声明。

公告自2022年1月1日起实施。

九、海关总署发布"关于公布《中华人民共和国海关〈中华人民共和国政府和柬埔寨王国政府自由贸易协定〉项下进出口货物原产地管理办法》的公告"（海关总署公告〔2021〕107号）

2021年12月16日，海关总署公布2021年第107号公告，发布了"关于公布《中华人民共和国海关〈中华人民共和国政府和柬埔寨王国政府自由贸易协定〉项下进出口货物原产地管理办法》的公告"。

为正确确定《中华人民共和国政府和柬埔寨王国政府自由贸易协定》项下进出口货物原产地,促进我国与柬埔寨的经贸往来,海关总署制定了《中华人民共和国海关〈中华人民共和国政府和柬埔寨王国政府自由贸易协定〉项下进出口货物原产地管理办法》。现予公布,自 2022 年 1 月 1 日起施行。

进口货物收货人或者其代理人在货物进口时申请享受《中华人民共和国政府和柬埔寨王国政府自由贸易协定》项下税率的,应当按照海关总署公告 2021 年第 34 号的有关规定办理海关申报手续,在填报《中华人民共和国海关进(出)口货物报关单》商品项"优惠贸易协定享惠"类栏目时,"优惠贸易协定代码"栏应填报代码"23"。

十、海关总署发布《关于公布〈区域全面经济伙伴关系协定〉实施新增事宜的公告》(海关总署公告〔2022〕8 号)

2022 年 1 月 20 日,海关总署公布 2022 年第 8 号公告,发布了《关于公布〈区域全面经济伙伴关系协定〉实施新增事宜的公告》。

根据《中华人民共和国海关〈区域全面经济伙伴关系协定〉项下进出口货物原产地管理办法》(海关总署令第 255 号,以下简称《办法》),现将有关事项公告如下:

(一)根据《区域全面经济伙伴关系协定》(以下简称《协定》)有关规定,《协定》将于 2022 年 2 月 1 日起对韩国生效实施。《办法》第二条所述的成员方增加韩国。

(二)海关总署公告 2021 年第 106 号第八条所述原产地证书格式增加原产地证书续页格式。原产地证书所载内容无法在首页内完整列明的,出口成员方签证机构可通过续页补充列明。

公告自 2022 年 2 月 1 日起实施。

十一、海关总署发布《关于〈区域全面经济伙伴关系协定〉实施有关事宜的公告》(海关总署公告〔2022〕13 号)

2022 年 1 月 28 日,海关总署公布 2022 年第 13 号公告,发布了《关于〈区域全面经济伙伴关系协定〉实施有关事宜的公告》。

根据《中华人民共和国海关〈区域全面经济伙伴关系协定〉项下进出口货物原产地管理办法》(海关总署令第 255 号,以下简称《办法》),将有关事项公告如下:

(一)根据《区域全面经济伙伴关系协定》(以下简称《协定》)有关规定,《协定》将于 2022 年 3 月 18 日起对马来西亚生效实施,《办法》第二条所述的成员方同时增加马来西亚。

（二）《协定》项下输韩国、马来西亚的原产地证书为可自助打印证书，自《协定》对该成员方生效之日起实施，相关事项按照海关总署公告2019年第77号执行。

十二、海关总署发布"关于公布《中华人民共和国海关〈中华人民共和国政府和新西兰政府自由贸易协定〉项下经修订的进出口货物原产地管理办法》的公告"（海关总署公告〔2022〕32号）

2022年4月2日，海关总署公布2022年第32号公告。公告指出，经国务院批准，《中华人民共和国政府与新西兰政府关于升级〈中华人民共和国政府与新西兰政府自由贸易协定〉的议定书》自2022年4月7日起正式实施。为正确确定《中华人民共和国政府和新西兰政府自由贸易协定》项下进出口货物原产地，海关总署制定了《中华人民共和国海关〈中华人民共和国政府和新西兰政府自由贸易协定〉项下经修订的进出口货物原产地管理办法》，现予以公布，自2022年4月7日起执行。

十三、海关总署发布《关于调整中国-韩国自贸协定项下原产地证书格式的公告》（海关总署公告〔2022〕33号）

2022年4月12日，海关总署发布2022年第33号公告。公告指出，根据《中华人民共和国政府和大韩民国政府自由贸易协定》有关规定和联合委员会决议，取消该协定项下进出口货物原产地证书商品项数上限20项的限制，证书格式按照附件执行。公告自2022年6月12日起施行。

十四、海关总署发布《关于〈区域全面经济伙伴关系协定〉对缅甸实施有关事宜的公告》（海关总署公告〔2022〕36号）

2022年4月27日，海关总署公布2022年第36号公告，发布了《关于〈区域全面经济伙伴关系协定〉对缅甸实施有关事宜的公告》。经国务院批准，《区域全面经济伙伴关系协定》将于2022年5月1日起在中国和缅甸之间生效实施。《中华人民共和国海关〈区域全面经济伙伴关系协定〉项下进出口货物原产地管理办法》（海关总署令第255号）第二条所述的成员方增加缅甸。公告自2022年5月1日起施行。

十五、海关总署发布《关于公布港澳CEPA项下产品特定原产地规则转版清单的公告》（海关总署公告〔2022〕39号）

2022年5月13日，海关总署公布2022年第39号公告，发布了《关于公布港澳CEPA项下产品特定原产地规则转版清单的公告》。公告指出，根据世界海关组织公布的

2022年版《商品名称及编码协调制度》(简称《协调制度》)修订目录,内地已分别与香港、澳门就《〈内地与香港关于建立更紧密经贸关系的安排〉货物贸易协议》和《〈内地与澳门关于建立更紧密经贸关系的安排〉货物贸易协议》(以下简称"港澳CEPA货物贸易协议")项下产品特定原产地规则中产品名称及编码由2017年版《协调制度》向2022年版转换达成一致。按照海关总署公告2018年第213号和第214号附件第三条规定,现将转版后的港澳CEPA货物贸易协议项下产品特定原产地规则清单予以公布。

该公告自2022年5月16日起实施。自公告实施之日起,海关总署公告2019年第167号、2020年第76号和第132号、2021年第42号和第102号废止,海关总署公告2018年第213号附件附1和第214号附件附1停止执行。

十六、海关总署发布《关于〈区域全面经济伙伴关系协定〉实施新增事宜的公告》(海关总署公告〔2022〕129号)

2022年12月23日,海关总署公布2022年第129号公告,发布了《关于〈区域全面经济伙伴关系协定〉实施新增事宜的公告》。

根据《中华人民共和国海关〈区域全面经济伙伴关系协定〉项下进出口货物原产地管理办法》(海关总署令第255号,以下简称《办法》),将有关事项公告如下:

(一)在世界海关组织公布的2022年版《商品名称及编码协调制度》(简称《协调制度》)的基础上,《区域全面经济伙伴关系协定》(以下简称《协定》)各成员已就产品特定原产地规则中产品名称及编码由2012年版《协调制度》向2022年版转换以及原产地证书格式达成一致。按照《办法》第三条及第十八条规定,将转版后的协定项下产品特定原产地规则清单以及原产地证书格式予以公布,于2023年1月1日起实施,海关总署公告2021年第106号附件1和附件3同时停止执行。

(二)自2023年1月2日起,《办法》第二条所述的成员方增加印度尼西亚,《办法》第十四条所述的《特别货物清单》增加《出口至印度尼西亚特别货物清单》。输印度尼西亚的原产地证书为可自助打印证书,相关事项按照海关总署公告2019年第77号执行。

第三节 商品归类及原产地规则变化评述

一、我国商品归类变化的特点

(一)我国《进出口税则》税号结构日趋合理

1991年6月,国务院税则委员会审议通过了以1992年版《商品名称及协调制度编码》为基础的《中华人民共和国进出口税则》和《中华人民共和国海关统计商品目录》,并从1992年1月1日起开始生效。

《中华人民共和国进出口税则》和《中华人民共和国海关统计商品目录》是在《协调制度》六位编码基础上,根据关税和海关统计的需要扩展为八位编码,再根据贸易管制政策的需要,扩展为企业在进出口填报报关单时需要填报的十位编码。

随着科学技术的飞速进步、国际经济贸易形势的高速发展和商品结构日新月异的变化,世界海关组织(WCO)及时地对《协调制度》进行更新,以免落后于时代的步伐。迄今《协调制度》已经过7次修订,分别形成1992年版、1996年版、2002年版、2007年版、2012年版、2017年版和2022年版《协调制度》。与此同时,我国也根据科技发展和行业需要对7、8位及9、10位编码做出调整。其中,7、8位税目每年调整一次,由国务院关税税则委员会做出调整,9、10位编码则由中国海关不定期做出调整。图5-1是1996—2022年我国进出口税则八位编码数的变化情况。可以看出,我国税则的7、8位税号数呈现逐年增加的趋势,从1996年6 550个八位税号增加到2022年的8 930个八位税号,表明税则商品目录结构日趋复杂。

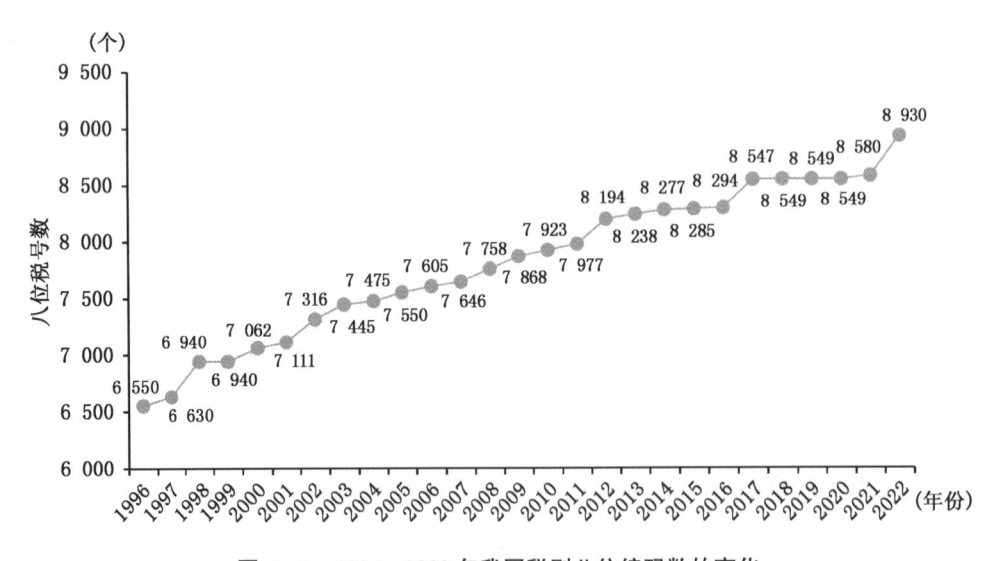

图5-1 1996—2022年我国税则八位编码数的变化

税则结构日趋复杂的原因有二:一是海关HS编码结构的调整。例如,2017版HS共有5 387个5、6位子目,而2022版HS增加了225个5、6位子目,达到5 612个。二是为适应我国经济社会发展、科技进步、产业结构调整、贸易结构优化、加强进出口管理的需要,对进出口贸易量大、国内行业重点关注商品、需要细化管理的商品增列税目。

（二）商品归类文件不断完善

1. 海关总署发布进出口货物商品归类管理规定

2021年9月6日，海关总署修订发布了《中华人民共和国海关进出口货物商品归类管理规定》（以下简称《归类管理规定》），自2021年11月1日起施行。

商品归类是海关开展货物监管和计征关税的基础性工作之一。《归类管理规定》的修订是海关为适应海关"放管服"改革、海关化验机构调整以及全国通关一体化改革的需要，也是海关为对接WTO《贸易便利化协定》实施的要求，为实现商品归类的准确性和统一性提供了重要保证，有利于为企业创造更好的营商环境。

原《归类管理规定》《中华人民共和国海关化验管理办法》分别是2007年5月1日和2008年12月1日施行的，此次修订依据《海关法》《中华人民共和国进出口关税条例》的相关规定，在原有的框架下进行了局部调整和完善，以保持法规稳定性。

修订后的《归类管理规定》重点调整和明确了商品归类的管理范围、法定依据、管理要求等。

修订后的《归类管理规定》对原规定有了部分突破，首次明确国家标准、行业标准等可以作为商品归类的参考。海关与检验检疫合并后，质量检验成为海关监管工作的新重点，在海关归类工作中，参考相应的标准为海关维护正常的进出口秩序增加了新的依据。同时，在商品归类认定中，企业和海关就商品认识往往存在差异，引入国家标准和行业标准，有利于企业根据实际情况，从行业角度更好地向海关做出解释提供了法律依据，从而为更好地维护企业和相关行业利益创造了条件。

为顺应海关监管工作面向国际贸易的特点，修订后的《归类管理规定》增加了进口人可以提供外文资料的中文译文并对译文内容负责的规定，为企业提供了方便。

对于海关归类中涉及商业秘密的资料范围增加了包括未披露信息或者保密商务信息的规定，更符合商业实际，有利于保护相关企业的利益，促进商界与海关之间的协作。

修订后的《归类管理规定》还明确了必要时化验、检验结果作为商品归类的依据。

修订后的《归类管理规定》吸收了《海关化验管理办法》的部分内容，删除了原办法中关于预归类的规定，归类行政裁定、预裁定需按相关规定办理。

修订后的《归类管理规定》新增了归类决定修改的相关规定，海关总署发现商品归类决定需要修改的，应当及时予以修改并对外公布，便于企业及时掌握相关归类决定的变化。

2. 海关总署及时发布商品归类决定，并废止部分商品归类决定

商品归类是在《商品名称及编码协调制度公约》商品分类目录体系下，以《中华人

民共和国进出口税则》为基础,按照《进出口税则商品及品目注释》《中华人民共和国进出口税则本国子目注释》以及海关总署发布的关于商品归类的行政裁定、商品归类决定的要求,确定进出口货物的商品编码。

为便于进出口货物的收发货人及其代理人正确确定进出口货物的商品归类,减少商品归类争议,保证海关商品归类的统一,海关总署根据《中华人民共和国海关进出口货物商品归类管理规定》(海关总署令第 252 号)的规定,及时向社会公布商品归类决定。

2022 年 8 月 17 日,海关总署发布商品归类决定,涉及 164 项商品,同时将世界海关组织协调制度委员会的部分商品归类意见转化为商品归类决定予以公布,涉及 33 项商品。

3. 海关总署发布 2022 年版《协调制度》修订目录中文版

为适应国际贸易的发展,WCO 发布了 2022 年版《协调制度》修订目录,于 2022 年 1 月 1 日生效。为履行《协调制度公约》缔约方的义务,保证新版《协调制度》在我国的有效实施,海关总署发布了 2022 年版《协调制度》修订目录中文版。

修订目录包括修订标题、新增或删除注释、新增或删除品目、新增或删除子目、调整子目结构、修订子目条文等。

4. 海关总署制定发布《特殊物品海关检验检疫名称和商品编号对应名录》

为保障我国生物安全,进一步加强出入境特殊物品卫生检疫监管,根据《中华人民共和国生物安全法》《中华人民共和国国境卫生检疫法》及其实施细则规定和《中华人民共和国进出口税则(2022)》,海关总署制定了《特殊物品海关检验检疫名称和商品编号对应名录》(以下简称《名录》),于 2022 年 7 月 13 日面向社会公布。

2022 年版《名录》梳理更新了特殊物品的检验检疫名称、检验检疫编码、HS 商品名称和 HS 商品编号四者对应关系,涵盖 63 个商品编号、195 个检验检疫编码。

《名录》的发布,有利于申报出入境特殊物品时正确填写检验检疫编码,保证通关效率,避免因申报错误违反法律法规。

5. 海关总署发布公告,明确腈纶、酞菁类颜料等商品编码申报要求

国务院关税税则委员会决定,对原产于日本、韩国和土耳其的腈纶继续征收反倾销税,对原产于印度的酞菁类颜料实施临时反倾销措施。商务部为此分别发布了 2022 年第 21 号公告和 2022 年第 30 号公告,明确了实施反倾销措施产品的具体商品范围。

为实施上述措施,海关总署于 2022 年 7 月 13 日发布公告,明确申报要求,在申报进口腈纶(税则号列 55013000)时,聚丙烯腈制长丝丝束(不包括变性聚丙烯腈长丝丝

束和聚丙烯腈基碳纤维原丝)商品编号应填报55013000.10,变性聚丙烯腈长丝丝束和聚丙烯腈基碳纤维原丝应填报55013000.90。在申报进口腈纶(税则号列55033000)时,未梳或未经其他纺前加工的聚丙烯腈制短纤维(不包括变性聚丙烯腈制)商品编号应填报55033000.10,未梳或未经其他纺前加工的变性聚丙烯腈制短纤维应填报55033000.90。在申报进口腈纶(税则号列55063000)时,已梳或经其他纺前加工的聚丙烯腈制短纤(不包括变性聚丙烯腈制)商品编号应填报55063000.10,已梳或经其他纺前加工的变性聚丙烯腈制短纤维应填报55063000.90。

2022年10月31日,海关总署发布2022年第104号公告,明确申报要求。在申报进口税则号列32041700项下酞菁类颜料时商品编号应填报32041700.20;进口税则号列32129000项下零售形状及零售包装的酞菁类颜料时商品编号应填报32129000.10。

二、我国原产地规则和原产地管理变化的特点

(一)我国原产地规则不断补充和完善

在国际贸易中,原产地就是货物的"国籍",是指对货物进行生产、制造的国家或地区。在国际交往过程中,为了确保差别关税税率和反倾销、反补贴等非关税措施的有效实施,必须按一定规则确定货物的原产地。确定原产地不仅是一国实施差别关税的需要,而且是许多非关税措施得以实施的保证,在贸易统计、制定贸易政策等方面也起着十分重要的作用。而以立法形式出现的、为确定货物原产地而制定的标准、方法,就是原产地规则。

原产地规则有优惠原产地规则和非优惠原产地规则之分。在2002年以前,我国长期实施的是非优惠原产地规则。2002年以后,随着经济全球化和区域经济一体化的快速发展,我国开始加入一些优惠贸易安排或自由贸易协定,因而相应出现了优惠的原产地规则。至2022年底,我国加入的多边或双边自由贸易协定或贸易安排有19个,每个协定或安排均有相应的优惠原产地规则,加上自主制定的给予最不发达国家特惠税率待遇的原产地规则,以及2009年1月8日海关总署发布《中华人民共和国海关进出口货物优惠原产地管理规定》(2009年3月1日起施行),共同构成了我国目前的优惠原产地规则体系。

由此可见,目前我国的原产地规则既有非优惠的原产地规则,也有大量的优惠原产地规则,而且原产地规则还在不断增加,我国原产地规则得以不断补充和完善。

(二)我国优惠原产地规则发展迅速

在WTO体制下,作为最惠国待遇原则的例外,允许自由贸易区、普惠制等关税优

惠体制存在。我国加入WTO以后,也开始加入一些优惠贸易安排或自由贸易协定。2001年,我国签署的亚太贸易协定,是我国参加的第一个区域贸易安排。截至2022年底,我国签署并实施的区域贸易安排共有19个,包括18项自由贸易协定和1项优惠贸易安排。18项自贸协定包括中国－东盟自贸区、中智(利)、中巴(基斯坦)、中新(西兰)、中新(加坡)、中秘(鲁)、中哥(斯达黎加)、中冰(岛)、中瑞(士)、中澳(大利亚)、中韩、中格(鲁吉亚)、中毛(里求斯)、中柬(埔寨)、RCEP、内地与香港(EPA)、内地与澳门CEPA、海峡两岸ECFA等;1项优惠贸易安排是亚太贸易协定。

在这些自由贸易协定和优惠贸易安排中,都涉及原产地规则,并通过海关总署令或海关总署公告的方式,转化为国内立法,成为我国优惠原产地规则的重要法律文件。由于不同的自由贸易协定和优惠贸易安排,关于原产地确定和管理的内容并不完全相同,每对应一个自由贸易协定和优惠贸易安排,就会有一个原产地规则,因此我国目前的优惠原产地规则文件众多,加上补充的原产地规则公告,内容显得十分繁杂。

新发布的原产地规则是《中华人民共和国海关〈区域全面经济伙伴关系协定〉项下进出口货物原产地管理办法》(海关总署令第255号)。

这些海关总署发布的行政规章和规范性文件,与以前发布实施的规章和文件,共同构成我国目前的优惠原产地规则。文件众多并且不断修改完善的优惠原产地规则,为我国有效实施相应的协定税率和特惠税率提供了保障。

(三)我国原产地管理水平不断得到提高

海关是我国原产地管理工作中重要的国家机关,我国不仅在原产地规则立法方面不断补充完善,而且不断加强对原产地的管理。

首先,在组织架构方面,我国设立了原产地管理机构和岗位。目前我国在海关总署关税征管司、各关税征管局以及直属海关均设置了原产地管理处室和岗位,履行进出口货物原产地管理职能。

其次,为了有效提升执法统一性、促进贸易便利,我国海关不断加强与自贸伙伴海关合作,大力推进原产地电子联网,免交原产地证书,简化原产地规则中的程序性要求。我国对内地与香港CEPA、内地与澳门CEPA、亚太贸易协定、韩国、新西兰、巴基斯坦、智利已实现原产地电子数据交换和实时传输。

进出口货物收发货人或者其代理人在办理优惠贸易协定项下货物海关申报手续时,需如实填报《报关单》商品项"优惠贸易协定享惠"类栏目,同时在商品项对应的"原产国(地区)"栏填报货物原产地,不再需要填报"随附单证及编号"栏目。进口人可以自行选择"通关无纸化"方式或者"有纸报关"方式申报。选择"通关无纸化"方式申报的,进口人应当以电子方式向海关提交原产地证明、商业发票、运输单证和未再加工证明文件等单证正本。无纸化使通关便利化水平进一步得以提高,原产地管理更为科学,自贸协定进口利用率持续提升。

(四)我国原产地管理面临挑战

综观我国原产地规则和原产地管理制度的变化,我国在原产地立法和原产地管理水平方面都已取得了长足的进步,特别是统一了进出口非优惠原产地规则,建立了比较完整系统的优惠原产地规则体系,学习借鉴了《京都公约》《WTO原产地规则协定》等国际协定中的原产地立法技术,原产地规则立法正在努力与国际接轨,原产地标准的制定也逐步由过去区域价值百分比一刀切的模式向全税则的产品特殊原产地规则转化,成效显著。而且在原产地管理的信息化工作方面做出了巨大的努力,取得了巨大的进步。这些工作大大简化了原产地管理的工作流程,提高了工作效率。

但是,随着我国对外贸易的快速发展和多个自贸协定的签订实施,不可否认,我国在原产地规则立法特别是原产地管理方面仍存在不少问题,面临诸多的挑战。具体表现为,进出口贸易快速增长,反倾销、反补贴等贸易救济措施不断增加,优惠贸易安排飞速发展,我国面临日益严峻的原产地瞒骗形势,伪造原产地证书、伪报货物原产地的案件屡见不鲜,原产地核查难度加大,原产地管理的国际协调工作日益复杂。

与此同时,原产地管理部门还存在认识上重规则谈判,轻实施评估;重单证审核,轻实际监管;重进口优惠,轻出口利用;重优惠管理,轻非优惠规则等问题。我国原产地管理人才储备不足,管理水平有待提高,管理手段也比较单一,原产地管理法律体系还需进一步加强和完善。这些问题的存在,必然影响我国原产地管理工作的水平和工作效率。为此,我国应从原产地规则制定、原产地管理立法,到原产地管理手段、原产地管理人才培养,直至原产地管理部门的国内、国际协调,加大工作力度,拾遗补缺,降低原产地管理风险,以促进外贸的平稳发展。

(本章执笔:上海海关学院金宏彬博士)

第六章

关税谈判与自贸区发展

第一节 2021—2022年全球主要自由贸易区谈判发展动态

近年来,国际上日益加剧的贸易保护主义、单边主义,已经导致主要经济体之间贸易摩擦不断,经济全球化遭遇逆境,以WTO为核心的多边贸易体系有效运作受到破坏。在此背景下,区域和双边自由贸易协定的达成,是缔约方推动国际贸易和投资合作的现实选择,将促进全球贸易投资自由化、便利化,推动全球贸易复苏及贸易规则重塑。2021—2022年间,全球自贸协定谈判和我国自贸协定谈判出现了一些新的动向,并取得了一些新的重大成果,比如《区域全面经济伙伴关系协定》《数字经济伙伴关系协定》正式实施等。这些协定反映了世界主要贸易大国或大国集团之间经济实力的对比以及利益的博弈,同时对全球经贸格局的改变产生了重要的影响。

一、《区域全面经济伙伴关系协定》(RCEP)

《区域全面经济伙伴关系协定》(RCEP)是由东盟10国与中国、日本、韩国、澳大利亚、新西兰等自贸伙伴国共同推动达成的大型区域贸易协定。RCEP由东盟于2012年发起,在历经8年共计31轮正式谈判后,最终15方达成一致,于2020年11月15日签署RCEP。2022年1月1日,RECP在文莱、柬埔寨、老挝、新加坡、泰国、越南6个东盟成员国和中国、日本、新西兰、澳大利亚4个非东盟成员国开始正式生效实施。2月1日,在韩国生效实施,3月18日在马来西亚生效实施;5月1日在中国与缅甸之间生效实施。标志着当前世界上人口最多、经贸规模最大、最具发展潜力的自由贸易区正式启动。

(一)RCEP 的框架和特点

RCEP 是一个全面现代、包容互惠、平等合作、高质量的大型区域自贸协定。协议共 20 章,包括货物贸易、服务贸易、自然人流动、投资、知识产权、电子商务、竞争、中小企业、政府采购、机构、争端解决机制等核心内容。其中与货物贸易密切相关的内容共 6 章,包括货物贸易、原产地规则、海关程序与贸易便利化、卫生与植物卫生措施、标准技术法规和合格评定程序、贸易救济;服务贸易包含 3 个附件,分别为金融服务、电信服务和专业服务。RCEP 有以下特点。

一是成员国具有多样性和互补性。RCEP 成员国经济总量、市场规模、政治制度、治理结构、经济发展水平和资源要素禀赋差异很大,既有中国、日本、印度尼西亚、澳大利亚、韩国等经济总量和市场规模很大的 G20 经济体,也有新加坡、文莱、老挝、柬埔寨等东盟小经济体。其中,日本、澳大利亚、韩国、新西兰、新加坡经济发展水平较高,而越南、老挝、柬埔寨、缅甸的经济发展水平较低。这种多样性使 RCEP 成员国之间产业链、供应链、价值链的互补性非常强,形成了完整多元而又充满活力的亚洲生产供应网络。

二是成员之间的经贸联系非常密切。RCEP 成员国之间贸易投资联系和产业转移非常密切。中国是东盟、日本、韩国、澳大利亚、新西兰最大的贸易伙伴,东盟、日本分别是中国第三、第四大贸易伙伴。东盟经过 50 多年的发展已经成为以经济合作为基础的经济、政治、安全一体化合作组织,成员国内部贸易占 23%,成为 RCEP 的核心纽带。中国内地和香港、日本、新加坡、韩国、澳大利亚则是东盟国家最主要的外资来源地,东盟也成为承接全球产业转移的重要目的地。

三是成员都是全球化的积极支持者。RCEP 成员国经济对外依存度都很高,都是跨国投资的受益者。根据各国统计机构的数据,2019 年,东盟国家新加坡、越南的经济对外贸易依存度高达 200%;马来西亚为 120%;韩国、澳大利亚和日本对外贸易依存度分别为 64%、35% 和 28%;我国对外贸易依存度也超过 30%。全球化和区域经济一体化红利,使东亚、东南亚成为全球经济最有活力的区域,RCEP 成员国也因此成为全球化最为积极的支持者和建设者,与近年来在美欧蔓延的全球化消极因素形成鲜明对比。

四是成员之间具有良好的合作传统。RCEP 各成员之间具有良好的合作传统、理念和机制。东盟自身就是一个市场一体化组织,而东盟与中国、日本、韩国、澳大利亚、新西兰均签署有自贸协定且生效多年。中国与东盟和新加坡自贸协定升级版已经生效;与韩国、澳大利亚和新西兰自贸协定也已生效;中、日、韩还签署有三方投资协定。此外,日本、澳大利亚、新西兰和东盟的新加坡、马来西亚、越南和文莱七国又是 CPT-

PP 成员。因此,RCEP 整合了已有的多对自贸伙伴关系,被称为区域内经贸规则的"整合器",也在中日和日韩间建立了新的自贸伙伴关系。

五是 RCEP 将提升区域市场开放水平。RCEP 生效后,区域内 90% 以上的货物贸易将最终实现零关税,服务贸易开放水平也将高于现有区域内 5 个"10+1"自贸协定,投资领域则通过负面清单方式对制造业、农业、林业、渔业、采矿业 5 个非服务业领域也做出了较高水平开放的安排。在自然人移动方面,成员国的投资者、公司内部流动人员、合同服务提供者、随行配偶及家属等各类商业人员,在符合条件的情况下,可获得一定的居留期限,并享受签证便利,以开展各种贸易投资活动。

(二)RCEP 将为全球化注入新动能

第一,RCEP 是全球最大的自贸区,为亚洲经济注入了新动能。RCEP 自贸区的建成,意味着全球约 1/3 的经济体量将形成一体化的大市场,中国和东盟中产阶级群体比重的快速上升将带来巨大的需求增量。这将为这一全球最多样化也最具活力的区域注入新动能,有利于推动亚洲经济整体复苏。

第二,RCEP 有助于成员国团结应对新冠疫情的影响。2020 年新冠疫情在全球肆虐,极大地影响了国际经贸投资合作,全球产业链、供应链受到严重冲击,世界经济陷入大衰退。与其他地区相比,RCEP 成员国在应对新冠疫情时体现了专业、协调、合作和互助精神,较为有效地控制了多轮疫情的冲击,为国际社会提供了多样化的抗疫防疫经验。RCEP 有助于成员国形成常态化应对重大公共卫生安全危机的合作机制,助力经济早日复苏。

第三,RCEP 有助于推进 WTO 改革。世界经济长期稳定需要 WTO,新一轮科技革命和全球经济格局的变化也需要 WTO 进行改革。与封闭排他而又不断受地缘政治因素干扰的 CPTPP 相比,RCEP 既体现出开放包容、公平合作、互惠共赢的 WTO 精神,又不带政治偏见,还吸收了 CPTPP 的先进理念,符合全面、多元、现代、高质量发展的时代潮流,有助于在亚洲率先形成公平有效的高标准国际经贸规则体系,进而推动 WTO 改革。

第四,RCEP 有助于推动新型全球化进入新阶段。全球化虽然在美欧遭遇挫折,但全球化大趋势不可逆转,RCEP 则为全球化注入了新鲜血液,代表了新型全球化的大趋势。美国退出 TPP 后,CPTPP 协定 11 个成员中有 7 个成员同时也是 RCEP 成员。未来,CPTPP 扩容最有可能的经济体无疑是包括中、韩在内的 RCEP 剩余的 8 个成员国。这可能使 RCEP 和 CPTPP 逐步走向融合,最终可能形成包括美国在内的亚太自贸区,推动新型全球化进入新阶段。

二、《数字经济伙伴关系协定》(DEPA)

当前,世界各国把发展数字经济作为驱动经济发展的新动能之一。而发展数字贸易成了驱动数字经济发展壮大的重要途径,也是国际贸易及相关规则发展演化的新趋势。在这一趋势下,各国家或地区已孕育出多种版本的数字贸易规则。其中,DEPA是全球首份数字经济区域协定,旨在加强彼此之间的数字贸易合作并建立相关规范,已成为数字贸易领域高标准规则的集成典范。DEPA是由智利、新西兰和新加坡于2020年6月在线签署,于2021年1月在新西兰、新加坡生效,并于2021年11月在智利生效。

(一)DEPA数字经贸规则的主要内容

不同于其他区域贸易协定(RTA)在跨境服务贸易或电子商务章节单独涉及数字经济问题,DEPA是"唯一数字(Digital Only)贸易协定"。DEPA包含16个模块,前11个模块是实质性条款,后5个模块涉及协定的运作和争端解决方式。DEPA的议题设置已超出单纯的数字贸易范围,延伸到数字经济的更多领域。按照目标和功能,可以将DEPA的协定内容划分为4个部分,即促进数字贸易便利化和自由化、构建数字系统信任体系、实现数字经济包容发展以及探索数字经济创新发展。

1. 促进数字贸易便利化和自由化

DEPA将促进数字贸易便利化和自由化作为重要内容,致力于消除壁垒和增进协调,该领域包括"商业和贸易便利化"和"数字产品待遇问题"两个模块。在商业和贸易便利化部分,DEPA的目标是消除数字经济中的贸易壁垒,促进端到端的数字贸易无缝连接。主要内容包括:(1)无纸贸易。提高企业对贸易管理文件电子版本和电子记录的接受程度,赋予贸易管理文件电子版本与纸质单证同等法律效力,设立单一窗口并无缝高效连接,建立彼此兼容的数据交换系统。(2)国内电子交易框架。遵守联合国国际贸易法委员会的《电子商务示范法》《国际合同使用电子通信公约》和《电子可转让记录示范法》,构建规范、完整的电子商务使用环境。(3)高效物流。致力于提高供应链的速度和可靠性,分享关于物流部门的最佳实践。(4)电子发票。强调电子发票的重要性,保证电子发票系统的可交互操作。(5)快运货物。保证以可预测、一致和透明的方式实施海关程序,并规定具体的快速海关程序。(6)电子支付。促进相关国际公认标准的适用,以支持高效、安全、可靠的跨境电子支付。

在数字产品待遇部分,DEPA分别从海关关税、非歧视待遇及密码技术ICT产品3个方面做了具体规则安排。(1)在海关关税方面,承诺免征电子传输关税,包括以电子方式传输的内容。(2)在非歧视待遇方面,承诺给予缔约方的数字产品最惠国待遇和国民待遇,但不包括数字形式的金融工具和货币。(3)在密码技术 ICT 产品方面,不得要求开发者或供应商提供密码技术,或者强制要求使用特定密码技术标准作为该产品的市场准入条件。

2. 构建数字系统信任体系

"信任"是 DEPA 的关键词,目标是要实现可信任基础之上各国数据之间的互联互通。DEPA 有 4 个模块涉及构建数字系统的信任体系,包括数据问题、更广泛的信任环境、商业和消费者信任及数字身份。首先,实现可信任的数据流动。建立个人信息保护法律框架,促进个人信息保护不同体制之间的兼容和互认,鼓励企业采用数据保护可信任标志并相互承认。其次,开展网络安全合作。强调网络安全是数字经济的基础,在打击恶意侵入或恶意代码传播方面开展合作,促进网络安全领域的劳动力发展,努力推动形成全球性网络安全合作的解决方案。再次,保障线上消费者权益。避免接受非应邀商业电子信息(即垃圾邮件),保护消费者在电子交易中免受欺诈和误导,促进消费者保护机构在跨境电子商务领域开展监管合作。最后,实现数字身份的互操作。促进数字身份的政策法规、技术实施、安全标准的相互交流,增强数字身份建设的安全性和互操作性。

3. 实现数字经济包容发展

强调数字经济包容发展是 DEPA 的特点,目的是使个人和企业都能平等参与数字经济并从中获益,相关内容包括"中小企业合作"和"数字包容性"。在中小企业合作部分,承诺利用数字工具和技术,增强中小企业在数字经济中进行贸易和投资合作的机会,改善中小企业获得资金和信贷支持的能力,给中小企业提供帮助信息,开展中小企业的数字对话。在数字包容性部分,提出缔约方应就数字包容性相关事项进行合作,促进妇女、农村人口、低收入社会经济群体和原住民参与数字经济。

4. 探索数字经济创新发展

DEPA 在模块 8"新兴趋势和技术"中重点关注新兴技术合作,在模块 9"创新和数字经济"中重点探讨数据创新应用,目的是促进数字经济高效、健康、创新发展。主要内容包括:(1)金融科技合作。促进缔约方金融科技产业的合作,帮助企业有效参与金融科技合作,制定金融科技解决方案,开展金融科技部门的创业和人才合作。(2)人工智能合作。增强人工智能技术接受和使用的便利性,构建具有国际一致性的人工智能技术治理框架,形成透明、公平和以人为本的统一价值观。(3)加强数据利用创新。包括使用"监管沙盒"促进数据驱动创新,开展数据共享项目和建立共享机制等。(4)开放政府数据。承诺在一定限度内开放政府数据,扩大获取和使用公开数据的方式,创造和增加商业机会。

(二) DEPA 与 CPTPP 数字经济规则的差异化特点

由于 DEPA 较 CPTPP 晚两年多达成,且系一项专门提供数字经济国际规则的专项协定,DEPA 除了在 CPTPP 的基础上对很多数字经济规则做了更为深化和细化的规定外,与 CPTPP 相比,还在多个方面存在显著的差异化特点,涵盖了多项 CPTPP 未涉及的新兴数字经济议题,例如人工智能、数字身份、金融科技合作等。同时,DEPA 的最初签署方并不包括世界上最主要的数字经济体,各方在数字经济发展水平上存在差异,因此 DEPA 体现了更多的"包容性"。

另一方面,由于 CPTPP 大量"继承"了 TPP 的规则,而 TPP 是由全球最大的数字经济体美国主导谈判制定的协定,其中的数字经济规则对源代码保护、电子认证和电子签名制定了更高的标准,而 DEPA 的谈判签署方并未将这些规定纳入这一新型的数字经济专项协定。

三、印太经济框架(IPEF)

2022 年 5 月 23 日,美国总统拜登访问日本期间宣布启动"印太经济框架",并于同年 9 月启动首次部长级谈判。该框架的首批参加国共有 14 个,包括美国、日本、韩国、印度、澳大利亚、新西兰、印度尼西亚、泰国、马来西亚、菲律宾、新加坡、越南、文莱和斐济。该框架是美国自 2017 年退出《跨太平洋伙伴关系协定》(TPP)以来,经过长时间缺席亚太地区经济合作后做出的与亚太地区进行重新接轨的战略性抉择。当前,IPEF 作为美国拜登政府提出的新型印太区域经济合作框架已经引起国际社会的广泛关注。

(一)"印太经济框架"的主要内容

"印太经济框架"由紧密经济(Connected Economy)、坚韧经济(Resilient Economy)、清洁经济(Clean Economy)和公正经济(Fair Economy)4 个版块构成,分别对应重构以数字经济为核心的贸易规则、防范区域供应链冲击、加强区域清洁能源和环境合作、强化税收和反腐协作 4 方面内容。除第 1 个版块紧密经济由美国贸易代表戴琪牵头谈判外,其他 3 个版块的谈判均由美国商务部部长雷蒙多负责。

在贸易领域,参与国将寻求建立高标准、包容、自由和公平的贸易承诺,主要通过劳工标准、环境保护、数字经济、农业、透明度、竞争政策和贸易便利化 7 个方面推动构建印太区域新标准。这些内容主要体现在美国发布的首次部长级会议声明中,例如,要根据《国际劳工组织关于工作中的基本原则和权利宣言》来制定、维护和执行劳工法律,不断推进制定农业与粮食安全基本策略,提升规则制定的透明度等。其中,数字经济是该领域的核心内容。该框架将在数字经济中制定高标准规则,包括数据跨境流动和数据本地化标准,将重点关注文莱、斐济、印度、印度尼西亚等国的数字经济问题。在首次部长级会议期间,美国宣布在 IPEF 下启动"技能提高倡议"(Upskilling Initiative),旨在为印太地区新兴市场的妇女和女童提供数字技能培训,以更好地加速数字空间开放进程。

在供应链领域,美国商务部长雷蒙多曾透露,IPEF 聚焦构筑该地区今后几十年经济和供应链的重要领域。该框架致力于构建坚韧经济供应链体系,包括:强化区域信息合作,构造透明、安全、多样、可持续的韧性供应链;提高供应链物流供应效率,以保障获取关键原材料、加工材料、半导体、关键矿物和清洁能源的技术;开发供应链预警系统,确保供应链关键领域的可追溯性,确保各供应链的各个环节符合环境、劳工以及反腐败等标准。首次部长级会议进一步声明在坚韧经济支柱中要建立关键部门的产品标准、提高透明度等强化供应链韧性的内容。在清洁经济领域,IPEF 规定,成员国需要加强清洁能源技术领域合作,推动经济脱碳进程;通过加强技术和资金援助,支持参与国相关清洁能源基础设施建设;深化在可再生能源、碳去除、能源效率标准和应对甲烷排放的新措施等领域的合作,共同应对气候危机。在首次部长级会议中,各国在既有框架文件的基础上,一致同意要通过环境和技术合作提升可再生能源和能源效率,增加零碳和低碳采购,增强能源安全;要以法律手段解决环境问题,共同探索低碳、净零经济发展路径。

在税收与反腐败领域,该框架旨在强化区域反腐败和税收合作,推进公平竞争。即各国在框架内要加强多边合作,积极进行信息交换,在既有国际规则的基础上,制定和实施有效的税收、反洗钱和反贿赂规则以促进公平经济。首次部长级会议提出,在反腐败领域,要实施《联合国反腐败公约》(UNCAC)的财务标准、金融行动特别工作组(FATF)的标准和 OECD 的《反贿赂公约》;在税收领域,支持税务主管机构在 G20 税收治理改革过程中根据现有国际协议和标准或通过技术援助等手段增加税收透明度和信息交换,以应对经济数字化带来的税收挑战。

总体来看,IPEF 的主要内容均是原则性规定,但针对的内容焦点极为明确,聚焦价值观、安全、标准和新兴领域,其中尤为关注供应链和数字经济领域。正如美国白宫国家安全顾问杰克·沙利文所说:"IPEF 的重点是围绕印度-太平洋经济体进行整合,以数字经济领域为重点,制定标准和规则,并致力于确保安全和有弹性的供应链。"

(二)"印太经济框架"的特点

与印太地区现有的自贸协定、合作倡议相比,IPEF 是由美国主导、具有较强单边主义性质、介于传统自贸协定与"一带一路"倡议的新型区域性合作伙伴关系,在框架性质、内容及理念方面均具有鲜明的特点。

从框架性质来看,"印太经济框架"是缺乏正当法律基础的非长效化倡议。该框架仅以总统行政令方式履行承诺,无须国会批准,从而决定了这一框架缺乏正当法律基础和必要的政策支持,具有很大的随意性和临时性。在该框架下,美国政府可根据自身利益修改内容或设置新议题,且可能随着美国总统更替而发生不可预见的变化,其发展前景不明朗。

从框架内容来看,一方面,IPEF 并非传统的自由贸易协定。该框架不同于 CPTPP 和 RCEP 等具有市场安排规则的贸易协定,其不涉及任何降低关税壁垒和市场准入方面的安排,这便证明美国并没有向 IPEF 成员国开放国内市场的意思表示,而这是其他参与国非常重视的内容。显然,该框架并未考虑印太地区其他参与国的实际经济形势与需求。另一方面,该框架采取"模块化"的参与方式,具有创新性和灵活性。参与国可选择 4 个模块中的 1 个或者多个进行双边谈判,但参加紧密经济谈判的国家必须参加其他所有模块的谈判,而且框架内容均是未来国际经贸发展的重点领域。由此可见,IPEF 突出强调框架内容的高标准和排他性,展现美国对外经贸模式的新转型。

从框架理念来看,IPEF 具有鲜明的价值观贸易理念色彩。王毅外长在 2022 年 5 月 30 日出访斐济期间表示:"美国推出的所谓 IPEF 是搞价值观贸易,违背基本经济规律。"IPEF 是美国一贯主张的所谓"公平贸易"的产物,这种公平是以"美国优先"为基础,不顾各国发展阶段的差异,推行美国主导、适合美国发展利益的单向贸易安排,而非实行双向共赢基础上的自由贸易。该框架将经济问题政治化、军事化和意识形态化,国家间的经贸合作均用美式价值观进行衡量,给自由市场发展设立障碍,违反客观经济发展规律。

第二节 2021—2022 年中国自由贸易区发展情况

加快实施自由贸易区战略是我国新一轮对外开放的重要内容。截至 2022 年 12 月,我国已经签署的自由贸易协定有 21 个(不含优惠贸易安排性质的《亚太贸易协定》),涉及亚洲、拉美、大洋洲、欧洲、非洲的多个国家及地区,正在谈判的自由贸易区(含升级谈判)有 10 个。此外,中国正在同哥伦比亚、斐济、尼泊尔、巴布亚新几内亚、加拿大、孟加拉国、蒙古国等国进行自由贸易区联合可行性研究,同瑞士进行自由贸易协定升级联合研究。其中,在 2021—2022 年期间,RCEP 正式生效,中国和新西兰签署了自贸协定升级协定书,和新加坡自贸协定升级后续谈判取得积极进展,和厄瓜多尔正式开启了自由贸易协定谈判。这对推动中国与贸易伙伴的贸易投资发展、加强成员间互利共赢的经贸合作关系,特别是对促进整个全球的区域经济合作和一体化进程起到了十分重要的作用。

以下对 2021—2022 年期间我国主要进行的自由贸易协定谈判的最新进展予以简要说明。

(一)《区域全面经济伙伴关系协定》(RCEP)

2021 年 4 月 15 日,中国向东盟秘书长正式交存《区域全面经济伙伴关系协定》(RCEP)核准书。这标志着中国正式完成 RCEP 核准程序。

2021 年 11 月 2 日,RCEP 保管机构东盟秘书处发布通知,宣布文莱、柬埔寨、老挝、新加坡、泰国、越南 6 个东盟成员国和中国、日本、新西兰、澳大利亚 4 个非东盟成员国已向东盟秘书长正式提交核准书,达到协定生效门槛。根据协定规定,RCEP 将于 2022 年 1 月 1 日对上述 10 国开始生效。

2022 年 1 月 1 日,RCEP 正式生效,文莱、柬埔寨、老挝、新加坡、泰国、越南 6 个东盟成员国和中国、日本、新西兰、澳大利亚 4 个非东盟成员国正式开始实施协定。

RCEP 的生效实施,标志着全球人口最多、经贸规模最大、最具发展潜力的自由贸易区正式落地,充分体现了各方共同维护多边主义和自由贸易、促进区域经济一体化的信心和决心,将为区域乃至全球贸易投资增长、经济复苏和繁荣发展做出重要贡献。

RCEP 于 2022 年 2 月 1 日起对韩国生效。RCEP 将进一步深化包括中韩在内的亚太产业链供应链关系,有助于发挥各国优势和产业互补性,深化高端产业链供应链合作,不断提升域内国家贸易投资合作水平。

RCEP 于 3 月 18 日起对马来西亚正式生效。从 3 月 18 日起,中马之间相互履行协定项下有关货物贸易、服务贸易和投资市场准入开放承诺,履行贸易便利化、电子商务、知识产权等各领域的规则义务。RCEP 对马来西亚生效,将有力促进中马贸易投资互利合作,为两国企业和人民带来更多红利,也将有利于区域产业链供应链优势互补、深度融合,为促进区域经济一体化、推动地区和全球经济增长带来新的机遇。

(二)中国-毛里求斯自由贸易区谈判

2019 年 10 月,我国和毛里求斯正式签署《中华人民共和国政府和毛里求斯共和国政府自由贸易协定》(以下简称《协定》)。中毛双方业已分别完成生效程序,《协定》于 2021 年 1 月 1 日正式生效。

这是我国与非洲国家签署的第一个自贸协定,《协定》的生效将进一步提升中毛两国互利合作水平,促进中非合作,为推动构建更加紧密的中非命运共同体做出贡献。

中毛自贸协定将为企业营造更加开放、透明、便利的营商环境,提升两国人民的福祉,助力疫情后经济复苏,对深化中非合作形成良好的示范作用。

(三)中国-新西兰自由贸易区升级版谈判

中新自贸协定于 2008 年 4 月签署并于同年 10 月 1 日实施。2016 年 11 月,双方启动自贸协定升级谈判。2019年11月,双方宣布完成升级谈判。

2021年1月26日,商务部王文涛部长与新西兰贸易和出口增长部长奥康纳分别代表两国政府,通过视频方式正式签署《中华人民共和国政府与新西兰政府关于升级〈中华人民共和国政府与新西兰政府自由贸易协定〉的议定书》(以下简称《升级议定书》)。

《升级议定书》签署后,双方将尽快履行相关国内程序,使中国-新西兰自由贸易区升级协定尽早生效实施。

2022年2月,中国商务部部长王文涛与新西兰贸易和出口增长部长奥康纳举行视频会谈。双方宣布,均已完成《中国-新西兰自由贸易协定升级议定书》的国内核准程序,《升级议定书》将于4月7日正式生效实施。

(四)中国-韩国自由贸易区第二阶段谈判

2021年2月26日,中国商务部与韩国产业通商资源部通过视频方式举行自贸协定第二阶段谈判首席谈判代表会议。双方以负面清单模式就服务贸易和投资规则及市场开放开展进一步磋商,谈判取得积极进展。

2022年7月13日,中国商务部与韩国产业通商资源部通过视频方式举行自贸协定第二阶段谈判首席谈判代表会议。双方就跨境服务贸易、投资和金融服务等议题规则和负面清单市场准入问题开展深入磋商,取得积极进展。

双方认为,中韩互为重要经贸伙伴,积极推进中韩自贸协定第二阶段谈判,早日取得实质性成果,将提升双边服务贸易和投资的开放与合作水平,进一步激发两国贸易潜力,推动中韩经贸关系迈上新台阶。

(五)中国-挪威自由贸易区谈判

中挪自由贸易协定谈判于2008年9月正式启动,并在2008—2010年间举行了8轮谈判。2017年4月7日,双方就重启相关经贸安排达成共识,两国政府在北京共同签署了《恢复中挪自由贸易协定谈判谅解备忘录》,并于2017—2018年进行了4轮谈判。2019—2020年,两国又进行了4轮谈判,具体谈判进程见表6—1。

表6—1　　　　　　中国-挪威自由贸易区谈判进展过程(2019—2020年)

进　程	时　间	地　点	主要成果
第十三轮谈判	不详	不详	不详
第十四轮谈判	2019年3月25—28日	北京	本轮谈判就双方货物贸易、服务贸易与投资、原产地规则、海关程序与贸易便利化、技术性贸易壁垒、卫生与植物卫生措施、贸易救济、环境、法律议题、争端解决、知识产权、竞争政策、政府采购等相关议题展开磋商,谈判取得积极进展

续表

进　程	时　间	地　点	主要成果
第十五轮谈判	2019年 6月24—27日	奥斯陆	本轮谈判双方就货物贸易、服务贸易、投资、技术性贸易壁垒、卫生与植物卫生措施、贸易救济、政府采购、环境、竞争政策、电子商务、法律议题、争端解决等相关议题展开磋商,谈判取得积极进展
第十六轮谈判	2019年 9月9—12日	武汉	本轮谈判就双方货物贸易、服务贸易与投资、原产地规则、贸易救济、环境、法律议题、争端解决、竞争政策、政府采购、电子商务、机构条款等相关议题展开磋商,谈判取得积极进展

资料来源:作者根据相关资料自行整理。

2021年3月11日,中国与挪威举行自贸协定首席谈判代表视频会议。双方围绕货物贸易、服务贸易、投资、原产地规则、海关程序与贸易便利化、卫生与植物卫生措施、技术性贸易壁垒、争端解决、协定序言等领域开展深入磋商,会议在已有共识基础上取得了更多进展。

(六)中国-新加坡自由贸易区升级版谈判

中国-新加坡自贸协定于2008年10月签署,2009年1月1日起实施。2018年11月,双方签署中新自贸协定升级议定书,并于2019年10月实施。根据《中新自贸协定升级议定书》规定,双方于2020年12月宣布启动升级后续谈判,致力于采用负面清单方式开展服务贸易和投资自由化谈判,进一步提升双边贸易投资自由化、便利化水平。

2021年3月25—31日,中国-新加坡自贸协定升级后续第一轮谈判通过视频会议举行。双方围绕跨境服务贸易、投资、电信等领域规则进行深入磋商,并就服务贸易和投资自由化谈判相关问题交换意见,谈判取得积极进展。

2021年6月17—25日,中国与新加坡通过视频会议举行自贸协定升级后续谈判第二轮磋商。本轮磋商,双方继续围绕跨境服务贸易、投资、电信等领域规则开展深入讨论,取得积极进展。此外,双方同意从下轮谈判起开展服务贸易和投资负面清单市场准入磋商。

2021年12月14日,中国与新加坡通过视频方式举行自贸协定升级后续谈判第三次首席谈判代表会议。双方全面回顾了当年举行的三轮谈判,积极评价在文本和市场准入磋商方面已取得的成果,为下一步加快推进谈判提出建议。双方同意保持谈判势头,积极推动文本磋商,深入推进服务贸易和投资市场准入磋商,争取尽早完成谈判,使两国人民和企业早日获益。

2022年8月1日,中国商务部与新加坡贸易与工业部通过视频方式举行自贸协定升级后续谈判第四轮谈判首席谈判代表会议。双方就有关章节文本、服务贸易和投资负面清单等议题开展深入讨论,取得积极进展。双方同意积极推动谈判进程,争取早日取得实质性成果。

(七)中国-柬埔寨自由贸易区谈判

中柬双方于2019年底完成自由贸易谈判联合可行性研究,从2020年1月起陆续举行了三轮谈判(见表6—2)。2002年7月20日,两国共同发布《中华人民共和国与柬埔寨王国完成自由贸易协定谈判的联合声明》,宣布谈判完成。10月12日,商务部部长钟山与柬埔寨商业大臣潘索萨分别在北京和金边代表中柬两国政府,通过视频正式签署《中华人民共和国政府和柬埔寨王国政府自由贸易协定》(简称《中柬自由贸易协定》)。协定覆盖"一带一路"倡议合作、货物贸易、原产地规则、海关程序和贸易便利化、技术性贸易壁垒、卫生与植物卫生、服务贸易、投资合作、经济技术合作、电子商务等领域。协定的签署标志着双方全面战略合作伙伴关系、共建中柬命运共同体和"一带一路"合作进入新时期,是双边经贸关系发展中新的里程碑,必将推动双边经贸关系提升到新的水平,不断增进两国企业和人民福祉。

表6—2　　　　中国-柬埔寨自由贸易区谈判进展过程(2019—2020年)

进　程	时　间	地　点	主要成果
第一轮谈判	不详	北京	本轮谈判双方围绕技术性贸易壁垒、海关程序与贸易便利化、原产地规则、服务贸易、竞争政策、电子商务、农业合作、环境、政府采购等议题展开富有成效的磋商
第二轮谈判	不详	不详	本轮谈判双方围绕技术性贸易壁垒、海关程序与贸易便利化、原产地规则、服务贸易、投资、竞争政策、电子商务、农业合作、环境、政府采购等议题展开磋商
第三轮谈判	2020年6月9—30日	远程视频	本轮谈判双方在前两轮谈判的基础上继续开展全面磋商,达成了广泛共识

资料来源:作者根据相关资料自行整理。

2022年1月1日,《中华人民共和国政府和柬埔寨王国政府自由贸易协定》(以下简称《协定》)正式生效实施。根据《协定》安排,双方货物贸易零关税产品税目比例均将达到90%以上,双方还将加强在服务贸易、投资、"一带一路"倡议、电子商务、经济技术等领域合作。中柬双方将积极推动做好《协定》的实施,让成果充分惠及两国企业和人民。

(八)中国-厄瓜多尔自由贸易区谈判

近年来,中厄两国经贸合作成果显著,双边贸易增势明显。2021年,中厄双边贸易总额109.5亿美元,同比增长44.5%,中国已连续两年成为厄瓜多尔第二大贸易伙伴。2021年9月,中厄双方启动自贸协定联合可行性研究,并于2022年1月完成。

商签自贸协定将有助于进一步深入挖掘中厄双边贸易潜力,促进双边贸易持续、稳定、多元化发展。

2022年7月12日,商务部部长王文涛与尼加拉瓜外交部长蒙卡达分别代表两国政府,以视频方式签署《中华人民共和国政府和尼加拉瓜共和国政府关于自由贸易协定早期收获的安排》,共同宣布启动中国-尼加拉瓜全面自由贸易协定谈判;与尼总统顾问劳雷亚诺分别代表两国政府,以视频方式签署《中华人民共和国政府和尼加拉瓜共和国政府关于成立经济、贸易和投资合作混合委员会的谅解备忘录》,正式建立双边政府间经贸合作机制。

第三节　关税谈判与自贸区发展评述

一、全球区域贸易协定发展的新特点

根据区域贸易协定 RCEP、DEPA 以及 IPEF 的最新发展动向,以及全球各国自贸协定签署数量的不断增加,全球自贸区合作表现出以下特点:

(一)自贸协定网络化发展趋势越来越强

伴随着当前全球 FTA 的网络化发展趋势,错综复杂的贸易协定网络相互影响、相互依赖。随着协定数量的增加,网络边数不断增加,各国之间的联系不断加强,但只有少数经济体一直处于核心位置。早期,国家或地区之间的 FTA 联系主要体现在区域层面,如北美的美国、墨西哥和加拿大,东南亚的东盟十国,大洋洲的澳大利亚和新西兰。此后的跨区域协定主要体现在新加坡、智利两国,扮演着连接不同区域的"桥梁"角色,将亚洲和太平洋彼岸的美洲连接起来。2018 年 CPTPP 的签署生效使 55 对国家中的 11 对首次建立 FTA 联系,2022 年 RCEP 的实施进一步增加了网络的密度及复杂程度,RCEP 与 CPTPP 的成员构成重合度较高,7 个成员(日本、澳大利亚、新西兰、新加坡、马来西亚、越南、文莱)同时存在于两大集团。当前,全球众多自贸协定相互重叠,规则碎片化问题严重。但是,RCEP 成功签署实施后,形成了 CPTPP 和 RCEP 两大巨型自贸协定并行的局面,未来这两大巨型贸易协定都可能扩容,各国间的 FTA 联系将进一步加强。在此背景下,整合区域内已有协定的相关规则,实现高水平融合并形成统一、稳定的市场,是一个十分困难但必须为之做出努力的方向。

(二)广覆盖和高标准的规则成为区域经济合作的发展方向

除了数量增长外,当今全球自由贸易协定还表现出两大新特征:水平差异化和垂直深度一体化不断加强。第一,新增 FTA 表现出越来越强的水平差异化。FTA 内容

不仅包括传统的关税减让等被称为"WTO+"条款的内容,而且包含竞争政策和资本流动等超出 WTO 授权范围之外的"WTO-X"条款,新增 FTA 表现出越来越强的水平差异化。第二,现有 FTA 表现出不同程度的垂直深化一体化。FTA"深度一体化"是指边境后的贸易政策协调和规制,即改革成员国国内的贸易体制、贸易规则和贸易标准,通过实施统一的贸易政策和管理措施,深度促进区域内的贸易自由化和便利化。当前,FTA 中以"边境后"贸易政策协调为目标的"WTO-X"条款发挥了越来越重要的作用,"WTO-X"条款对全球价值链贸易产生了深远的影响。

(三)数字贸易区域合作进程加快

新冠疫情阻碍了实物要素与产品的自由流动,某一供应环节的断裂将沿着国际生产网络迅速传导至上下游企业。为应对疫情和经济衰退,最小化系统性风险,提高供应链韧性,各国积极参与数字贸易区域化合作,利用区域贸易协定的数字贸易条款,推动供应链重构。2021 年 10 月 G7 跨境数据流动与数字贸易原则方面达成共识,发布了《数字贸易原则》(Digital Trade Principles),反映了后疫情时代欧美数字贸易治理模式呈现逐渐靠拢的趋势;CPTPP 及《美墨加贸易协定》(USMCA)对数字贸易规则进行深层次、高标准承诺,以加强区域内贸易联系并维持产业体系的稳定;RCEP 进一步降低了数字贸易壁垒,加强了区域数字技术合作,促进了电子商务,提升了贸易便利化水平。在全球价值链布局区域化的推动下,区域性合作的数字贸易规则协定会越来越多,合作范围和深度将不断扩大,将从贸易手段到贸易对象再到边境措施不断延伸。

二、中国参与 FTA 谈判的主要特点

(一)中国以"一带一路"倡议为依托,继续加快 FTA 全球战略布局

中国正以"一带一路"倡议为依托,在"一带一路"沿线国家的基础上,进一步拓展 FTA 发展的数量和范围,提升中国的贸易自由化和贸易便利化水平。比如中国以加入 RCEP 框架为依托,推进中日韩 FTA 的谈判进程;中国和新西兰、新加坡、智利、巴基斯坦以及东盟完成了升级版谈判;中国和斯里兰卡、以色列、摩尔多瓦、巴勒斯坦等"一带一路"国家正在积极进行谈判。中国和毛里求斯自贸协定已开始生效,同时辐射非洲大陆,进而形成全方位对外开放新格局。

(二)中国在增加 FTA 数量和规模的同时,进一步提升 FTA 的质量和深度建设

近年来,中国在扩大与建立 FTA 的国家和地区范围的同时,还注重 FTA 的深度和领域建设,完善 FTA 的程序和制度,扩大开放领域,加强和其他国家(地区)的经贸联系,进一步提升服务贸易领域的开放程度。具体而言,在推动现有 FTA 的升级谈

判进程中,提升在建 FTA 的涉及领域和范围,提升各产业 FTA 协议下的关税减让程度,增加和完善服务贸易领域的市场准入和贸易壁垒减让安排,加强中国和各 FTA 成员在原产地规则、知识产权保护、电子商务、贸易壁垒、跨国投资、技术贸易等领域的合作。

(三)**在 FTA 的国别(地区)策略选择中,注重国家和地区的多元化**

近年来,中国在亚洲邻国和地区的基础上,加快与世界主要经济体之间的 FTA 谈判步伐。中国在与相邻和相近国家(地区)扩大经贸关系的基础上,加快与世界主要经济体之间的一体化合作进程,注重 FTA 伙伴的多元化,尤其注重对外开放程度较高、在世界范围内 FTA 参与程度较高、与中国贸易联系紧密的较发达国家和地区,通过与这些国家和地区建立层次更深、范围更广、关税和非关税壁垒减让程度更高的区域经济一体化形式来提升中国的全球价值链参与程度和竞争力,加快多边贸易自由化进程的步伐。

(本章执笔:上海海关学院匡增杰教授)

第七章

国际贸易摩擦与贸易救济调查

第一节 2021—2022年境外对中国出口产品贸易救济调查情况

一、2021—2022年境外对中国出口产品发起反倾销调查情况

(一)发达经济体对中国出口产品发起反倾销调查情况

1. 美国对活页文件夹发起反倾销调查

2022年11月2日,美国商务部宣布对进口自中国、印度和越南的活页文件夹发起反倾销调查。本案涉及美国协调关税税号4820300040项下的产品。

2. 欧盟对中国出口产品发起反倾销调查情况

(1)欧盟对华石墨电极系统进行反倾销立案调查

2021年2月17日,欧盟委员会对原产于中国的石墨电极系统进行反倾销立案调查。涉案产品欧盟CN编码为ex85451100和ex85459090(TARIC编码为8545110010、8545110015、8545909010和8545909015)。本案倾销和损害调查期为2020年1月1日—2020年12月30日,损害分析期为2017年1月1日至倾销和损害调查期结束。

(2)欧盟对华硅化钙启动反倾销立案调查

2021年2月18日,欧盟委员会对原产于中国的硅化钙进行反倾销立案调查。涉案产品欧盟CN编码为ex72029980和ex28500060(TARIC编码为7202998030和2850006091)。本案倾销和损害调查期为2020年1月1日—2020年12月31日,损害分析期为2017年1月1日至倾销和损害调查期结束。

（3）欧盟对涉华电镀铬钢启动反倾销立案调查

2021年9月24日，欧盟委员会对原产于中国和巴西的电镀铬钢进行反倾销立案调查。涉案产品为镀或涂有铬或氧化铬的铁或非合金钢扁轧制品，涉及欧盟编码72105000和72125020项下产品；倾销和损害调查期为2020年7月1日—2021年6月30日，损害分析期为2018年1月1日至倾销和损害调查期结束。

（4）欧盟对华可再装不锈钢桶发起反倾销调查

2022年5月13日，欧盟委员会对原产于中国的可再装不锈钢桶发起反倾销调查。涉案产品欧盟CN编码为ex73101000和ex73102990（TARIC编码为7310100010和7310299010）项下产品。本案倾销调查期为2021年1月1日—2021年12月31日，损害调查期为2018年1月1日至倾销调查期结束。

（5）欧盟对涉华球扁钢发起反倾销调查

2022年11月14日，欧盟委员会对原产于中国和土耳其的球扁钢发起反倾销调查。涉案产品为宽度不超过204毫米的非合金球扁钢，涉及欧盟CN编码ex72165091（TARIC编码为7216509110）项下产品。本案倾销调查期2021年10月1日—2022年9月30日，损害调查期为2019年1月1日至倾销调查期结束。

3.英国对中国出口产品发起反倾销调查情况

（1）英国对华铝挤压材发起反倾销立案调查

2021年6月21日，英国贸易救济署对原产于中国的铝挤压材发起反倾销立案调查。涉案产品英国海关编码为76041010、76041090、76042100、76042910、76042990、76081000、76082081、76082089和76109090。涉案产品为铝含量不超过99.3%的合金或非合金铝制棒材、管材、型材，无论是否经过截取、钻孔、弯曲、螺纹等处理的铝挤压材。本案倾销调查期为2020年6月1日—2021年5月31日，损害调查期为2017年6月1日—2021年5月31日。

（2）英国贸易救济调查局发布对涉华冷轧板卷反倾销过渡性审查立案公告

2021年4月29日，英国国际贸易部对原产于中国和俄罗斯的冷轧板卷开启反倾销立案过渡性审查，以决定欧盟现行反倾销措施在脱欧后是否继续在英国实施及是否调整税率水平。涉案产品英国海关编码为7209150090、7209169000、7209179000、7209189100、7211233099、7211238019、7211238095、7209269000、7209279000、7209289000、7211233010、7225508000、7226920010、7211238099、7211290019、7211290099、7211233091、7209189990、7226920090。本案倾销调查期为2020年4月1日—2021年3月31日，损害调查期为2017年4月1日—2021年3月31日。

(3)英国发布对华高抗疲劳性能混凝土钢筋反倾销过渡性审查立案公告

2021年4月29日,英国国际贸易部对原产于中国的高抗疲劳性能混凝土钢筋反倾销立案进行过渡性审查,以决定欧盟现行反倾销措施在脱欧后是否继续在英国实施以及是否调整税率水平。涉案产品的英国海关编码为7214200010、7228302010、7228304110、7228304910、7228306110、7228306910、7228307010和7228308910。倾销调查期为2020年4月1日—2021年3月31日,损害调查期为2017年4月1日—2021年3月31日。

(4)英国贸易救济调查局发布对华铝合金轮毂反倾销过渡性审查立案公告

2021年10月7日,英国国际贸易部对原产于中国的铝合金轮毂开启反倾销立案过渡性审查,以决定欧盟现行反倾销措施在脱欧后是否继续在英国实施以及是否调整税率水平。涉案产品英国海关编码为8708701015、8708701050、8708705015和8708705050。本案倾销调查期为2020年7月1日—2021年6月30日,损害调查期为2017年7月1日—2021年6月30日。

(5)英国对华中厚板反倾销措施发起过渡性审查

2022年1月25日,英国国际贸易部对原产于中国的中厚板的反倾销措施立案进行过渡性审查,以决定源自欧盟的反倾销措施是否继续在英国实施以及是否调整税率水平。涉案产品为厚度大于10毫米,宽度大于等于600毫米,或厚度大于等于4.75毫米、小于等于10毫米,宽度大于等于2.05米,非包层、镀层或涂层,非成卷状的热轧非合金或合金钢板(不包括不锈钢、硅电工钢、工具钢和高速钢),涉及英国海关编码7208512010、7208519110、7208519810、7208529110、7208902010、7208908020、7225404000、7225406010和7225990045项下的产品。倾销调查期为2021年1月1日—2021年12月31日,损害调查期为2018年1月1日至2021年12月31日。

4. 韩国对中国出口产品发起反倾销调查情况

(1)韩国对华聚酯全拉伸丝启动反倾销立案调查

2021年1月27日,韩国贸易委员会对原产于中国的聚酯全拉伸丝启动反倾销立案调查。涉案产品韩国税号为5402.47.9000。本案倾销调查期为2019年7月1日—2020年6月30日,损害调查期为2017年1月1日—2020年6月30日。

(2)韩国对华铝制双涂层预涂感光板产品启动反倾销立案调查

2021年4月26日,韩国贸易委员会对原产于中国的两面长度均不小于255毫米的铝制双涂层预涂感光板产品启动反倾销立案调查。涉案产品韩国税号为3701.30.9100。涉案产品不包括光敏聚合物紫罗兰色版和再生版的铝制双涂层预涂感光板。本案倾销调查期为2020年1月1日—2020年12月31日,损害调查期为2017年1月1日—

2020 年 12 月 31 日。

(3)韩国对涉华氢氧化铝启动反倾销立案调查

2021 年 6 月 17 日,韩国贸易委员会对原产于中国和澳大利亚的氢氧化铝启动反倾销立案调查。涉案产品不包括用于生产专用氧化铝(干粉、细粉、超细粉)的原料。涉案产品韩国税号为 2818.30.9000,倾销调查期为 2020 年 7 月 1 日—2020 年 12 月 31 日,损害调查期为 2018 年 1 月 1 日—2020 年 12 月 31 日。

(4)韩国对涉华无缝铜管启动反倾销立案调查

2021 年 10 月 29 日,韩国贸易委员会对原产于中国和越南的无缝铜管启动反倾销立案调查。涉案产品为外直径大于等于 3.80 毫米且小于等于 28.58 毫米、厚度大于等于 0.20 毫米且小于等于 2.00 毫米、长度大于等于 50 米、铜比重大于等于 99.85%(在其他元素比重达到标准的情况下,铜比重可以大于等于 97.5%)的精炼铜管,涉及韩国税号 7411.10.0000 项下产品。本案倾销调查期暂定为 2021 年 1 月 1 日—2021 年 6 月 30 日,损害调查期暂定为 2018 年 1 月 1 日—2021 年 6 月 30 日。

(5)韩国对涉华聚酰胺薄膜启动反倾销立案调查

2022 年 2 月 28 日,韩国贸易委员会对原产于中国、泰国和印度尼西亚的双向拉伸聚酰胺薄膜启动反倾销立案调查。涉案产品包括厚度小于等于 25 微米的拉伸聚酰胺薄膜,涉及韩国税号 3920.92.0000 项下产品,不包括层压聚酰胺薄膜。本案倾销调查期预计为 2020 年 7 月 1 日—2021 年 6 月 30 日(12 个月),损害调查期预计为 2018 年 1 月 1 日—2021 年 12 月 31 日(4 年)。

(6)韩国对涉华氢氧化铝启动反倾销立案调查

2022 年 2 月 28 日,韩国贸易委员会对原产于中国和澳大利亚的氢氧化铝启动反倾销立案调查。涉案产品为白色粉末状、分子式为 $Al(OH)_3$、平均粒径(Dp50)小于等于 55 微米的氢氧化铝,涉及韩国税号 2818.30.9000 项下产品。本案倾销调查期预计为 2020 年 10 月 1 日—2021 年 9 月 30 日,损害调查期预计为 2018 年 1 月 1 日—2021 年 12 月 31 日。

5. 日本对涉华热镀锌铁丝发起反倾销立案调查

2021 年 6 月 14 日,日本财政部决定对原产于中国和韩国的热镀锌铁丝发起反倾销立案调查,涉及日本海关税号 721720 项下产品,产品为碳比重小于 0.25%,横截面直径大于 1.5 毫米,不包括电镀及扁平的热镀锌铁丝。本案倾销调查期为 2020 年 4 月 1 日—2021 年 3 月 31 日,产业损害调查期为 2016 年 4 月 1 日—2021 年 3 月 31 日。

6. 新西兰对华罐装桃发起反倾销调查

2022 年 11 月 29 日,新西兰商业、创新与就业部,对原产于或进口自中国的总重不超过 5 千克的罐装桃发起反倾销调查。涉案产品海关编码为 2008700900。本案倾销调查期为 2021 年 7 月 1 日—2022 年 6 月 30 日,损害调查期为 2019 年 6 月—2022 年 6 月。

(二)发展中经济体对中国出口产品发起反倾销调查情况

1.印度对中国出口产品发起反倾销调查情况

(1)印度对华塑料加工机械启动反倾销立案调查

2021 年 2 月 17 日,印度商工部对原产于或进口自中国的塑料加工机械或注塑成型机启动反倾销立案调查。本案的倾销调查期为 2019 年 4 月 1 日—2020 年 9 月 30 日(18 个月),损害调查期为 2016 年 4 月 1 日—2017 年 3 月 31 日、2017 年 4 月 1 日—2018 年 3 月 31 日、2018 年 4 月 1 日—2019 年 3 月 31 日以及倾销调查期。本案涉及印度海关编码 8477.1000 项下的产品。此次调查产品不包括吹塑机(海关编码为 847730)、立式注塑机、电动注塑机、多色/多模制鞋机、用于制造鞋及鞋底/鞋带/鞋后跟的旋转注塑机(海关编码为 8453)。

(2)印度对华二环己基碳二亚胺启动反倾销立案调查

2021 年 2 月 25 日,印度商工部对原产于或进口自中国的二环己基碳二亚胺启动反倾销立案调查。本案涉及印度海关编码 29251900 和 29252990 项下产品。本案倾销调查期为 2020 年 1 月 1 日—2020 年 12 月 31 日(12 个月),损害调查期为 2017 年 4 月—2018 年 3 月、2018 年 4 月—2019 年 3 月、2019 年 4 月—2019 年 12 月及倾销调查期。

(3)印度对华聚氨酯皮革发起反倾销立案调查

2021 年 2 月 24 日,印度商工部对原产于或进口自中国的聚氨酯皮革发起反倾销立案调查。本案涉及印度海关编码 56039400、59032090 项下产品和 39211390、59031010、59031090、59032010、59039010、59039020、59039090、56031100、56031200、56031300、56031400、56039100、56039200 和 56039300 项下部分产品。本案倾销调查期为 2019 年 4 月 1 日—2020 年 9 月 30 日(18 个月),损害调查期为 2017—2018 年、2018—2019 年及倾销调查期。

(4)印度对华太阳能涂氟背板发起反倾销立案调查

2021 年 3 月 30 日,印度商工部对原产于或进口自中国的太阳能涂氟背板发起反倾销立案调查。本案涉及印度海关编码 3920 和 3921 项下产品。本案倾销调查期为 2019 年 10 月 1 日—2020 年 9 月 30 日(12 个月),损害调查期为 2017 年 4 月—2018 年 3 月、2018 年 4 月—2019 年 3 月、2019 年 4 月—2020 年 3 月及倾销调查期。

(5)印度对涉华橡胶化学助剂发起反倾销立案调查

2021 年 3 月 31 日,印度商工部对原产于或进口自中国的 TDQ、PVI、CBS 橡胶化学助剂发起反倾销立案调查。涉案产品 TDQ,是指 2,2,4-三甲基-1,2-二氢喹啉化物,是一种橡胶抗氧化剂。PVI 是指 N-(环己硫基)邻苯二甲酰亚胺化物,是一种橡胶预硫化抑制剂。CBS 是指 N-环己基-2-苯并噻唑亚磺酰胺化物,是一种橡胶促进剂。本案涉及印度海关编码 3812 项下产品和 3829 项下部分产品。

本案倾销调查期为 2019 年 10 月—2020 年 9 月(12 个月),损害调查期为 2017—2018 年、2018—2019 年、2019—2020 年及倾销调查期。

(6)印度对涉华光伏电池及组件发起反倾销立案调查

2021 年 5 月 15 日,印度商工部对原产于或进口自中国的光伏电池及组件发起反倾销立案调查,主要涉及印度海关编码 85414011 和 85411012 项下产品。本案倾销调查期为 2019 年 7 月—2020 年 12 月(18 个月),损害调查期为 2016—2017 年、2017—2018 年、2018—2019 年、2019—2020 年及倾销调查期。

(7)印度对华树脂粘合薄砂轮发起反倾销立案调查

2021 年 6 月 7 日,印度商工部对原产于或进口自中国的树脂粘合薄砂轮发起反倾销立案调查。本案主要涉及印度海关编码 68 项下的产品。本案倾销调查期为 2020 年 1 月—2020 年 12 月(12 个月),损害调查期为 2017—2018 年、2018—2019 年、2019—2020 年及倾销调查期。

(8)印度对华阿托伐他汀中间体(ATS-8)发起反倾销立案调查

2021 年 8 月 2 日,印度商工部对原产于或进口自中国的阿托伐他汀中间体(ATS-8)发起反倾销立案调查。本案涉及印度海关编码 2932、2933 项下产品和 2915、2916、2917、2918、2926、2931 和 2934 项下部分产品。本案倾销调查期为 2020 年 4 月 1 日—2021 年 3 月 31 日(12 个月),损害调查期为 2017—2018 年、2018—2019 年、2019—2020 年及倾销调查期。

(9)印度对华不锈钢无缝钢管发起反倾销立案调查

2021 年 9 月 10 日,印度商工部对原产于或进口自中国的直径小于等于 6 英寸的不锈钢无缝钢管发起反倾销立案调查。本案涉及印度海关编码 7304 项下产品。本案倾销调查期为 2020 年 4 月 1 日—2021 年 3 月 31 日(12 个月),损害调查期为 2017—2018 年、2018—2019 年、2019—2020 年及倾销调查期。

(10)印度对华氧氟沙星及其中间体启动反倾销立案调查

2021 年 9 月 17 日,印度商工部对原产于或进口自中国的氧氟沙星及其中间体发起反倾销立案调查。本案涉及印度海关编码 30042034 项下产品及 29419030、29419060、29152990、29163990、29189900、29411090、29349900、29419090、29420090 项下部分产品。本案倾销调查期为 2020 年 4 月 1 日—2021 年 3 月 31 日(12 个月),

损害调查期为2017—2018年、2018—2019年、2019—2020年及2020年4月1日—2021年3月31日。

(11)印度对华甘氨酸启动反倾销立案调查

2021年9月30日,印度商工部对原产于或进口自中国的甘氨酸启动反倾销立案调查。本案倾销调查期为2020年4月—2021年3月(12个月),损害调查期为2017—2018年、2018—2019年、2019—2020年以及倾销调查期。本案涉及印度海关编码29224910项下产品和29224990项下部分产品。

(12)印度对华半成品眼镜片发起反倾销立案调查

2021年9月30日,印度商工部对原产于或进口自中国的半成品眼镜片发起反倾销立案调查。涉案产品为塑料材质的半成品眼镜片,其折射率为1.498、1.56、1.60、1.67和1.74等,其直径为65毫米、70毫米和75毫米等,涉及印度海关编码90015000项下产品。本次调查不包括以下产品:偏光镜片、聚碳酸酯镜片、过渡镜片、高端专用镜片。本案倾销调查期为2020年4月1日—2021年3月31日(12个月),损害调查期为2017年4月1日—2018年3月31日、2018年4月1日—2019年3月31日、2019年4月1日—2020年3月30日及2020年4月1日—2021年3月31日。

(13)印度对涉华乙烯基瓷砖启动反倾销立案调查

2022年1月24日,印度商工部对原产于或进口自中国大陆、中国台湾地区和越南的除卷状和片状外的乙烯基瓷砖启动反倾销立案调查。本案倾销调查期为2020年10月1日—2021年9月30日,损害调查期为2018—2019年、2019—2020年、2020—2021年以及倾销调查期。本案涉及印度海关编码39181090项下产品和39181010、39189010、39189020、39189090项下部分产品。

(14)印度对涉华熊脱氧胆酸启动反倾销立案调查

2022年1月24日,印度商工部对原产于或进口自中国和韩国的熊脱氧胆酸启动反倾销立案调查。本案倾销调查期为2020年10月—2021年9月,损害调查期为2018—2019年、2019—2020年、2020—2021年、2020年10月—2021年9月。本案涉及印度海关编码2915、2916、2918、2922、2924、2931、2933、2934、2939、2941、2942项下产品和29181690、29181990项下部分产品。

(15)印度对涉华非色散位移单模光纤发起反倾销调查

2022年5月6日,印度商工部对原产于或进口自中国、印度尼西亚、韩国的非色散位移单模光纤(SMOF)发起反倾销调查。涉案产品为由国际电信联盟(ITU)定义的非色散位移单模光纤(G.652)和弯曲不敏感单模光纤(G.657),涉及印度海关编码90011000项下产品。本次调查产品不包括色散位移光纤(G.653)、截止波长位移单模光纤(G.654)和非零色散位移光纤(G.655&G.6560)。本案倾销调查期为2021年1月1日—2021年12月31日;损害调查期为2018年4月1日—2019年3月31日、2019年4月1日—2020年3月31日、2020年4月1日—2021年3月31日及倾销调查期。

(16)印度对华家电用钢化玻璃启动反倾销调查

2022年9月30日,印度商工部对原产于或进口自中国的厚度在1.8~8毫米、面积小于等于0.4平方米的家电用钢化玻璃启动反倾销调查。本案倾销调查期为2021年4月1日—2022年3月31日,损害调查期为2018年4月—2019年3月、2019年4月—2020年3月、2020年4月—2021年3月以及2021年4月1日—2022年3月31日。本案调查产品仅限于进口冰箱、炉灶面、OTG、微波炉、LED等家电用钢化玻璃,不包括用于汽车、建筑等的进口钢化玻璃。涉案产品主要用于生产各种器具,如煤气炉、冰箱、家用洗衣机、照明设备、炉灶面、烤箱、烤架、烟囱等。涉及印度海关编码70071900项下产品以及70072100、70072900、70074900、70079900、70134900、70139900、70199090、70200019、70200029、70200090项下部分产品。

(17)印度对华粘胶长丝纱线启动反倾销调查

2022年9月30日,印度商工部对原产于或进口自中国的粘胶长丝纱线启动反倾销调查。本案倾销调查期为2021年4月1日—2022年3月31日,损害调查期为2018—2019年、2019—2020年、2020—2021年以及2021年4月1日—2022年3月31日。涉案产品包括染色纱线和未染色纱线以及通过离心纺纱和连续纺纱工艺生产的粘胶长丝纱线。涉及印度海关编码54031000、54031090、54033100、54033200、54034110、54034120、54034130、54034150、54034170和54034190项下产品。通过线轴纺纱工艺生产的粘胶长丝纱线和印度海关编码5401项下的用于刺绣机的即用小线轴绣花线不在本案调查范围内。

(18)印度对华工业激光机启动反倾销调查

2022年9月29日,印度商工部对原产于或进口自中国的用于切割、打标或焊接的工业激光机启动反倾销调查。本案倾销调查期为2021年4月1日—2022年3月31日,损害调查期为2018—2019年、2019—2020年、2020—2021年以及2021年4月1日—2022年3月31日。涉及印度海关编码84561100、84569090、84622920、84798999、85152190、85158090以及90132000项下的产品。除用于切割、打标或焊接之外的所有工业激光机不在本案调查范围内。

(19)印度对涉华石膏板启动反倾销调查

2022年9月30日,印度商工部对原产于或进口自中国和阿曼的至少一侧层压的石膏板/石膏砖启动反倾销调查。本案倾销调查期为 2021 年 4 月 1 日—2022 年 3 月 31 日,损害调查期为 2018—2019 年、2019—2020 年、2020—2021 年以及 2021 年 4 月 1 日—2022 年 3 月 31 日。涉及印度海关编码 68069000、6808000、68091100、68091900、68099000 项下产品以及 70195900 和 73083000 项下部分产品。

(20)印度对华轮式装载机启动反倾销调查

2022 年 9 月 30 日,印度商工部对原产于或进口自中国的轮式装载机启动反倾销调查。本案倾销调查期为 2021 年 4 月 1 日—2022 年 3 月 31 日,损害调查期为 2018—2019 年、2019—2020 年、2020—2021 年以及 2021 年 4 月 1 日—2022 年 3 月 31 日。涉及印度海关编码 84295900 和 84295100 项下的产品。本次调查产品不包括以下参数的轮式装载机:①额定有效载荷大于 7 000 千克;②发动机总功率大于 180 千瓦;③左右轮中心实测距离(轮距)大于 2 280 毫米;④前后轮轴(轴距)之间的实测距离大于 3 350mm。

(21)印度对涉华合金钢凿具和液压岩石破碎机启动反倾销调查

2022 年 9 月 30 日,印度商工部对原产于或进口自中国的全组装合金钢凿具和液压岩石破碎机启动反倾销调查。本案倾销调查期为 2021 年 4 月 1 日—2022 年 3 月 31 日,损害调查期为 2018 年 4 月 1 日—2019 年 3 月 31 日、2019 年 4 月 1 日—2020 年 3 月 31 日、2020 年 4 月 1 日—2021 年 3 月 31 日以及 2021 年 4 月 1 日—2022 年 3 月 31 日。涉及印度海关编码 84314930 和 84314990 项下产品。

(22)印度对华甲硝唑启动反倾销调查

2022 年 9 月 30 日,印度商工部对原产于或进口自中国的甲硝唑启动反倾销调查。本案倾销调查期为 2021 年 4 月 1 日—2022 年 3 月 31 日,损害调查期为 2018 年 4 月 1 日—2019 年 3 月 31 日、2019 年 4 月 1 日—2020 年 3 月 31 日、2020 年 4 月 1 日—2021 年 3 月 31 日以及 2021 年 4 月 1 日—2022 年 3 月 31 日。涉案产品主要用于治疗细菌感染和寄生虫感染,涉及印度海关编码 29332920 项下产品。

(23)印度对华硫化黑启动反倾销调查

2022 年 9 月 30 日,印度商工部对原产于或进口自中国的硫化黑启动反倾销调查。本案倾销调查期为 2021 年 4 月 1 日—2022 年 3 月 31 日,损害调查期为 2018—2019 年、2019—2020 年、2020—2021 年以及 2021 年 4 月 1 日—2022 年 3 月 31 日。涉案产品主要用于纤维素纤维、粘胶短纤维和纱线的染色,涉及印度海关编码 320419 项下产品。

(24)印度对涉华维生素 A 棕榈酸酯启动反倾销调查

2022 年 12 月 29 日,印度商工部对原产于或进口自中国、欧盟和瑞士的维生素 A 棕桐酸酯启动反倾销调查。涉案产品包括无论是否稳定、所有强度和形式的 Vitamin-A Palmitate 1.7 MIU/Gm 和 Vitamin-A Palmitate 1.0 MIU/Gm，涉及印度海关编码 29362100 项下产品和 29362290、29362800、29369000、29362690 以及 29362990 项下部分产品。本次调查产品不包括用于动物的 Vitamin-A Palmitate 1.6MIU/Gm。本案倾销调查期为 2021 年 7 月 1 日—2022 年 6 月 30 日，损害调查期为 2018 年 4 月 1 日—2019 年 3 月 31 日、2019 年 4 月 1 日—2020 年 3 月 31 日、2020 年 4 月 1 日—2021 年 3 月 31 日、2021 年 4 月 1 日—2021 年 6 月 30 日以及 2021 年 7 月 1 日—2022 年 6 月 30 日。

(25) 印度对华自粘乙烯基发起反倾销调查

2022 年 12 月 29 日，印度商工部对原产于或进口自中国的自粘乙烯基发起反倾销调查，涉案产品为自粘式聚氯乙烯膜，涉及印度海关编码 39199090、39191000、39199010、39199020、39209919、39209959、39209999、39206929、39219099、39269099 项下产品。本案倾销调查期为 2021 年 7 月 1 日—2022 年 6 月 30 日，产业损害调查期为 2018—2019 财年、2019—2020 财年、2020 年 4 月 1 日—2021 年 6 月 30 日及倾销调查期。

(26) 印度对华印刷电路板启动反倾销调查

2022 年 12 月 30 日，印度商工部对原产于或进口自中国的印刷电路板启动反倾销调查。涉案产品仅限于六层的印刷电路板，涉及印度海关编码 85340000 项下产品。以下印刷电路板不在本案调查产品范围内：超过 6 层的印刷电路板；用于移动电话应用的印刷电路板；各种尺寸的填充印刷电路板。本案倾销调查期为 2021 年 7 月 1 日—2022 年 6 月 30 日，损害调查期为 2018 年 4 月 1 日—2019 年 3 月 31 日、2019 年 4 月 1 日—2020 年 3 月 31 日、2020 年 4 月 1 日—2021 年 6 月 30 日以及 2021 年 7 月 1 日—2022 年 6 月 30 日。

2. 阿根廷对中国出口产品发起反倾销调查情况

(1) 阿根廷对华电热水器启动反倾销立案调查

2021 年 1 月 12 日，阿根廷生产发展部对原产于中国的容量大于等于 20 升、小于等于 150 升的蓄水式电热水器发起反倾销立案调查。涉案产品南共市海关编码为 8516.10.00。本案倾销调查期为 2020 年 1 月—2020 年 12 月，损害调查期为 2018 年 1 月—2020 年 12 月。

(2) 阿根廷对华钢制门启动反倾销立案调查

2021 年 6 月 3 日，阿根廷生产发展部决定对原产于中国的钢制门发起反倾销立案调查。涉案产品为重量不低于(含)24 千克但不高于(含)100 千克的钢制门，南共市海关编码为 7308.30.00。本案倾销调查期为 2020 年 6 月—2021 年 5 月,损害调查期为 2018 年 1 月—2021 年 5 月。

(3)阿根廷对华电风扇金属防护网罩启动反倾销立案调查

2021 年 9 月 22 日,阿根廷生产发展部对原产于中国大陆和中国台湾地区的内置电动机风扇用、直径大于 400 毫米的金属防护网罩启动反倾销立案调查。涉案产品的南共市税号为 8414.90.20。

(4)阿根廷对华雾化器启动反倾销立案调查

2021 年 11 月 30 日,阿根廷生产发展部发布 2021 年第 860 号公告,对原产于中国大陆和中国台湾地区的雾化器启动反倾销立案调查。涉案产品的南共市税号为 9019.20.20。

(5)阿根廷对华亚克力板启动反倾销立案调查

2021 年 12 月 23 日,阿根廷生产发展部对原产于中国的亚克力板启动反倾销立案调查。涉案产品为厚度大于等于 2 毫米、小于等于 200 毫米,正方形或长方形(角略圆),单面或双面有或无一次性保护膜,非蜂窝状、非金属化的聚甲基丙烯酸甲酯(又称亚克力或有机玻璃)板材、带材,涉及南共市税号 3920.51.00 和 3926.90.90 项下产品。

(6)阿根廷对涉华苯甲酸钠启动反倾销立案调查

2021 年 12 月 29 日,阿根廷生产发展部对原产于中国和荷兰的苯甲酸钠启动反倾销立案调查。涉案产品的南共市税号为 2916.31.21。

(7)阿根廷对华吸尘器启动反倾销立案调查

2022 年 3 月 9 日,阿根廷生产发展部发布第 149/2022 号公告,对原产于中国的吸尘器启动反倾销立案调查。涉案产品为功率小于等于 2500 瓦、集尘袋或集尘容器小于等于 35 升,带内置电动机的吸尘器,涉及南共市税号 8508.11.00 和 8508.19.00 项下产品,不包括能够在没有外部电源的情况下运行的吸尘器及设计用于连接机动车电气系统的吸尘器。

(8)阿根廷对华家用电热水壶启动反倾销立案调查

2022 年 3 月 9 日,阿根廷生产发展部发布第 148/2022 号公告,对原产于中国的家用电热水壶启动反倾销立案调查。涉案产品的南共市税号为 8516.79.90。

(9)阿根廷对华陶瓷洁具发起反倾销调查

2022 年 4 月 28 日,阿根廷生产发展部发布 2022 年第 246 号公告,决定对原产于中国的陶瓷洁具启动反倾销调查。涉案产品的南共市海关编码为 6910.10.00 和 6910.90.00。

(10) 阿根廷对华取暖器启动反倾销调查

2022年9月30日,阿根廷经济部贸易秘书处发布2022年第25号公告,决定对原产于中国的取暖器启动反倾销调查。涉案产品描述如下:使用罐装液化天然气的取暖器,无外部通风装置,功率大于2 500千卡/小时、小于或等于4 300千卡/小时;涉案产品的南共市海关编码为7321.81.00。本案倾销调查期是2021年3月—2022年9月。

(11) 阿根廷对华合成纤维经编针织织物启动反倾销调查

2022年12月1日,阿根廷经济部对原产于中国的合成纤维经编针织织物启动反倾销调查。涉案产品包括宽度不超过30厘米,按重量计弹性纱线含量大于等于5%(不包括橡胶线)的合成纤维经编针织布(拉舍尔),以及按重量计弹性纱线含量大于等于5%(不包括橡胶线)的有一条或两条非直线边的合成纤维缎带,涉及南共市税号6002.40.20和6307.90.90项下产品。

(12) 阿根廷对华自行车启动反倾销调查

2022年12月5日,阿根廷经济部对原产于中国的车轮直径大于26寸,无论有无变速器的自行车启动反倾销调查。涉案产品的南共市税号为8712.00.10。

3. 越南对中国出口产品发起反倾销调查情况

(1) 越南对涉华焊接材料启动反倾销立案调查

2021年3月18日,越南对原产于中国、泰国和马来西亚的焊接材料启动反倾销立案调查。涉案产品的越南税号为7217.10.10、7217.30.19、7217.90.10、7229.20.00、7229.90.20、7229.90.99、8311.10.10、8311.10.90、8311.30.91、8311.30.99和8311.90.00。

(2) 越南对涉华桌椅及配件启动反倾销立案调查

2021年9月1日,越南工贸部对原产于中国和马来西亚的桌椅及配件启动反倾销立案调查。涉及越南税号9401.30.00、9401.40.00、9401.61.00、9401.69.90、9401.71.00、9401.79.90、9401.80.00、9401.90.40、9401.90.92、9401.90.99、9403.30.00、9403.60.90及9403.90.90项下产品。本案倾销调查期为2020年7月1日—2021年6月30日,损害调查期为2018年7月1日—2021年6月30日。

4. 南非对中国出口产品发起反倾销调查情况

(1) 南非对涉华铁锹和铁铲启动反倾销立案调查

2021年10月22日,南非国际贸易管理委员会代表南部非洲联盟(SACU),SACU包含南非、博茨瓦纳、纳米比亚、莱索托及斯威士兰5国)对原产于或进口自中国和印度的铁锹和铁铲发起反倾销立案调查。涉案产品的南非税号为8201.10.05。本案倾销调查期为2020年5月1日—2021年4月30日,损害调查期为2018年5月

1日—2021年4月30日。

(2)南非对华夹层安全玻璃启动反倾销立案调查

2021年10月22日,南非国际贸易管理委员会对原产于或进口自中国的夹层安全玻璃发起反倾销立案调查。涉案产品的南非税号为7007.29。

(3)南非对华机动车用小客车轮胎和卡客车轮胎产品进行反倾销立案调查

2022年2月9日,南非国际贸易管理委员会对自中国进口的机动车用小客车轮胎和卡客车轮胎产品发起反倾销调查。涉案产品的南非税号为4011.10.01、4011.10.03、4011.10.05、4011.10.07、4011.10.09、4011.20.16、4011.20.18和4011.20.26。

(4)南非对华售后市场替换用汽车挡风玻璃发起反倾销调查

2022年7月22日,南非国际贸易管理委员会对自中国进口的售后市场替换用汽车挡风玻璃发起反倾销调查。涉案产品的南非税号为7007.21.20。

(5)南非对自中国进口的镀锌钢产品发起反倾销调查

2022年10月12日,南非国际贸易管理委员会对自中国进口的镀锌钢产品发起反倾销调查。涉案产品的海关税号为72104910。

5.乌克兰对中国出口产品发起反倾销调查情况

(1)乌克兰对华硅锰钢丝启动反倾销立案调查

2021年4月28日,乌克兰对原产于中国的硅锰钢丝启动反倾销立案调查。本案调查期为2018—2020年。涉案产品的乌克兰税号为7229200000。

(2)乌克兰对华冷轧及冷拔无缝钢管启动反倾销立案调查

2021年9月1日,乌克兰跨部门国际贸易委员会对原产于中国的冷轧及冷拔无缝钢管启动反倾销立案调查。涉案产品的乌克兰税号为730431和730451。

(3)乌克兰对涉华铝制梯子启动反倾销立案调查

2021年9月1日,乌克兰跨部门国际贸易委员会对原产于中国、斯洛伐克、波兰和白俄罗斯的铝制梯子启动反倾销立案调查。涉案产品的乌克兰税号为7616999000。

6.欧亚经济联盟对华钢制楔式闸阀启动反倾销立案调查

2021年6月23日,欧亚经济委员会内部市场保护司对进口自中国的公称直径为50~1 000毫米、公称压力为16~250千克力/平方厘米的钢制楔式闸阀启动反倾销立案调查。涉案产品的欧亚经济联盟税号为8481806310、8481806320和8481806390。本案倾销调查期为2020年,损害调查期为2016—2020年。

7.海合会对自中国、韩国等国进口的高吸水聚合物产品发起反倾销调查

2021年11月4日,海合会国际贸易反损害行为技术秘书局发布公告,对自中国、韩国、日本、新加坡、法国、比利时进口的初级形态丙烯酸聚合物,高吸水聚合物产品发起反倾销调查,涉案产品的海关税号为390690。

8. 泰国对华铝挤压产品启动反倾销立案调查

2021年12月3日,泰国商业部对原产于中国的铝挤压产品启动反倾销立案调查。涉案产品的泰国税号为7604.10.10.000、7604.10.90.000、7604.21.90.000、7604.29.10.000、7604.29.90.001、7604.29.90.090、7610.10.10.000、7610.10.90.000。

9. 马来西亚对华预应力混凝土钢绞线启动反倾销立案调查

2021年3月31日,马来西亚国际贸易与工业部决定对原产于或进口自中国的预应力混凝土钢绞线启动反倾销立案调查。涉案产品的马来西亚协调关税税号和东盟协调税则编码(AHTN)为7312.10.9100。

10. 巴西对涉华聚酯纤维纱线启动反倾销立案调查

2021年3月5日,巴西外贸秘书处发布2021年第18号公告称,对原产于中国和印度的聚酯纤维纱线(缝纫线除外),非供零售用,包括细度在67分特以下的合成纤维单丝启动反倾销立案调查。涉案产品的南共市税号为5402.33.10、5402.33.20和5402.33.90。本案倾销调查期为2019年4月—2020年3月,损害调查期为2015年4月—2020年3月。

11. 土耳其对中国柴油发动机启动反倾销立案调查

2021年4月1日,土耳其贸易部对原产于中国的功率不超过15千瓦的柴油发动机启动反倾销立案调查。涉案产品的土耳其税号为8408.90.41.90.00。本案倾销调查期为2019年7月1日—2020年6月30日,损害调查期为2017年1月1日—2020年6月30日。

12. 巴基斯坦对华乙烯基/聚氯乙烯地板启动反倾销调查

2022年5月27日,巴基斯坦国家关税委员会发布第62/2022号案件,对原产于或进口自中国的乙烯基/聚氯乙烯地板启动反倾销调查。涉案产品为厚度介于1~5毫米,定尺裁剪成木板状和瓷砖状的乙烯基/聚氯乙烯地板,应用于家庭、商业场所、医疗机构及办公场所,涉案产品的巴基斯坦税号为3918.1000。本案倾销调查期为2021年1月1日—2021年12月31日,损害调查期为2019年1月1日—2021年12月31日。

13. 墨西哥对中国出口产品发起反倾销调查情况

(1)墨西哥对华硬质聚氯乙烯启动反倾销调查

2022年8月12日,墨西哥经济部对原产于或进口自中国的硬质聚氯乙烯启动反倾销调查。涉案产品为增塑剂比重小于6%,聚合其他单体、单层膜的硬质聚氯乙烯卷、片、薄膜及扁条,涉及TIGIE税号3920.49.99项下产品。本案倾销调查期为2020年10月1日—2021年9月30日,损害调查期为2018年10月1日—2021年9月30日。

(2)墨西哥对华钢制研磨球启动反倾销调查

2022年9月6日,墨西哥经济部对原产于或进口自中国的钢制研磨球启动反倾销调查。涉案产品通过热成型工艺制造,主要用于采矿业,为直径介于1～3.5英寸,以及4～6.25英寸、可含有合金成分的碳钢研磨球,涉及TIGIE税号7326.11.03项下产品,但不包括不锈钢、高铬及经过铸造工艺的研磨球。本案倾销调查期为2021年1月1日—2021年12月31日,损害调查期为2019年1月1日—2021年12月31日。

14. 秘鲁对华聚酯纤维织物启动反倾销立案调查

2022年1月26日,秘鲁国家竞争和知识产权保护局对原产于中国的100%聚酯纤维织物发起反倾销立案调查。涉案产品为幅宽小于1.8米,单位克重在80克/平方米至200克/平方米之间的本色、白色或染色的100%平纹聚酯纤维织物,涉及秘鲁税号5512.11.00.00和5512.19.00.00项下产品。本案倾销调查期为2021年1月—2021年12月,损害调查期为2018年1月—2021年12月。

15. 巴拉圭对华铝型材启动反倾销调查

2022年12月9日,巴拉圭工贸部对原产于中国的铝型材启动反倾销调查。涉案产品的巴拉圭税号为76041010、76041021、76041029、76042100、76042911、76042919、76042920、76081000、76082010、76082090、76101000、76109000。

二、2021—2022年境外对中国出口产品发起反补贴调查情况

(一)欧盟对华石墨电极系统进行反补贴立案调查

2021年11月18日,欧盟委员会对原产于中国的石墨电极系统进行反补贴立案调查。涉案产品为表观比重大于等于$1.5g/cm^3$、电阻小于等于$7.0\mu.\Omega.m$、无论是否配备接头的电炉用石墨电极,涉及欧盟CN编码ex 85451100(TARIC编码为8545110010和8545110015)项下产品。本案补贴和损害调查期为2020年1月1日—2020年12月31日,损害分析期为2017年1月1日至补贴和损害调查期结束。

(二)巴西对华铝板产品启动反补贴立案调查

2021年6月21日,巴西外贸秘书处发布2021年第43号公告称,对原产于中国的铝板产品启动反补贴立案调查。涉案产品的南共市税号为7606.11.90、7606.12.90、7606.91.00、7606.92.00、7607.11.90和7607.19.90。立案前补贴调查期为2019年

1月—2019年12月,损害调查期为2015年1月—2019年12月;立案后补贴调查期变更为2020年1月—2020年12月,损害调查期为2016年1月—2020年12月。

三、2021—2022年境外对中国出口产品发起"双反"调查情况

(一)美国对中国出口产品发起"双反"调查情况

1. 美国对R-125五氟乙烷启动"双反"立案调查

2021年2月2日,美国商务部对进口自中国的R-125五氟乙烷启动反倾销和反补贴立案调查。涉案产品的美国协调关税税号为2903.39.2035。

2. 美国对移动式升降作业平台启动"双反"立案调查

2021年3月19日,美国商务部宣布对进口自中国的移动式升降作业平台发起双反立案调查。本案涉及美国HS税号8427.10.8030、8427.10.8070、8427.10.8095、8427.20.8020、8427.20.8090、8427.10.8010、8427.10.8020、8427.10.8090、8427.20.8000项下产品。

3. 美国对手扶式扫雪机及其零部件启动"双反"立案调查

2021年4月20日,美国商务部宣布对进口自中国的手扶式扫雪机及其零部件发起双反立案调查。本案涉及美国协调关税税号8430.20.0060项下产品。

4. 美国对铁路货运车辆耦合器系统和组件启动"双反"立案调查

2021年10月20日,美国商务部宣布对进口自中国的铁路货运车辆耦合器系统和组件启动反倾销和反补贴立案调查,涉及美国协调关税税号8607.30.1000项下产品。

5. 美国对铁路货运车辆耦合器及其组件发起"双反"立案调查

2022年10月19日,美商务部宣布对进口自中国的铁路货运车辆耦合器及其组件发起反倾销和反补贴调查,涉及美国协调关税税号8607.30.1000项下产品。

(二)加拿大对中国出口产品发起"双反"调查情况

1. 加拿大对华床垫启动"双反"立案调查

2022年2月24日,加拿大边境服务署对原产于或进口自中国的床垫启动反倾销和反补贴立案调查。涉案产品的海关编码为9404.21.00.00和9404.29.00.00。

2. 加拿大对华钻杆启动"双反"立案调查

2022年3月25日,加拿大边境服务署对原产于或进口自中国的钻杆启动反倾销和反补贴立案调查,调查进口商品是否存在倾销和/或补贴行为。涉案产品的海关编码为7304.23.00.10、7304.23.00.20、8431.43.00.20和8431.43.00.90。

3. 加拿大对华石油管材发起"双反"再调查

2022年10月14日,加拿大边境服务署对进口自中国的石油管材发起双反再调查,审查是否更新正常价值和出口价格。石油管材的加拿大海关编码为7304和7306项下部分商品。

4.加拿大对华无缝钢制油气套管发起"双反"再调查

2022年10月14日,加拿大边境服务署对进口自中国的无缝钢制油气套管发起双反再调查,审查是否更新正常价值和出口价格。无缝钢制油气套管的加拿大海关编码为7304.29.00项下产品。

(三)英国对中国出口产品发起"双反"调查情况

1.英国对华单模光纤光缆发起"双反"调查

2022年4月26日,英国贸易救济署对原产于中国的单模光纤光缆发起反倾销和反补贴调查。倾销及补贴调查期为2021年1月1日—2021年12月31日,损害调查期为2018年1月1日—2021年12月31日。涉案产品的英国海关编码为85447000。

2.英国启动对华铁、非合金或其他合金钢热轧卷板"双反"过渡性审查立案

2022年4月5日,英国贸易救济署对原产于中国的铁、非合金或其他合金钢热轧卷板进行反倾销和反补贴措施立案过渡性审查,以决定源自欧盟的上述措施是否继续在英国实施及是否调整税率水平。涉案产品的英国海关编码为7208100000、7208250000、7208260000、7208270000、7208360000、7208370010、7208370090、7208380010、7208380090、7208390010、7208390090、7208400000、7208400010、7208400090、7208521000、7208529900、7208531000、7208539000、7208540000、7211130000、7211140010、7211140090、7211190010、7211190090、7225191090、7225309000、7225406090、7225409000、7226191091、7226191095、7226919100 和 7226919900。涉案产品不包括不锈钢、取向硅电工钢产品;工具钢和高速钢产品;厚度超过10毫米且宽度为600毫米及以上的非成卷、无浮雕图案钢板;厚度超过4.75毫米但不超过10毫米,宽度超过2.05米的非成卷、无浮雕图案钢板。本案倾销及补贴调查期为2021年4月1日—2022年3月31日,损害调查期为2018年4月1日—2022年3月31日。

(四)欧盟对华电动自行车发起"双反"再调查

2022年7月6日,欧盟委员会对原产于中国的电动自行车发起双反再调查。调查范围仅涉及捷安特电动车(昆山)有限公司涉案产品欧盟 CN 编码为87116010 和 ex 87116090(欧盟 TARIC 编码为8711609010)。自2022年7月7日起,在复审结果做出之前,暂停对捷安特电动车(昆山)有限公司生产的带踏板和辅助电动机的电动自行车征收反倾销税和反补贴税。

四、2021—2022 年境外对中国出口产品发起保障措施调查情况

(一)乌克兰对中国出口产品发起保障措施调查情况

1.乌克兰对进口次氯酸钠启动保障措施立案调查

2021 年 5 月 27 日,乌克兰跨部门国际贸易委员会对进口次氯酸钠(氯化钠)启动保障措施立案调查。本案调查期为 2017—2020 年。涉案产品的乌克兰税号为 2828900000。公告自发布之日起生效。

2.乌克兰对进口瓷砖启动保障措施立案调查

2021 年 6 月 1 日,乌克兰跨部门国际贸易委员会对进口瓷砖启动保障措施立案调查。本案调查期为 2017 年 7 月—2021 年 6 月。涉案产品的乌克兰税号为 6907。公告自发布之日起生效。

3.乌克兰对进口 PVC 型材启动保障措施立案调查

2021 年 9 月 1 日,乌克兰跨部门国际贸易委员会对进口 PVC 型材启动保障措施立案调查。涉案产品为制作门、窗或窗台带/不带密封条的 PVC 型材,涉及乌克兰税号 3916200090 和 3925908000 项下产品。公告自发布之日起生效。

4.乌克兰对进口凿岩工具启动保障措施立案调查

2021 年 10 月 11 日,乌克兰经济部对进口凿岩工具启动保障措施立案调查。涉案产品的乌克兰税号为 8207130000 和 8207199000,但不包括带天然或人造钻石工作部件的凿岩工具。公告自发布之日起生效。

5.乌克兰对进口奶酪启动保障措施立案调查

2021 年 12 月 24 日,乌克兰跨部门国际贸易委员会即日起对进口奶酪启动保障措施立案调查。本案调查期为 2018 年 1 月—2021 年 6 月。涉案产品的乌克兰税号为 0406303100、0406303900、0406309000、0406902300、0406902500、0406903200、0406907800、0406908600、0406908900、0406909200、0406909910。

(二)摩洛哥对中国出口产品发起保障措施调查情况

1.摩洛哥对进口公共照明架启动保障措施立案调查

2021 年 4 月 23 日,摩洛哥工业、贸易与绿色和数字经济部对进口钢铁结构的公共照明架启动保障措施立案调查。涉案产品的摩洛哥税号为 7308.20.00.00 和 7308.90.00.00。涉案产品为可容纳一个或多个灯具的钢铁结构灯架,由桅杆及延伸部分和一个或多个对接组成。

2.摩洛哥对进口橡胶内胎启动保障措施立案调查

2022 年 9 月 30 日,摩洛哥工业、贸易、绿色与数字经济部对进口橡胶内胎启动保障措

施调查。涉案产品由天然橡胶、丁基橡胶或乳胶制成的橡胶管以及焊接或拧入橡胶管的气嘴组成,可用于自行车、滑板车、摩托车等。涉案产品的摩洛哥税号为 4013.20.00.00、4013.90.00.10 和 4013.90.00.20。

(三)印度对进口聚氯乙烯悬浮树脂发起保障措施调查

2022 年 9 月 16 日,印度商工部对进口的残留聚乙烯单体含量高于 2PPM 的聚氯乙烯悬浮树脂(PVC)启动保障措施调查。涉及印度海关编码 39041020 项下产品。本案调查期为 2019 年 4 月 1 日—2022 年 6 月 30 日。通过本体聚合、乳液聚合和微悬浮聚合工艺生产的 PVC 不在调查范围内。本案调查的产品特别排除以下类型的聚氯乙烯树脂:残留聚乙烯单体含量低于 2PPM 的 PVC、交联聚氯乙烯、氯化聚氯乙烯(CPVC)、氯乙烯醋酸乙烯酯共聚物(VC-Vac)、聚氯乙烯糊树脂、聚氯乙烯掺混树脂。

(四)秘鲁对进口服装启动保障措施立案调查程序

2021 年 12 月 24 日,秘鲁国家竞争和知识产权保护局倾销、补贴和消除非关税贸易壁垒委员会决定对《国家关税税则》第 61 章、第 62 章和第 63 章项下共计 284 个税号子项的服装产品启动保障措施立案调查程序,以确定是否对该类进口货物采取保障措施。本案调查期为 2016 年 1 月—2021 年 6 月。

(五)土耳其对进口研磨球启动保障措施立案调查

2021 年 10 月 9 日,土耳其贸易部发布第 2021/8 号公告,对进口钢铁制研磨机用研磨球及类似品启动保障措施立案调查。本案涉及土耳其税号 7325.91.00.00.00 和 7326.11.00.00.00 项下产品。

(六)突尼斯对进口铁或非合金钢丝进行保障措施调查

2022 年 7 月 19 日,突尼斯对进口铁或非合金钢丝进行保障措施调查,涉及突尼斯税号 72171050002 和 72171090100 项下产品,产品用于生产家具弹簧。

(七)突尼斯对进口轻型客车启动保障措施立案调查

2021 年 10 月 1 日,突尼斯商务和出口促进部对进口轻型客车启动保障措施立案调查。涉案产品的突尼斯税号为 87021011001、87021091003 及 87029031007。

(八)马达加斯加对进口涂料启动保障措施调查

2022 年 6 月 1 日,马达加斯加调查机关对进口涂料启动保障措施调查。涉案产品包括水性涂料和油性涂料。

第二节 2021—2022年中国对进口产品开展贸易救济情况

一、2021—2022年中国对进口产品发起贸易救济调查情况

（一）对原产于印度的进口酞菁进行反倾销立案调查的公告（商务部公告2022年第7号）

1. 立案调查及调查期

自2022年3月1日起，对原产于印度的进口酞菁进行反倾销立案调查；倾销调查期为2020年10月1日—2021年9月30日，产业损害调查期为2017年1月1日—2021年9月30日。

2. 被调查产品及调查范围

原产于印度的进口酞菁类颜料，归在《中华人民共和国进出口税则》（本小节所涉及税收号均出自此规定）32041700项下；但该税则号项下酞菁以外的其他产品不在本次调查范围之内。

（二）对原产于中国台湾地区的进口聚碳酸酯进行反倾销立案调查的公告（商务部公告2022年第35号）

1. 立案调查及调查期

自2022年11月30日起，对原产于中国台湾地区的进口聚碳酸酯进行反倾销立案调查；倾销调查期为2021年7月1日—2022年6月30日，产业损害调查期为2018年1月1日—2022年6月30日。

2. 被调查产品及调查范围

原产于中国台湾地区的进口聚碳酸酯，归在39074000项下；该税则号项下改性聚碳酸酯不在本次被调查产品范围之列。

二、2021—2022年中国对进口产品贸易救济调查初裁情况

（一）对原产于美国的进口聚苯醚反倾销调查初步裁定的公告（商务部公告2021年第21号）

1. 初步裁定

原产于美国的进口聚苯醚存在倾销，国内聚苯醚产业受到实质损害，而且倾销与实质损害之间存在因果关系。

2. 调查范围

原产于美国的进口聚苯醚,归在 39072090 项下;该税则号项下聚苯醚以外的其他产品不在本次调查范围之内。

3. 征收保证金

自 2021 年 9 月 7 日起,进口经营者在进口被调查产品时,应依据本初裁决定所确定的各公司的保证金比率向中国海关提供相应的保证金。

对各公司征收的保证金比率如下:

(1)沙特基础工业创新塑料美国有限公司(SABIC Innovative Plastics US LLC),18.3%;(2)其他美国公司(All Others),48.6%。

(二)对原产于美国的进口聚苯醚反补贴调查初步裁定的公告(商务部公告 2021 年第 31 号)

1. 初步裁定

原产于美国的进口聚苯醚存在补贴,国内聚苯醚产业受到实质损害,而且补贴与实质损害之间存在因果关系。

2. 调查范围

原产于美国的进口聚苯醚,归在 39072090 项下;该税则号项下聚苯醚以外的其他产品不在本次调查范围之内。

3. 临时反补贴措施

自 2021 年 10 月 15 日起,采取临时反补贴税保证金的形式对原产于美国的进口聚苯醚实施临时反补贴措施。

对美国公司征收的从价补贴率如下:

(1)沙特基础工业创新塑料美国有限公司,17.7%;(2)其他美国公司,17.7%。

(三)对原产于美国的进口相关乙二醇和丙二醇的单烷基醚反倾销调查初步裁定的公告(商务部公告 2021 年第 25 号)

1. 初步裁定

原产于美国的进口相关乙二醇和丙二醇的单烷基醚存在倾销,国内相关乙二醇和丙二醇的单烷基醚产业受到实质损害,且倾销与实质损害间存在因果关系。

2. 调查范围

原产于美国的进口相关乙二醇和丙二醇的单烷基醚,归在 29094400 和 29094990 项下;上述税号项下不在列明的具体产品范围的其他产品不在调查范围内。

3. 征收保证金

自 2021 年 9 月 11 日起,进口经营者在进口被调查产品时,应依据本初裁决定所确定的各公司的保证金比率向中国海关提供相应的保证金。

对美国公司征收的保证金比率如下：

(1)陶氏化学公司(The Dow Chemical Company),57.4%;(2)其他美国公司,65.3%。

(四)对原产于美国的进口相关乙二醇和丙二醇的单烷基醚反补贴调查初步裁定的公告(商务部公告2021年第26号)

1. 初步裁定

原产于美国的进口相关乙二醇和丙二醇的单烷基醚存在补贴,国内相关乙二醇和丙二醇的单烷基醚产业受到实质损害,且补贴与实质损害间存在因果关系。

2. 调查范围

原产于美国的进口相关乙二醇和丙二醇的单烷基醚,归在29094400和29094990;上述税号项下不在列明的具体产品范围的其他产品不在调查范围内。

3. 临时反补贴措施

初裁确定的各公司从价补贴率如下：

(1)陶氏化学公司,16.8%;(2)其他美国公司,16.8%。

鉴于本案具体情况,商务部决定对原产于美国的进口相关乙二醇和丙二醇的单烷基醚不实施临时反补贴措施。

(五)对原产于印度的进口酞菁类颜料反倾销调查初步裁定的公告(商务部公告2022年第30号)

1. 初步裁定

原产于印度的进口酞菁类颜料存在倾销,国内酞菁类颜料产业受到实质损害,而且倾销与实质损害之间存在因果关系。

2. 被调查产品名称

酞菁类颜料,归在32041700和32129000项下;但上述税号项下酞菁类颜料以外的其他产品不在本次调查范围之内。

3. 征收保证金

自2022年11月1日起,进口经营者在进口被调查产品时,应依据本初裁决定所确定的各公司的保证金比率向中国海关提供相应的保证金(见表7-1)。

表 7-1　　　　　　　　　各公司保证金比率列表

公司名称	保证金比率
一、被抽样公司	
万民利有机物有限公司（Meghmani Organics Limited）	19.1%
拉姆德夫化学工业（Ramdev Chemical Industries）	16.0%
丹文颜料私人有限公司（Dhanveen Pigments Pvt. Ltd.）	14.1%
二、其他配合调查的公司	
霍巴赫色彩私人有限公司（HEUBACH COLOUR PRIVATE LIMITED）	17.2%
朝日松原颜料有限公司（Asahi Songwon Colors Limited）	17.2%
乔克思颜色私人有限公司（Choksi Colours Pvt Ltd）	17.2%
乔克思出口（Choksi Exports）	17.2%
乔克思有机私人有限公司（Choksi Organics Pvt Ltd）	17.2%
罗纳工业有限公司（Lona Industries Limited）	17.2%
马自达颜料有限公司（Mazda Colours Ltd）	17.2%
纳拉扬有机物私人有限公司（Narayan Organics Pvt Ltd）	17.2%
伍帕德颜料有限公司（Navpad Pigments Pvt Ltd）	17.2%
法塔罗颜料和化学品（印度）有限公司（Phthalo Colours & Chemicals (India) Limited）	17.2%
苏巴斯颜料私人有限公司（Subhasri pigments Pvt Ltd）	17.2%
苏打山化工有限公司（Sudarshan Chemical Industries Limited）	17.2%
河滨工业有限公司（Riverside Industries Ltd）	17.2%
联合利克斯颜色和化学品有限公司（Unilex Colours and Chemicals Ltd）	17.2%
阿克沙尔化学（印度）有限公司（AksharChem (India) Limited）	17.2%
凯撒石油产品有限公司（Kesar Petroproducts Limited）	17.2%
三、其他印度公司（All Others）	81.2%

三、2021—2022 年中国对进口产品贸易救济调查终裁情况

（一）对原产于美国、欧盟及英国、日本的进口间甲酚反倾销调查最终裁定的公告（商务部公告 2021 年第 2 号）

1. 最终裁定

原产于美国、欧盟及英国、日本的进口间甲酚存在倾销，国内间甲酚产业受到实质损害，而且倾销与实质损害之间存在因果关系。

2. 调查范围

原产于美国、欧盟及英国、日本的进口间甲酚,归在 29071211 项下。

3. 征收反倾销税

自 2021 年 1 月 15 日起,对原产于美国、欧盟及英国、日本的进口间甲酚征收为期 5 年的反倾销税,具体税率见表 7—2。

表 7—2　　　　　　　　对各公司征收的反倾销税税率列表

公司名称	反倾销税税率
一、美国公司	
1. 北美沙索化学有限公司(Sasol Chemicals North America LLC)	131.7%
2. 美国沙索化学有限公司(Sasol Chemicals (USA) LLC)	131.7%
3. 其他美国公司(All Others)	131.7%
二、欧盟及英国公司	
1. 朗盛德国有限责任公司(LANXESS Deutschland GmbH)	27.9%
2. 其他欧盟及英国公司(All Others)	49.5%
三、日本公司	
1. 三井化学株式会社(Mitsui Chemicals, Inc.)	54.8%
2. 本州化学工业株式会社(Honshu Chemical Industry Co., Ltd.)	54.8%
3. 其他日本公司(All Others)	54.8%

(二)对原产于澳大利亚的进口相关葡萄酒反倾销调查最终裁定的公告(商务部公告 2021 年第 6 号)

1. 最终裁定

原产于澳大利亚的进口相关葡萄酒存在倾销,国内相关葡萄酒产业受到实质损害,而且倾销与实质损害之间存在因果关系。

2. 调查范围

原产于澳大利亚的进口装入 2 升及以下容器的葡萄酒,归在 22042100 项下。

3. 征收反倾销税

自 2021 年 3 月 28 日起,对原产于澳大利亚的进口相关葡萄酒征收为期 5 年的反倾销税,具体税率见表 7—3。

表 7—3　　　　　　　　　各公司反倾销税税率列表

公司名称	反倾销税税率
一、被抽样公司	
富豪葡萄酒产业酒商有限公司（Treasury Wine Estates Vintners Limited）	175.6%
卡塞拉酒业私人有限公司（Casella Wines Pty. Limited）	170.9%
天鹅酿酒有限公司（Australia Swan Vintage Pty Ltd）	116.2%
二、其他配合调查的公司	
澳大利亚依恋森林酒庄（AUSTRALIA FARM AND LAND INVESTMENT PTY LTD）	167.1%
澳大利亚誉加葡萄酒有限公司（Accolade Wines Australia Limited）	167.1%
澳塔瓦酒庄（OCTTAVA WINES PTY LTD）	167.1%
澳洲佳酿集团（Australian Vintage Limited）	167.1%
保乐力加酿酒师有限公司（Pernod Ricard Winemakers Pty Ltd）	167.1%
博格丹投资有限公司（Bogdan Investments Pty Ltd）	167.1%
布朗兄弟米拉瓦葡萄园有限公司（BROWN BROTHERS MILAWA VINEYARD PTY. LIMITED）	167.1%
丹歌酒庄（AGREEN PTY LTD）	167.1%
德灵酒庄（Dorrien Estate Winery Pty Ltd）	167.1%
芬格富酒业集团（FERNGROVE VINEYARDS LTD）	167.1%
福莱斯葡萄酒有限公司（FOWLES WINE PTY LTD）	167.1%
福润德酒业有限公司（FURUNDE WINE CO. PTY LTD）	167.1%
歌浓葡萄酒有限责任公司（Kilikanoon Wines Pty Ltd）	167.1%
红袋鼠葡萄酒有限公司（THE RED KANGAROO WINE COMPANY PTY. LTD.）	167.1%
礼拜山酒庄（Chapel Hill Winery Pty Ltd）	167.1%
珀缇雅谷葡萄酒有限公司（Portia Valley Wines Pty Ltd）	167.1%
绅士酒庄（ZILZIE WINES PTY LTD）	167.1%
史密斯父子有限公司（S. SMITH & SON PTY. LIMITED）	167.1%
泰勒飞力士（TERRA FELIX PTY. LTD.）	167.1%
腾达堡（AUSTRALIAN FOOD & BEVERAGE GROUP PTY LTD）	167.1%
温加拉葡萄酒集团有限公司（WINGARA WINE GROUP PTY. LTD.）	167.1%
三、其他澳大利亚公司（All Others）	218.4%

（三）对原产于澳大利亚的进口相关葡萄酒反补贴调查最终裁定的公告（商务部公告 2021 年第 7 号）

1. 最终裁定

原产于澳大利亚的进口相关葡萄酒存在补贴，国内相关葡萄酒产业受到实质损害，而且补贴与实质损害之间存在因果关系。

2. 调查范围

原产于澳大利亚的进口装入 2 升及以下容器的葡萄酒，归在 22042100 项下。

3. 反补贴措施

为避免双重征税，经国务院关税税则委员会同意，商务部决定不对原产于澳大利亚的进口相关葡萄酒征收反补贴税，具体补贴率见表 7－4。

表 7－4　　　　　　　　各公司从价补贴率列表

公司名称	从价补贴率
一、被抽样公司	
富豪葡萄酒产业酒商有限公司（Treasury Wine Estates Vintners Limited）	6.3%
卡塞拉酒业私人有限公司（Casella Wines Pty. Limited）	6.3%
天鹅酿酒有限公司（Australia Swan Vintage Pty Ltd）	6.3%
保乐力加酿酒师有限公司（Pernod Ricard Winemakers Pty Ltd）	6.4%
二、其他配合调查的公司	
澳大利亚依恋森林酒庄（AUSTRALIA FARM AND LAND INVESTMENT PTY LTD）	6.3%
澳大利亚誉加葡萄酒有限公司（Accolade Wines Australia Limited）	6.3%
澳塔瓦酒庄（OCTTAVA WINES PTY LTD）	6.3%
澳洲佳酿集团（Australian Vintage Limited）	6.3%
博格丹投资有限公司（Bogdan Investments Pty Ltd）	6.3%
布朗兄弟米拉瓦葡萄园有限公司（BROWN BROTHERS MILAWA VINEYARD PTY. LIMITED）	6.3%
丹歌酒庄（AGREEN PTY LTD）	6.3%
德灵酒庄（Dorrien Estate Winery Pty Ltd）	6.3%
芬格富酒业集团（FERNGROVE VINEYARDS LTD）	6.3%
福莱斯葡萄酒有限公司（FOWLES WINE PTY LTD）	6.3%
福润德酒业有限公司（FURUNDE WINE CO. PTY LTD）	6.3%
歌浓葡萄酒有限责任公司（Kilikanoon Wines Pty Ltd）	6.3%

续表

公司名称	从价补贴率
红袋鼠葡萄酒有限公司（THE RED KANGAROO WINE COMPANY PTY. LTD.）	6.3%
礼拜山酒庄（Chapel Hill Winery Pty Ltd）	6.3%
珀缇雅谷葡萄酒有限公司（Portia Valley Wines Pty Ltd）	6.3%
绅士酒庄（ZILZIE WINES PTY LTD）	6.3%
史密斯父子有限公司（S. SMITH & SON PTY. LIMITED）	6.3%
泰勒飞力士（TERRA FELIX PTY. LTD.）	6.3%
腾达堡（AUSTRALIAN FOOD & BEVERAGE GROUP PTY LTD）	6.3%
温加拉葡萄酒集团有限公司（WINGARA WINE GROUP PTY. LTD.）	6.3%
三、其他澳大利亚公司(All Others)	6.4%

（四）对原产于美国的进口聚苯醚反倾销调查最终裁定的公告（商务部公告 2022 年第 1 号）

1. 最终裁定

原产于美国的进口聚苯醚存在倾销，国内聚苯醚产业受到实质损害，而且倾销与实质损害之间存在因果关系。

2. 被调查产品及调查范围

原产于美国的进口聚苯醚，归在 39072990 项下；该税则号项下聚苯醚以外的其他产品不在本次调查范围之内。

3. 征收反倾销税

自 2022 年 1 月 7 日起，对原产于美国的进口聚苯醚征收为期 5 年的反倾销税。

对各公司征收的反倾销税税率如下：

(1)沙特基础工业创新塑料美国有限公司，17.3%；(2)其他美国公司，48.6%。

（五）对原产于美国的进口聚苯醚反补贴调查最终裁定的公告（商务部公告 2022 年第 2 号）

1. 最终裁定

原产于美国的进口聚苯醚存在补贴，补贴金额为微量补贴；决定自 2022 年 1 月 7 日起，终止对原产于美国的进口聚苯醚的反补贴调查。

2. 被调查产品及调查范围

原产于美国的进口聚苯醚，归在 39072990 项下；该税则号项下聚苯醚以外的其他产品不在本次调查范围之内。

3. 不征收反补贴税

美国公司的从价补贴率如下：

(1)沙特基础工业创新塑料美国有限公司，0.9%；(2)其他美国公司，0.9%。

调查机关最终认定，原产于美国的进口聚苯醚存在补贴，补贴金额为微量补贴。决定不对原产于美国的进口聚苯醚征收反补贴税。

(六)对原产于美国的进口相关乙二醇和丙二醇的单烷基醚反倾销调查最终裁定的公告(商务部公告2022年第3号)

1. 最终裁定

原产于美国的进口相关乙二醇和丙二醇的单烷基醚存在倾销，国内相关乙二醇和丙二醇的单烷基醚产业受到实质损害，且倾销与实质损害间存在因果关系。

2. 被调查产品及调查范围

原产于美国的进口相关乙二醇和丙二醇的单烷基醚，归在29094400和29094990项下；上述税号项下不在列明具体产品范围的其他产品不在调查范围之内。

3. 征收反倾销税

自2022年1月11日起，对原产于美国的进口相关乙二醇和丙二醇单烷基醚征收为期5年的反倾销税。

对美国公司征收的反倾销税税率如下：

(1)陶氏化学公司，57.4%；(2)其他美国公司，65.3%。

(七)对原产于美国的进口相关乙二醇和丙二醇的单烷基醚反补贴调查最终裁定的公告(商务部公告2022年第4号)

1. 最终裁定

原产于美国的进口相关乙二醇和丙二醇的单烷基醚存在补贴，国内相关乙二醇和丙二醇的单烷基醚产业受到实质损害，且补贴与实质损害间存在因果关系。

2. 被调查产品及调查范围

原产于美国的进口相关乙二醇和丙二醇的单烷基醚，归在29094400和29094990项下；上述税则号项下不在列明具体产品范围的其他产品不在调查范围内。

3. 反补贴措施

美国公司的从价补贴率如下：

(1)陶氏化学公司，16.8%；(2)其他美国公司，16.8%。

鉴于本案具体情况，商务部决定对原产于美国的进口相关乙二醇和丙二醇的单烷基醚暂不实施反补贴措施。

四、2021—2022 年中国对进口产品贸易救济调查期终复审情况

(一)对原产于美国、欧盟、日本的进口未漂白纸袋纸反倾销措施发起期终复审调查的公告(商务部公告 2021 年第 5 号)

自 2021 年 4 月 10 日起,对原产于美国、欧盟、日本的进口未漂白纸袋纸所适用的反倾销措施进行期终复审调查。

1. 继续实施反倾销措施

2. 复审调查期

倾销调查期为 2020 年 1 月 1 日—2020 年 12 月 31 日,产业损害调查期为 2016 年 1 月 1 日—2020 年 12 月 31 日。

3. 调查期限

自 2021 年 4 月 10 日开始,应于 2022 年 4 月 9 日前结束。

(二)对原产于美国、欧盟、俄罗斯和中国台湾地区的进口锦纶 6 切片反倾销措施发起期终复审调查的公告(商务部公告 2021 年第 8 号)

自 2021 年 4 月 22 日起,对原产于美国、欧盟、俄罗斯和中国台湾地区的进口锦纶 6 切片所适用的反倾销措施进行期终复审调查。

1. 继续实施反倾销措施

2. 复审调查期

倾销调查期为 2019 年 10 月 1 日—2020 年 9 月 30 日,产业损害调查期为 2016 年 1 月 1 日—2020 年 9 月 30 日。

3. 调查期限

自 2021 年 4 月 22 日开始,应于 2022 年 4 月 21 日前结束。

(三)对原产于欧盟和英国的碳钢紧固件所适用的反倾销措施发起期终复审调查的公告(商务部公告 2021 年第 14 号)

自 2021 年 6 月 29 日起,对原产于欧盟和英国的进口碳钢紧固件所适用的反倾销措施进行期终复审调查。

1. 继续实施反倾销措施

2. 复审调查期

倾销调查期为 2020 年 1 月 1 日—2020 年 12 月 31 日,产业损害调查期为 2016 年 1 月 1 日—2020 年 12 月 31 日。

3. 调查期限

自 2021 年 6 月 29 日开始,应于 2022 年 6 月 28 日前结束。

（四）对原产于日本、韩国和土耳其的进口腈纶所适用的反倾销措施发起期终复审调查的公告（商务部公告 2021 年第 15 号）

自 2021 年 7 月 14 日起,对原产于日本、韩国和土耳其的进口腈纶所适用的反倾销措施进行期终复审调查。

1. 继续实施反倾销措施

2. 复审调查期

倾销调查期为 2020 年 4 月 1 日—2021 年 3 月 31 日,产业损害调查期为 2017 年 1 月 1 日—2021 年 3 月 31 日。

3. 调查期限

自 2021 年 7 月 14 日开始,应于 2022 年 7 月 13 日前结束。

（五）对原产于日本、韩国和欧盟的进口取向电工钢所适用的反倾销措施发起期终复审调查的公告（商务部公告 2021 年第 16 号）

自 2021 年 7 月 23 日起,对原产于日本、韩国和欧盟的进口取向电工钢所适用的反倾销措施进行期终复审调查。

1. 继续实施反倾销措施

2. 复审调查期

本次复审的倾销调查期为 2020 年 1 月 1 日—2020 年 12 月 31 日,产业损害调查期为 2016 年 1 月 1 日—2020 年 12 月 31 日。

3. 调查期限

自 2021 年 7 月 23 日开始,应于 2022 年 7 月 23 日前结束。

（六）对原产于美国的进口聚酰胺-6,6 切片反倾销措施期终复审裁定的公告（商务部公告 2021 年第 29 号）

1. 复审裁定

如果终止反倾销措施,原产于美国的进口聚酰胺-6,6 切片对中国大陆的倾销可能继续或再度发生,对中国大陆聚酰胺-6,6 切片产业造成的损害可能继续或再度发生。

2. 反倾销措施

自 2021 年 10 月 13 日起,对原产于美国的进口聚酰胺-6,6 切片继续征收反倾销税,实施期限为 5 年。

（七）对原产于日本和韩国的非色散位移单模光纤所适用的反倾销措施发起期终复审调查的公告（商务部公告 2021 年第 47 号）

自 2022 年 1 月 1 日起,对原产于日本和韩国的进口非色散位移单模光纤所适用的反倾销措施进行期终复审调查。

1. 继续实施反倾销措施

2. 复审调查期

倾销调查期为 2020 年 7 月 1 日—2021 年 6 月 30 日,产业损害调查期为 2017 年 1 月 1 日—2021 年 6 月 30 日。

3. 调查期限

自 2022 年 1 月 1 日开始,应于 2023 年 1 月 1 日前结束。

(八)对原产于日本和韩国的非色散位移单模光纤所适用的反倾销措施发起期终复审调查的公告(商务部公告 2021 年第 47 号)

自 2022 年 1 月 1 日起,对原产于日本和韩国的进口非色散位移单模光纤所适用的反倾销措施进行期终复审调查。

1. 继续实施反倾销措施

2. 复审调查期

倾销调查期为 2020 年 7 月 1 日—2021 年 6 月 30 日,产业损害调查期为 2017 年 1 月 1 日—2021 年 6 月 30 日。

3. 调查期限

自 2022 年 1 月 1 日开始,应于 2023 年 1 月 1 日前结束。

(九)对原产于美国的干玉米酒糟所适用的反倾销措施发起期终复审调查的公告(商务部公告 2022 年第 5 号)

1. 继续实施反倾销措施

2. 复审调查期

本次复审的倾销调查期为 2020 年 7 月 1 日—2021 年 6 月 30 日,产业损害调查期为 2017 年 1 月 1 日—2021 年 6 月 30 日。

3. 调查期限

自 2022 年 1 月 12 日开始,应于 2023 年 1 月 12 日前结束。

(十)对原产于美国的干玉米酒糟所适用的反补贴措施发起期终复审调查的公告(商务部公告 2022 年第 6 号)

1. 继续实施反补贴措施

2. 复审调查期

补贴调查期为 2020 年 7 月 1 日—2021 年 6 月 30 日,产业损害调查期为 2017 年 1 月 1 日—2021 年 6 月 30 日。

3. 调查期限

自 2022 年 1 月 12 日开始,应于 2023 年 1 月 12 日前结束。

(十一)对原产于日本的进口偏二氯乙烯-氯乙烯共聚树脂所适用的反倾销措施发起期终复审调查的公告(商务部公告 2022 年第 11 号)

1. 继续实施反倾销措施

2. 复审调查期

倾销调查期为 2021 年 1 月 1 日—2021 年 12 月 31 日,产业损害调查期为 2017 年 1 月 1 日—2021 年 12 月 31 日。

3. 调查期限

自 2022 年 4 月 20 日开始,应于 2023 年 4 月 20 日前结束。

(十二)对原产于美国和欧盟的进口非色散位移单模光纤所适用的反倾销措施发起期终复审调查的公告(商务部公告 2022 年第 12 号)

自 2022 年 4 月 22 日起,对原产于美国和欧盟的进口非色散位移单模光纤所适用的反倾销措施进行期终复审调查。

1. 继续实施反倾销措施

在反倾销措施期终复审调查期间,对原产于美国和欧盟的进口非色散位移单模光纤继续征收反倾销税;但自 2022 年 4 月 22 日起,对原产于英国的进口非色散位移单模光纤适用的反倾销措施终止实施。

2. 复审调查期

倾销调查期为 2021 年 1 月 1 日—2021 年 12 月 31 日,产业损害调查期为 2017 年 1 月 1 日—2021 年 12 月 31 日。

3. 调查期限

自 2022 年 4 月 22 日开始,应于 2023 年 4 月 22 日前结束。

(十三)对原产于日本、美国和欧盟的进口氯丁橡胶所适用的反倾销措施发起期终复审调查的公告(商务部公告 2022 年第 14 号)

自 2022 年 5 月 10 日起,对原产于日本、美国和欧盟的进口氯丁橡胶所适用的反倾销措施进行期终复审调查。

1. 继续实施反倾销措施

在反倾销措施期终复审调查期间,对原产于日本、美国和欧盟的进口氯丁橡胶继续按照附件所列商务部公告公布的征税产品范围和税率征收反倾销税;自 2022 年 5 月 10 日起,对原产于英国的进口氯丁橡胶适用的反倾销措施终止实施。

2. 复审调查期

倾销调查期为 2021 年 1 月 1 日—2021 年 12 月 31 日,产业损害调查期为 2017 年 1 月 1 日—2021 年 12 月 31 日。

3. 调查期限

自 2022 年 5 月 10 日开始,应于 2023 年 5 月 10 日前结束。

(十四)对原产于韩国、泰国和马来西亚的进口共聚聚甲醛所适用的反倾销措施进行期终复审调查的公告(商务部公告 2022 年第 29 号)

自 2022 年 10 月 24 日起,对原产于韩国、泰国和马来西亚的进口共聚聚甲醛所适用的反倾销措施进行期终复审调查。

1. 继续实施反倾销措施

2. 复审调查期

倾销调查期为 2021 年 7 月 1 日—2022 年 6 月 30 日,产业损害调查期为 2018 年 1 月 1 日—2022 年 6 月 30 日。

3. 调查期限

自 2022 年 10 月 24 日开始,应于 2023 年 10 月 24 日前结束。

(十五)对原产于美国、欧盟和日本的进口未漂白纸袋纸反倾销措施期终复审裁定的公告(商务部公告 2022 年第 10 号)

1. 复审裁定

如果终止反倾销措施,原产于美国、欧盟和日本的进口未漂白纸袋纸对中国的倾销可能继续或再度发生,对中国未漂白纸袋纸产业造成的损害可能继续或再度发生。

2. 反倾销措施

自 2022 年 4 月 10 日起,对原产于美国、欧盟和日本的进口未漂白纸袋纸继续征收反倾销税,实施期限为 5 年。

3. 被调查产品名称

未漂白纸袋纸,又称未漂白纸袋牛皮纸,或未漂白袋用牛皮纸,或未漂白伸性(半伸性)纸袋纸等,归在 48042100 和 48043100 项下。

(十六)对原产于美国、欧盟、俄罗斯和中国台湾地区的进口锦纶 6 切片反倾销措施期终复审裁定公告(商务部公告 2022 年第 13 号)

1. 复审裁定

如果终止反倾销措施,原产于美国、欧盟、俄罗斯和中国台湾地区的进口锦纶 6 切片对中国大陆的倾销可能继续或再度发生,对中国大陆锦纶 6 切片产业造成的损害可能继续或再度发生。

2. 反倾销措施

自 2022 年 4 月 22 日起,对原产于美国、欧盟、俄罗斯和中国台湾地区的进口锦纶 6 切片继续征收反倾销税,实施期限为 5 年。

3. 被调查产品及范围

征收反倾销税的产品范围与商务部 2010 年第 15 号公告中的产品范围一致:锦纶 6 切片,学名聚己内酰胺,又称聚酰胺-6 切片或尼龙 6 切片,归在 39081012 项下。

(十七)对原产于欧盟和英国的进口碳钢紧固件反倾销措施期终复审裁定的公告(商务部公告 2022 年第 17 号)

1. 复审裁定

如果终止反倾销措施,原产于欧盟和英国的进口碳钢紧固件对中国的倾销可能继续或再度发生,对中国碳钢紧固件产业造成的损害可能继续或再度发生。

2. 被调查产品及范围

碳钢紧固件,包括木螺钉、自攻螺钉、螺钉和螺栓(无论是否带有螺母或垫圈,但不包括用于固定铁轨的螺钉及杆径未超过 6 毫米的螺钉和螺栓)和垫圈;不包括螺母及用于民用航空器维护和修理的紧固件,归在 73181200、73181400、73181510、73181590、73182100、73182200、90211000、90212900 项下。

3. 反倾销措施

自 2022 年 6 月 29 日起,对原产于欧盟和英国的进口碳钢紧固件继续征收反倾销税,实施期限为 5 年。

(十八)对原产于日本、韩国和土耳其的进口腈纶所适用反倾销措施期终复审裁定的公告(商务部公告 2022 年第 21 号)

1. 复审裁定

如果终止反倾销措施,原产于日本、韩国和土耳其的进口腈纶对中国的倾销可能继续或再度发生,对中国腈纶产业造成的损害可能继续或再度发生。

2. 被调查产品名称

腈纶,又称聚丙烯腈纤维,归在 55013000、55033000、55063000 项下。上述税号项下变性腈纶(变性聚丙烯腈纤维)和聚丙烯腈基碳纤维原丝不在征税产品范围之内。

3. 反倾销措施

自 2022 年 7 月 14 日起,对原产于日本、韩国和土耳其的进口腈纶继续征收反倾销税,对聚丙烯腈基碳纤维原丝不征收反倾销税,实施期限为 5 年。

(十九)对原产于日本、韩国和欧盟的进口取向电工钢反倾销措施期终复审裁定的公告(商务部公告 2022 年第 22 号)

1. 复审裁定

如果终止反倾销措施,原产于日、韩和欧盟的进口取向电工钢对中国的倾销可能继续或再度发生,对中国取向电工钢产业造成的损害可能继续或再度发生。

2.被调查产品名称

取向电工钢,又称冷轧取向硅钢,归在72251100、72261100项下。

3.反倾销措施

自2022年7月23日起,对原产于日本、韩国和欧盟的进口取向电工钢继续征收反倾销税,实施期限为5年。

(二十)对原产于欧盟的进口马铃薯淀粉所适用的反补贴措施发起期终复审调查的公告(商务部公告2022年第23号)

自2022年9月16日起,对原产于欧盟的进口马铃薯淀粉所适用的反补贴措施进行期终复审调查。

1.继续实施反补贴措施

2.复审调查期

补贴调查期为2021年4月1日—2022年3月31日,产业损害调查期为2018年1月1日—2022年3月31日。

3.调查期限

自2022年9月16日开始,应于2023年9月16日前结束。

(二十一)对原产于日本和韩国的进口非色散位移单模光纤所适用反倾销措施期终复审裁定的公告(商务部公告2022年第37号)

1.复审裁定

如果终止反倾销措施,原产于日本和韩国的进口非色散位移单模光纤对中国的倾销可能继续或再度发生,对中国非色散位移单模光纤产业造成的损害可能继续或再度发生。

2.复审产品范围

非色散位移单模光纤,归在90011000项下,不包括该税则号项下其他型号的光纤和光导纤维束及光缆。

3.反倾销措施

自2023年1月1日起,对原产于日本和韩国的进口非色散位移单模光纤继续征收反倾销税,实施期限为5年。

五、2021—2022年中国对进口产品贸易救济调查终止情况

(一)终止对原产于英国的进口取向电工钢所适用的反倾销措施的公告(商务部公告2021年第16号)

鉴于宝山钢铁股份有限公司和首钢智新迁安电磁材料有限公司代表中国取向电

工钢产业申请不再对英国提起反倾销措施期终复审调查,自 2021 年 7 月 23 日起,对原产于英国的进口取向电工钢适用的反倾销措施终止实施。

(二)对原产于美国的进口聚氯乙烯反倾销调查裁定的公告(商务部公告 2021 年第 27 号)

自 2021 年 9 月 23 日起,终止对原产于美国的进口聚氯乙烯的反倾销调查。

(三)对原产于美国的进口聚氯乙烯反补贴调查裁定的公告(商务部公告 2021 年第 28 号)

自 2021 年 9 月 23 日起,终止对原产于美国的进口聚氯乙烯的反补贴调查。

(四)对原产于欧盟的进口马铃薯淀粉所适用的反补贴措施发起期终复审调查的公告(商务部公告 2022 年第 23 号)

自 2022 年 9 月 16 日起,对原产于英国的进口马铃薯淀粉适用的反补贴措施到期终止。

六、2021—2022 年中国对进口产品贸易救济其他情况

(一)关于皇家艾维贝合作社公司继承艾维贝合作社公司在原产于欧盟和英国的进口马铃薯淀粉反倾销和反补贴措施中所适用税率的公告(商务部公告 2021 年第 4 号)

自 2021 年 3 月 9 日起,由皇家艾维贝合作社公司继承艾维贝合作社公司在马铃薯淀粉反倾销措施和反补贴措施中分别适用 12.6% 反倾销税率和 12.4% 反补贴税率及其他权利义务;以艾维贝合作社公司名称向中国出口的马铃薯淀粉,适用马铃薯淀粉反倾销措施和反补贴措施中的"其他欧盟公司"分别适用 56.7% 的反倾销税率和 12.4% 的反补贴税率。

(二)关于株式会社引能仕材料继承 JSR 株式会社在丁腈橡胶反倾销措施中所适用税率的公告(商务部公告 2022 年第 18 号)

1. 由株式会社引能仕材料继承 JSR 株式会社在进口丁腈橡胶反倾销措施中所适用的 16.0% 的反倾销税率及其他权利义务。

2. 以 JSR 株式会社名称向中国出口的丁腈橡胶,适用进口丁腈橡胶反倾销措施中"其他日本公司"的反倾销税率,即 56.4%。

(三)关于特创工程塑料美国有限公司继承沙特基础工业创新塑料美国有限公司在聚苯醚反倾销措施中所适用税率的公告(商务部公告 2022 年第 20 号)

1. 由特创工程塑料美国有限公司继承沙特基础工业创新塑料美国有限公司在聚苯醚反倾销措施中所适用的 17.3% 反倾销税税率及其他权利义务。

2. 以沙特基础工业创新塑料美国有限公司名称向中国出口的被调查产品，适用聚苯醚反倾销措施中"其他美国公司"所适用的48.6%的反倾销税税率。

3. 公告自2022年7月19日起执行。

（四）关于韩国HDC聚合物株式会社继承SK化工株式会社在聚苯硫醚反倾销措施中所适用税率的公告（商务部公告2022第26号）

1. 自2022年10月15日起，由HDC聚合物株式会社继承SK化工株式会社在聚苯硫醚反倾销措施中所适用的32.7%的反倾销税率及其他权利义务。

2. 自2022年10月15日起，以SK化工株式会社名称向中国出口的聚苯硫醚，适用聚苯硫醚反倾销措施中"其他韩国公司"所适用的46.8%的反倾销税税率。

（五）关于朗盛德国高性能材料有限公司继承朗盛德国有限公司在锦纶6切片反倾销措施中所适用税率的公告（商务部公告2022年第28号）

1. 由朗盛德国高性能材料有限公司继承朗盛德国有限公司在锦纶6切片反倾销措施中所适用的8.2%的反倾销税税率和其他权利义务。

2. 以朗盛德国有限公司名称向中国大陆出口的锦纶6切片，适用锦纶6切片反倾销措施中"其他欧盟公司"的23.9%的反倾销税税率。

3. 公告自2022年10月26日起执行。

第三节 国际贸易摩擦与贸易救济评述

一、2021—2022年境外对中国出口产品开展贸易救济调查评述

（一）新立案总数和各类措施新立案数都同比降低

根据中国贸易救济数据网数据统计，2021年共有20个经济体（同比减少8个）对我国启动61起贸易救济调查，同比下降54.14%；其中，反倾销45起，同比减少45起，降幅50%；反补贴7起，同比减少13起，下降65%；保障措施9起，同比下降13起，减少59.09%。此外，美国还发起27起涉及中国出口产品的337调查，主要集中在机电领域。

2022年中国出口产品共遭遇16个经济体（同比减少4个）46起贸易救济立案调查，同比降低24.6%；其中，反倾销38起，同比降低15.6%，反补贴4起，同比下降42.86%，保障措施4起，同比减少55.56%。美国还发起24起涉及中国出口产品的337调查，主要集中在机电领域。

（二）境外对华贸易救济调查仍以反倾销为主，保障措施稳居第二

2021年和2022年，在境外对华启动的贸易救济调查中，反倾销案件数下降，但占

比持续上升;反补贴和保障措施,无论是案件数还是占比均大幅下降(见表7—5)。

表7—5　　　　　　　2013—2022年境外对华启动贸易救济调查情况　　　　　　单位:起

年份	总数	反倾销		反补贴		保障措施	
		数量	占比	数量	占比	数量	占比
2013	108	75	69.4%	14	13%	19	17.6%
2014	95	57	60%	14	14.7%	24	25.3%
2015	93	67	72%	8	8.6%	18	19.4%
2016	119	90	75.6%	19	16%	10	8.5%
2017	75	53	70.7%	14	18.7%	8	10.7%
2018	106	60	56.6%	29	27.4%	17	16.0%
2019	102	62	60.8%	10	9.8%	30	29.4%
2020	133	90	67.7%	20	15.0%	23	17.3%
2021	61	45	73.8%	7	11.5%	9	14.8%
2022	46	38	82.6%	4	8.70%	4	8.70%

(三)发展中经济体重新占据对华发起贸易救济调查的主体地位

1.发展中经济体继续保持主体地位,印度成为最大的发起经济体

2021年,共有20个经济体对华启动贸易救济调查,其中发达经济体6个,发展中经济体14个;在国外对华发起的61起贸易救济调查中,由发达经济体发起的有20起,占比32.8%;发展中经济体41起,占比67.2%,以绝对优势占据对华发起贸易救济立案调查的主体地位(见表7—6)。

2022年,共有16个经济体对华启动贸易救济调查,其中发达经济体6个,发展中经济体10个;在国外对华发起的46起贸易救济调查中,由发达经济体发起的有14起,占比30.4%;发展中经济体32起,占比69.6%,连续成为对华发起贸易救济立案调查的主体。

就国别(地区)而言,2021年,印度、美国、乌克兰、阿根廷等是对我国产品发起贸易救济调查数量较多的经济体,其中,印度以12起高居首位,美国和乌克兰以8起并列第二,阿根廷以6起居第三,韩国和欧盟以4起并列第四。

2022年,印度、阿根廷、加拿大、美国、南非是对我国产品发起贸易救济调查的主要经济体;其中,印度以15起保持首位,阿根廷以6起跃居第二位,加拿大以4起跃居第三,美国以3起退居第四,而南非凭借3起位列第四。

2.发达经济体偏爱反补贴和反倾销,发展中经济体热衷反倾销与保障措施

如表7—6所示,2021年,发达经济体对华发起贸易救济调查20起,其中反倾销

14起,占比70%,反补贴6起,占比30%,保障措施0起;发展中经济体41起,其中反倾销31起,占比75.6%,反补贴1起,占比2.4%,保障措施9起,占比22%。

2022年,发达经济体对华发起贸易救济调查14起,其中反倾销10起,占比71.4%,反补贴4起,占比28.6%,保障措施0起;发展中经济体32起,其中反倾销28起,占比87.5%,反补贴0起,保障措施4起,占比12.5%。

表7-6　　2016—2022年境外对华启动贸易救济调查启动的主体分析　　单位:起

年份	类别	反倾销	反补贴	保障措施	合计	占比
2016	发达国家	26	16	0	42	35.3%
	发展中国家	64	3	10	77	64.7%
2017	发达国家	22	14	3	39	52%
	发展中国家	31	0	5	36	48%
2018	发达国家	29	23	3	55	51.9%
	发展中国家	31	6	14	51	48.1%
2019	发达国家	17	10	1	28	27.4%
	发展中国家	45	0	29	74	72.6%
2020	发达国家	28	19	2	49	36.8%
	发展中国家	62	1	21	84	63.2%
2021	发达国家	14	6	0	20	32.8%
	发展中	31	1	9	41	67.%
2022	发达国家	10	4	0	14	30.4%
	发展中国家	28	0	4	32	69.6%

2021年,境外对华发起反倾销立案调查45起,其中发达经济体14起,占比31.1%,发展中经济体31起,占比68.9%;反补贴立案调查7起,发达经济体6起,占比85.7%,发展中经济体1起,占比14.3%;保障措施立案调查9起,全部由发展中经济体发起,占比100%。

2022年,境外对华发起反倾销立案调查38起,其中发达经济体10起,占比26.3%,发展中经济体28起,占比73.7%;反补贴立案调查4起,全部由发达经济体发起;保障措施立案调查4起,全部由发展中经济体发起。

(四)对华发起贸易救济调查涉案行业众多,钢铁及制品占1/3强

2021年,国外对华启动的61起贸易救济调查共涉及11类产品,其中贱金属及其制品以18起位居首位,占比29.5%,占比有所回落;电机/电气/机械设备类12起位居第二,占比19.7%;化工产品位居第三,共11起,占比18.0%;运输工具位居第四,共 5 起,占比 8.2%;塑料及其制品、纺织产品各 4 起,位居第五;建材、光电仪器各 2 起,并列第六;玻璃、食品和杂项制品各 1 起,位居第七。

2022 年,国外对华启动的 46 起贸易救济调查共涉及 13 类产品;其中贱金属及其制品 9 起,位居首位,占比 19.5%,数量和占比均大幅回落;其次是电机/电气/机械设备类 8 起,占比 17.4%,数量和占比均有所回落;化工产品、塑料及其制品并列第三,分别为 6 起,占比 13.0%;纺织产品、运输设备并列第四,分别为 3 起,占比 6.5%;橡胶及其制品、建材产品、玻璃及其制品、杂项制品各 2 起,位居第五;食品、纸制品、光学仪器各 1 起,并列第六。

(五)"双反"调查数持续下降,美国仍为主要发起方,产品呈现多元化

2021 年,国外对华启动"双反"调查 5 起,同比减少 11 起,占同期对华启动反倾销调查数 45 起的 11.1%,占对华启动反补贴调查总数 7 起的 71.4%;5 起"双反"调查全部由发达经济体发起,其中美国 4 起,占比 80%;加拿大 1 起,占比 20%。2021 年,对华 5 起"双反"调查主要涉及运输设备和机械设备各 2 起,占比分别为 40%;化学产品 1 起,占比 20%。

2022 年,境外对华启动"双反"调查 4 起,同比减少 1 起,占同期对华启动反倾销调查数 38 起的 10.5%,占对华启动反补贴调查总数 4 起的 100%;4 起"双反"调查全部由发达经济体发起:加拿大 2 起,占比 50%;美国和英国各 1 起,占比均为 25%;5 起"双反"调查涉及产品较为分散:钢铁产品、运输设备、通信器材(单模光纤光缆)和杂项制品(床垫)各 1 起。

(六)美国对华"337"调查仍保持蔓延趋势

如表 7-7 所示,2021 年,美国立案的涉及中国企业的"337"调查数量达 27 起,占美国启动"337"调查总数比例回升,中国已连续 20 年成为遭受该调查最多的国家。

表 7-7 美国启动涉华"337 调查"情况表

年份	2002—2012	2013	2014	2015	2016	2017	2018	2019	2020	2021	2022
数量(起)	148	14	12	10	21	24	30	27	20	27	24
占比(%)	34.2	33.3	35.3	27.8	38.2	41.4	60.0	57.4	40.8	52.9	38.7

2022 年,美国立案的涉及中国企业的"337"调查数量达 24 起,数量和占比虽都有所下降,但仍然连续 21 年成为遭受该调查最多的国家。

从涉案产品看,资本技术密集型的高科技产业逐渐成为遭遇"337 调查"的重灾区,由中低端产品向高端产品延伸成为"337 调查"的显著特征之一。

2021年,电子产品是被调查的重灾区,共13起,占比48.1%;其次为轻工产品6起,占比22.2%;医药产品3起;光伏、通信、食品、烟草和其他各1起。

2022年,电子产品仍是被调查的重灾区,共11起,占比45.8%;其次为专用设备和轻工产品各4起,占比均为16.7%;其他产品2起,占比8.3%;电气、纺织和汽车产品各1起,占比均为4.2%。

(七)欧盟对华光缆反吸收调查案例分析

1.反吸收措施内涵及实施情况

反吸收措施是反倾销措施的新发展,是反规避措施的延伸,是欧盟反倾销法律体系中非常富有特色的一项制度设计。

吸收是指在进口国已对某一进口产品征收反倾销税的情况下,出口商采取降低出口价格或其他方法,部分或全部地减轻进口商因承担反倾销税而产生的费用,从而降低或消除反倾销税对其产品在进口国市场份额的影响。对于吸收行为,进口国可以根据吸收程度重新调查确定新的倾销幅度,并最终提高反倾销税率,从而恢复反倾销税的作用,确保反倾销措施取得预期的效果。

迄今,欧盟已对我国出口商品启动3起反吸收调查。

2014年12月19日,欧盟对原产于中国的太阳能玻璃进行反吸收立案调查,涉及欧盟合并关税编码ex70071980,于2015年8月14日做出肯定性终裁。

2019年12月18日,欧盟对原产于中国的铸铁制品进行反吸收立案调查,涉及欧盟合并关税编码ex73251000和ex73259910,于2020年7月17日终止。

2022年12月8日,欧盟对原产于中国的光缆进行反吸收调查,涉及欧盟合并关税编码ex85447000,反吸收调查期为2021年10月1日—2022年9月30日。

2.欧盟对华光缆贸易救济调查概况

2020—2022年欧盟对华光缆贸易救济情况见表7-8。

表7-8 欧盟对华光缆贸易救济情况一览表

时　　间	进　　展
2020-09-24	反倾销调查立案
2020-12-21	反补贴调查立案
2021-04-23	反倾销初裁:不实施临时反倾销措施;调查仍继续进行
2021-11-18	反倾销终裁:征收19.7%~44%的反倾销税
2022-01-19	反补贴终裁:征收5.1%~10.3%的反补贴税
	修改反倾销终裁:征收14.6%~33.7%的反倾销税

续表

时 间	进 展
2022—12—08	反吸收调查立案:审查中国出口生产商是否通过降低被调查产品出口价格来阻碍现行反倾销措施的救济效果。

注:2022年4月26日,英国贸易救济署对原产于中国的单模光纤光缆(HS 85447000)发起"双反"调查立案。因此,本文欧盟统计数据不包括英国。

资料来源:根据商务部中国贸易救济信息网整理,http://cacs.mofcom.gov.cn/,2023—02—28。

3. 欧盟贸易救济措施对我国涉案产品出口影响甚微

虽然欧盟对华光缆相继做出的反倾销肯定性终裁(2021年11月18日)和反补贴肯定性终裁(2022年1月19日),致使2022年我国对欧盟光缆出口数量(同比下降41.44%)和金额(同比下降35.03%)都呈现较大幅度的回落,2022年我国光缆总体出口数量和金额却呈现持续增长态势(同比分别增长2.44%和5.48%),表明欧盟对我国光缆贸易救济调查的影响甚微,原因在于我国光缆生产企业积极实施多元化国际经营,不断扩宽海外市场,欧盟市场占比不断下降。

未来,我国企业应紧扣"一带一路"倡议和RCEP实施所带来的战略机遇期,进一步拓宽海外市场广度和深度,实施市场多元化。

4. 价格贸易条件指数大幅下降凸显光缆行业发展困境

2017—2022年,我国光缆进出口价格贸易条件指数在波动中下降(见表7—9),表明我国光缆行业亟须改善贸易条件,提升出口效益。

表7—9　　　　　　2013—2022年我国光缆进出口平均价格　　　　　　单位:美元/千克

年份	2017	2018	2019	2020	2021	2022
出口均价	7.754	8.149	7.335	6.155	6.453	6.644
进口均价	24.40	36.30	39.08	23.54	46.85	37.14
价格贸易条件指数	0.3178	0.2245	0.1877	0.2614	0.1377	0.1789

注:价格贸易条件指数=出口均价÷进口均价。

资料来源:根据海关总署统计数据在线查询整理,http://stats.customs.gov.cn/,2023—02—28。

(1)国内集采政策叠加需求波动导致出口价格趋于下降

光缆作为成熟的工业产品,近年来生产成本随着规模效应、制造工艺、管理方法等提升而逐渐下降,叠加集采政策的实施,导致国内价格不断下降,如中国移动集采均价就由2018年60元/芯千米降至2019年36元/芯千米,2020年微升至40元/芯千米;随着"双千兆"网络建设战略推进,2021年10月集采均价才恢复到64元/芯千米;2022年5月中国联通集采均价也约为64元/芯千米。国内价格的波动传导到出口价格,致使出口价格也在波动中显著下降。

(2)我国光缆行业产品结构有待升级

目前,我国光缆主要以普通光缆为主,如2021年10月,中国移动92亿元集采规模为1.432亿芯千米普通光缆;2022年5月,中国联通144万皮长公里集采主要也为普通光缆,进而导致我国国内光缆主要以低附加值产品为主。

权威咨询机构英国商品研究所(CRU)调查显示:2021年3月—2022年7月,全球光纤价格已从底部上涨70%,涨幅明显高于我国;2025年全球光纤光缆需求量将超过6亿芯公里,其中高毛利率的多模光缆、特种光缆以及海底光缆需求旺盛。我国企业应紧跟全球需求趋势,加强新产品研发,优化产品结构,特别是结合我国海上风电发展战略目标,大力发展海底光缆。

(3)我国光缆行业应警惕产能过剩潜在风险

光缆行业具有较强的周期性,行业发展与电信运营商的需求高度正相关;2000年光通信泡沫破灭后,行业陷入10年低谷;2010年随着"宽带中国战略"实施以及3G、4G接连建设,光缆行业迎来黄金十年;但自2019年开始,随着宽带和4G建设进入尾声,光缆行业产量和需求量快速跳水;2020年,随着运营商集采叠加5G网络、"双千兆"网络建设,光缆产量和需求量才逐步回升(见表7—10)。但光缆行业仍存在供需失衡的产能过剩风险和未来需求量增速下滑风险,例如,据华经产业研究院预测,2023—2025年我国光缆需求量分别为3.23亿芯千米、3.36亿芯千米和3.43亿芯千米,增速分别为8.37%、3.99%和2.02%。

表7—10　　　　　2017—2022年我国光缆产销情况　　　　　单位:亿芯千米

年份	2017	2018	2019	2020	2021	2022
产量	3.421	3.173	2.652	2.888	3.218	3.457
增速	5.2%	-3.5%	-12.5%	6.3%	11.6%	6.6%
需求量	2.767	2.734	2.351	2.323	2.675	2.984
增速	—	-1.4%	-13.9%	1.3%	15.5%	11.6%

资料来源:中国国家统计局月度统计数据,https://data.stats.gov.cn/easyquery.htm?cn=A01,2023—02—28。

中商产业研究院,2022年中国光纤光缆产业链上中下游市场剖析,http://www.seccw.com/document/detail/id/14472.html,2022—08—23。

5.我国推动光缆产业高质量发展的对策建议

(1)光缆企业应加大研发投入,提高风险应对能力

我国光缆行业三大典型企业长飞光纤、中天科技以及亨通光电研发投入强度和净

资产加权平均收益率(ROE)数据显示:研发投入力度越大,企业ROE就相对较高,且ROE波动幅度更小,表明企业应对市场波动风险的能力就越强(见表7—11)。

表7—11　　　　2018—2022年光缆行业典型企业研发强度与ROE指标

年份		2018	2019	2020	2021	2022
长飞光纤	研发强度	4.55%	5.32%	5.04%	4.96%	5.67%
	ROE	22.06%	9.46%	6.13%	7.52%	11.84%
中天科技	研发强度	3.16%	2.84%	2.89%	3.18%	4.07%
	ROE	11.33%	9.51%	10.14%	0.74%	11.16%
亨通光电	研发强度	3.20%	3.56%	3.75%	3.89%	3.55%
	ROE	22.0%	10.34%	7.36%	7.02%	7.46%

注:研发强度=研发费用÷营业收入×100%。

资料来源:根据东方财富网企业年报整理而得,http://www.eastmoney.com,2023-02-28。

因此,我国政府应通过优化出口退税率、加大专项资金扶持力度、加速落地研发费用加计扣除税收政策、鼓励企业开展跨国研发合作与跨国并购等举措,鼓励国内光缆行业紧紧抓住我国"双千兆"网络建设和海上风电建设战略机遇期,不断加大研发力度,提升产品和技术创新能力,推动产品结构升级换代。

(2)对欧出口价格回升,出口企业可借助期中复审缓解反倾销措施的影响

受欧盟征收反倾销税和反补贴税的影响,2022年我国光缆对欧盟出口均价快速回升,甚至超过2016年或2017年对欧出口均价。后续对欧出口价格如果维持该水平或继续回升,我国出口企业则可向欧盟申请开展反倾销和/或反补贴期中复审调查,以寻求降低反倾销税和/或反补贴税税率,甚至取消"双反"措施,也可退而求其次,以价格承诺方式替代反倾销税和/或反补贴税的征收。

(3)反吸收调查期对欧出口价格已大幅回升,我国出口企业应积极应诉

如表7—12所示,欧盟此次对原产于中国的光缆进行反吸收调查的调查期为2021年10月1日—2022年9月30日;在调查期内,我国光缆对欧盟出口数量和出口金额都呈现大幅下降,而出口均价则提高17.7%,表明我国在调查期间不存在反倾销吸收行为。因此,我国企业应积极应诉欧盟的反吸收调查,以维护合法权益。

表 7—12　　　2020 年 10 月—2022 年 9 月我国光缆对欧出口情况

时间	2020 年 10—12 月	2021 年 10—12 月	2021 年 1—9 月	2022 年 1—9 月	2020 年 10 月—2021 年 9 月	2021 年 10 月—2022 年 9 月
数量（公吨）	9 008.50	5 992.14	26 951.89	14 550.65	35 960.39	20 542.79
金额（万美元）	10 421.4	8 692.27	34 067.71	21 218.09	44 489.10	29 910.36
均价（美元/千克）	11.57	14.51	12.64	14.58	12.37	14.56

资料来源：根据海关总署统计数据在线查询整理，http://stats.customs.gov.cn/，2023－02－28。

（4）光缆整体出口均价严重低于对欧盟出口均价，谨防贸易救济连锁效应

表 7—13 显示，2017—2022 年，我国光缆总体出口均价严重低于对欧盟出口均价，且幅度存在扩大趋势，因此我国企业需防范其他国家效仿欧盟对我国光缆启动贸易救济调查和实施贸易救济措施，如 2022 年 4 月 26 日英国贸易救济署对原产于中国的单模光纤光缆（英国海关编码为 85447000）发起"双反"调查立案；2023 年 5 月 11 日，巴西发展、工业、贸易和服务部外贸秘书处对原产于中国的光缆产品（南共市税号为 85447010）发起反倾销调查。

表 7—13　　　　　　2017—2022 年我国光缆出口情况

	年份	2017	2018	2019	2020	2021	2022
总体	数量（万吨）	18.56	23.64	25.55	32.53	40.34	41.33
	金额（亿美元）	14.39	19.26	18.74	20.02	26.03	27.46
	均价（美元/千克）	7.75	8.15	7.33	6.15	6.45	6.64
对欧盟	数量（万吨）	1.496	2.217	2.724	3.329	3.296	1.930
	占总体比重	8.06%	9.38%	10.7%	10.23%	8.17%	4.67%
	金额（亿美元）	2.112	3.146	4.007	3.768	4.281	2.781
	占总体比重	14.7%	16.3%	21.4%	18.8%	16.4%	10.1%
	均价（美元/千克）	14.12	14.19	14.71	11.32	12.99	14.41

资料来源：根据海关总署统计数据在线查询整理，http://stats.customs.gov.cn/，2023－02－28。

二、2021—2022 年中国对进口产品开展贸易救济评述

（一）我国对外贸易救济调查启动数起伏较大，仍以反倾销为主

按 WTO 口径统计[①]，2021 年，我国不仅未对进口商品发起贸易救济调查，而且鉴

---

① 如未作说明，则按 WTO 方式统计。WTO 统计方式将对不同国家同一产品启动的贸易救济调查按涉及国家数进行统计，而我国将对多个国家同一产品启动的贸易救济调查按涉及产品数（即 1 起）进行统计。

于"中国聚氯乙烯产业未受到实质损害或实质损害威胁"的实际情况,终止了对原产于美国的进口聚氯乙烯的反倾销和反补贴调查,凸显我国合法、合理、审慎运用贸易救济手段的基本原则。

2022年,按WTO统计方式,我国共对进口商品启动2起反倾销调查,分别为酞菁类颜料(印度)、聚碳酸酯(中国台湾地区),同比增加2起;未发起反补贴调查和保障措施调查。

2011—2022年,我国对进口产品共启动124起贸易救济调查;其中,反倾销110起,占比88.7%;反补贴13起,占比10.5%;保障措施1起,占比0.8%(见表7-14)。

表7-14　　　2011—2022年我国对进口产品启动贸易救济调查总体情况　　　单位:起

年份	2011	2012	2013	2014	2015	2016	2017	2018	2019	2020	2021	2022	合计
反倾销	5	9	11	7	11	7	24	16	14	4	0	2	110
反补贴	0	2	1	0	0	1	1	3	1	4	0	0	13
保障措施	0	0	0	0	0	1	0	0	0	0	0	0	1
合　计	5	11	12	7	11	9	25	19	15	8	0	2	124

(二)实施和终止贸易救济措施情况

按WTO统计口径,2021年,我国新实施贸易救济措施3起;其中,反倾销措施2起,占比66.67%,反补贴措施1起,占比33.33%;新增征税产品2个——聚苯醚(初裁)、相关乙二醇和丙二醇的单烷基醚(初裁);终止实施贸易救济措施2起,到期终止和终裁终止各1起。

2022年,我国新实施贸易救济措施0起;到期终止实施贸易救济措施1起。

按照我国统计口径,截至2022年年底,我国共有71起贸易救济案件仍在采取措施。其中,反补贴案件7起,反倾销案件63起,保障措施1起,涉及产品54个。这些措施依法保护了国内产业免受不公平进口的损害。

(三)我国对外贸易救济复审启动与裁决情况

按照WTO统计口径,2021年,我国依法对锦纶6切片(4起,含中国台湾地区)、未漂白纸袋纸(3起)、碳钢紧固件(2起)、取向电工钢(3起)、腈纶(3起)5种进口商品启动反倾销期终复审调查;对进口自或原产于美国的聚酰胺-6,6切片做出反倾销肯定性期终复审裁定1项,继续征收反倾销税5年。

按照WTO统计口径,2022年,我国依法对干玉米酒糟(1起)、偏二氯乙烯-氯乙烯共聚树脂(1起)、氯丁橡胶(3起)、非色散位移单模光纤(4起)、共聚聚甲醛(3起)5种进口商品启动反倾销期终复审调查,对干玉米酒糟(1起)、马铃薯淀粉(1起)2种进口商品启动反补贴期终复审调查;对碳钢紧固件(2起)、腈纶(3起)、非色散位移单模光纤(2起)、未漂白纸袋纸(3起)、锦纶6切片(4起,含中国台湾地区)、取向电工钢(3起)6种进口商品做出反倾销肯定性期终复审裁定,继续征收反倾销税5年。

(四)我国对美国、欧盟、俄罗斯和中国台湾地区的进口锦纶6切片案例分析

1. 涉案产品特性及用途

锦纶6切片,学名聚己内酰胺,又称聚酰胺-6切片或尼龙6切片,英文名称Polycaprolactam、Polyamide-6(简称PA6)或Nylon6,是一种外观通常呈乳白色或微黄色半透明到不透明状的结晶性聚合物,具有着色性/韧性/耐磨性/自润滑性好、耐低温、耐细菌、成型加工性好等特征,是一种应用广泛的合成树脂,主要应用于化纤、纺织、化工、电子、机械、汽车、军工、航天航空、核电、食品和医疗等制造领域,是工业中链接化工原料和下游应用的关键中间体。该产品2009—2010年归在HS编码39081019项下,2011年起归在HS编码39081012项下。

2. 涉案产品反倾销过程

自2009年4月29日起,我国对原产于美国、欧盟、俄罗斯和中国台湾地区的进口锦纶6切片进行反倾销立案调查(见表7—15)。

表7—15　　　　　　　　我国对锦纶6切片反倾销历程列表

时　间	阶　段	备　注
2009年3月2日	申请调查	
2009年4月29日	调查立案	倾销调查期2007年10月1日—2008年9月30日,产业损害调查期2005年1月1日—2008年9月30日
2009年10月19日	原审初裁	征收临时反倾销保证金
2010年4月20日	原审终裁	征收为期5年的反倾销税
2015年4月21日	期终复审立案	倾销调查期2014年1月1日—2014年12月31日,产业损害调查期2010年1月1日—2014年12月31日
2016年4月21日	期终复审裁决	继续征收为期5年的反倾销税
2021年4月21日	期终复审立案	倾销调查期2019年10月1日—2020年9月30日,产业损害调查期2016年1月1日—2020年9月30日
2022年4月21日	期终复审裁决	继续征收为期5年的反倾销税

资料来源:根据商务部中国贸易信息救济网整理而得,http://cacs.mofcom.gov.cn/,2023—02—23。

3. 涉案产品反倾销调查效益开始显现

(1)锦纶6切片进口数量和金额开始下降

2017—2022年,我国自4个涉案经济体进口的锦纶6切片数量和金额均有所下

降,进口均价在波动中趋于上升,表明反倾销措施进口效应有所显现(见表7-16)。

表7-16 2017—2022年我国自涉案经济体进口锦纶6切片情况分析

年份	2017	2018	2019	2020	2021	2022
数量(万吨)	23.65	20.46	13.39	12.96	8.679	5.638
金额(万美元)	50 024.2	49 077.1	26 109.6	19 571.6	19 362.4	14 778.9
均价(美元/吨)	2 115.43	2 398.51	1 949.57	1 510.30	2 231.05	2 621.47

资料来源:根据海关统计数据在线查询平台整理,http://stats.customs.gov.cn/,2023-05-20。

(2)锦纶6切片进口贸易转移效应显现,倾销经济体存在潜在扩展风险

表7-17 2017—2022年我国锦纶6切片总体进口情况分析

年份	2017	2018	2019	2020	2021	2022
数量(万吨)	36.44	37.90	34.35	29.46	25.26	19.82
涉案方占比	64.88%	53.98%	38.99%	43.99%	34.36%	28.44%
金额(万美元)	77 661.0	85 060.0	61 150.8	43 745.4	46 242.5	40 450.3
涉案方占比	64.41%	57.70%	42.70%	44.74%	41.87%	36.54%
均价(美元/吨)	2 130.71	2 244.20	1 780.27	1 484.96	1 830.88	2 040.60

资料来源:根据海关统计数据在线查询平台整理,http://stats.customs.gov.cn/,2023-05-20。

据表7-17分析可知:

第一,2017—2022年,我国锦纶6切片总体进口数量和金额也存在总体下降趋势,进一步表明反倾销措施的进口限制效应有所显现。

第二,2017—2022年,我国自涉案经济体进口锦纶6切片的数量和金额占该产品总体进口数量和金额的比重均呈下降趋势,表明对特定经济体的反倾销措施的贸易转移效应有所显现,我国锦纶6切片进口来源地进一步多元化。

第三,2017—2022年,我国锦纶6切片总体进口均价显著低于自涉案经济体的进口均价,即其他经济体也可能存在潜在倾销行为。

(3)锦纶6切片国内价格提升,推动企业盈利和研发投入

受益于反倾销措施带来的公平竞争环境,我国锦纶6切片进口量减少,国内产品价格得以提升(见表7-18),进而提升国内企业的盈利能力。

表7-18 2018—2022年我国锦纶6切片价格情况

年份	2018	2019	2020	2021	2022
国内价格(元/吨)	12 650	10 967	11 000	14 100	14 475

资料来源:智研咨询.2022—2028年中国PA6切片行业市场经营管理及投资策略研究报告,https://www.chyxx.com/research/1119661.html,2022-12-12。

如集锦纶 6 切片研发、生产、销售为一体的国家高新技术企业杭州聚合顺新材料股份有限公司,2016—2022 年营业收入和归母净利润复合年增长率分别高达 44.4% 和 47.1%(见表 7－19);2017—2022,净利率维持在 3.98%～4.8%,净资产收益率(ROE)维持在 16.6%～22%的区间波动(见表 7－20)。

表 7－19　　　　　　2020—2022 年杭州聚合顺锦纶 6 切片经营状况分析

	营业收入			毛利润		
年份	2020	2021	2022	2020	2021	2022
金额(亿元)	25.43	52.28	60.32	2.25	4.11	3.77
占比	99.19%	96.73%	99.92%	99.56%	99.52%	99.79%

资料来源:聚合顺. 2022 年聚合顺公司财务报告[R/OL]. https://data.eastmoney.com/notices/stock/605166.html,2023－05－20。

表 7－20　　　　　　2020—2024 年杭州聚合顺整体经营状况分析

年份	2019	2020	2021	2022	2023	2024
营收(亿元)	24.26	25.64	54.05	60.37	90.61	117.39
同比增速	19.83%	5.68%	110.77%	10.62%	25.50%	29.35%
净利润(亿元)	1.00	1.16	2.39	2.42	3.87	4.98
同比增速	4.20%	15.59%	106.19%	0.73%	30.20%	32.45%
净资产收益率	19.70%	13.50%	18.80%	16.60%	18.47%	19.77%

注:2023—2024 年全年数据为 2022 年 3—8 月 5 家机构的预测均值。

资料来源:同花顺. 杭州聚合顺年度报告,https://data.eastmoney.com/notices/stock/605166.html,2023－05－20。

行业产品价格和盈利能力的提升,在一定程度上促进中国锦纶 6 切片企业加大研发力度,以打破国外企业的技术封锁,如杭州聚合顺公司 2020 年和 2021 年研发经费分别达 7 814.94 万元和 10 873.68 万元,同比分别增长 0.93%和 39.14%,主要投入于新品研发和改进工艺配方,并成功研发出多个高端、差别化尼龙型号,如共聚尼龙、高温尼龙、尼龙 66 等特种尼龙,不断丰富产品序列、扩大应用领域和市场需求的覆盖程度,支撑企业规模化发展,提高产品市场价竞争力和市场占有率,如依靠产品在质量、稳定性等多方面的优势,在多家下游知名客户中成功替代中国台湾等地的产品。

(4)锦纶 6 切片产业国内自给率不断提升,但产能结构有待优化

2016—2021 年,受益于反倾销措施创造的公平竞争环境以及政府配套政策支持利好,企业通过不断地自主创新和合作,锦纶 6 切片国内产能和产量不断提高,基本实

现国产化,自给率不断得到提升(见表7—21),但闲置产能也日渐增大,且产能结构也有待于优化和升级。近年,中国锦纶6切片差别化率持续提升,由2012年的55%提高至2019年的70%以上,但由于设备、技术壁垒等限制因素,国内能够大批量生产功能性、差别化锦纶6切片的企业还很少;同时,在工程塑料领域,我国锦纶6切片产品基本上集中在中、低端市场,而高性能锦纶6切片产品进口量较大,对外依存度较高,在高端工程塑料方面仍有较大发展空间。

表7—21　　　　　2016—2022年我国锦纶6切片产销情况分析

年份	2016	2017	2018	2019	2020	2021	2022
产能(万吨)	386	400	450	507	537	571.5	614.5
产量(万吨)	225.2	265.3	305.3	329.8	389	395	448.4
消费量(万吨)	266.4	300.9	348.9	356.5	406.5	412.7	429.3
行业自给率	84.53%	88.17%	87.50%	92.51%	95.69%	95.71%	95.74%

注:自给率=产量÷消费率×100%;2022年为预测值。

资料来源:智研咨询.《2022—2028年中国PA6切片行业市场经营管理及投资策略研究报告》[R]. https://www.chyxx.com/research/1119661.html,2022—07—16;普华有策咨询.2020—2026年尼龙6切片行业市场调查及前景预测报告[R/OL]. http://www.360doc.com/content,2020—09—07.

因此,我国锦纶6切片产业需要在警惕产能过剩加大风险,注重引导行业兼并、重组和淘汰落后产能的同时,鼓励企业加大研发,提升产业高端化发展。

(5)锦纶6切片出口产品质量和价格得到提升

受益于反倾销带来的公平竞争环境,我国锦纶6切片研发投入增加提升产品质量,导致出口价格没有随出口数量增长而大幅下降,而是相对平稳(见表7—22)。随着反倾销措施的延续、国内企业设备先进性优势增强、生产工艺的不断完善,预计未来我国锦纶6切片出口数量将进一步增长。

表7—22　　　　　2017—2022年6月年我国锦纶6切片出口情况分析

年份	2017	2018	2019	2020	2021	2022
数量(万吨)	10.512	9.9833	11.812	12.285	25.591	39.10
金额(万美元)	23867.7	24939.3	24795.0	21612.6	57318.8	87532.61
均价(美元/吨)	2270.47	2498.10	2099.23	1751.14	2239.78	2238.58

资料来源:根据海关统计数据在线查询平台整理,http://43.248.49.97/,2022—08—10。

(6)锦纶6切片供给扩张拉动原材料产业发展

我国锦纶6切片产能、产量的快速增长加大对原材料己内酰胺(CPL)的需求,不断推动 CPL 产业国产化、产能快速增长和价格下降,进而反向推动锦纶 6 切片产业产能快速增长。据中纤网与卓创资讯数据,2020 年国内 CPL 产量已达 370 万吨,2021 年新增产能为 100 万吨,2022 年仍有 60 万吨新生产装置计划投产,CPL 新增产能明显快于锦纶 6 切片新增,预计 2022 年全年 CPL 供需将偏宽松,有利于锦纶 6 切片行业降本增效。

(7)锦纶 6 切片消费结构有待升级

长期以来,我国锦纶 6 切片主要应用在尼龙纤维(2016 年占比 81%)、工程塑料和薄膜等方面,虽然近年我国锦纶 6 切片在工程塑料方面消费量增长较快,但 2018 年在工程塑料和薄膜方面的消费量仅约占 30%,相比 2016 年西欧、美国、日本等国家和地区超过 50% 的占比仍有不小差距。但可预期的是,随着汽车、高铁等飞速发展及其零部件国产化进程加快以及尼龙薄膜的进一步普及,锦纶 6 切片在工程塑料和薄膜方面消费量有望大幅增长,从而拉动尼龙需求快速增长。

4.锦纶 6 切片反倾销案例总结

随着国家智能制造、新能源、绿色环保等战略的逐步推进,国家通过节能减排、限制高能耗等行业标准,不断引导行业向技术、品牌、产品附加值等高水平、良性竞争态势发展,我国锦纶 6 切片产业应充分利用反倾销所创造的公平竞争环境,采取合理措施推动行业高质量发展。

第一,不断提升锦纶 6 切片行业产业链一体化程度、产业区域布局集中度,引导新增产能趋向规模化、自动化和节能化,以提高生产效率和规模经济效益。

第二,从技术发展趋势看,差别化技术将成为未来重点。随着人们生活品质的不断提高,对于高吸湿排汗、抗菌、抗紫外线等功能性和差别化产品的高端需求将会快速增长,生产高附加值的差别化、功能性锦纶已成为行业发展的重点方向。

第三,随着行业竞争的深入,有行业知名度和相应研发规模与能力的企业应进一步加大自主研发投入,夯实自身竞争优势,摆脱低成本竞争局面,实现差异化竞争战略,最终获得持续发展的能力。

第四,对于技术水平较低、设备升级换代压力较大、产品集中在中低端、利润率较低、市场竞争力较弱的企业,应逐步关停并转,以缩减和优化行业产能。

(五)我国对进口非色散位移单模光纤反倾销调查案例分析

1.涉案产品特性及用途

非色散位移单模光纤(Dispersion Unshifted Single-Mode Optical Fiber),在光纤行业内,通常被称为 G652 单模光纤,主要包括 G652A、G652B 和 G652C 三种类型,归在税号 90011000 项下,但不包括该税则号项下的其他型号的光纤以及光导纤维束及光缆。G652 单模光纤具有内部损耗低、带宽大、易于升级扩容和成本低的优点,适用于各类光缆结构,包括光纤带光缆、松套层绞光缆、骨架光缆、中心束管式光缆和紧套光缆等,因此被广泛应用于高速率、长距离传输,如长途通信、干线、有线电视和环路馈线等网络,是当今世界上用量最大的光纤,约占光纤用量的 70%。因此,涉案产品位于产业链中游(见表 7—23)。

表 7—23　　　　　　　　涉案产品产业链构成情况

产业链阶段	涉及产品或行业
上游产业	光纤预制棒、光纤涂料、光纤束管料、聚乙烯、光纤光缆生产设备等,其中预制棒是重要原材料
中游产业	光纤:单模光纤、多模光纤、塑料光纤等
下游产业	光缆:紧套光缆、松套光缆、单模光缆、多模光缆、色拉移位光缆等
终端应用产业	通信行业、电力行业、汽车行业、能源行业、轨道交通行业、海洋经济、医学激光、军事传感等领域

资料来源:中商产业研究院. 2022 年中国光纤光缆产业链上中下游市场剖析,www.seccw.com/document/detail/id/14472.html,2022—08—23。

2. 涉案产品反倾销过程

2003 年 7 月 1 日,我国对原产于美国、日本和韩国的进口非色散位移单模光纤进行反倾销立案调查,2010 年 4 月 22 日,反倾销调查扩展至欧盟(见表 7—24)。

表 7—24　　　　　我国对非色散位移单模光纤反倾销贸易救济列表

时间	阶段	涉案国家和地区	备　注
2003—05—07	申请调查	美国、日本、韩国	
2003—07—01	调查立案	美国、日本、韩国	
2004—06—16	原审初裁	美国、日本、韩国	征收临时反倾销保证金
2005—01—01	原审终裁	美国、日本、韩国	征收为期 5 年的反倾销税
2009—12—31	期终复审立案	日本和韩国	
2010—04—22	调查立案	美国和欧盟	
2010—12—31	期终复审裁决	日本和韩国	继续征收为期 5 年的反倾销税
2011—02—09	原审初裁	美国和欧盟	征收临时反倾销保证金
2011—04—21	原审终裁	美国和欧盟	征收为期 5 年的反倾销税
2012—03—05	期中复审立案	美国、日本、韩国	
2013—03—01	期中复审终裁	韩国	调整 2 家公司反倾销税税率
2015—12—30	期终复审立案	日本和韩国	

续表

时间	阶段	涉案国家和地区	备注
2016—04—21	期终复审立案	美国和欧盟	
2016—12—30	期终复审裁决	日本和韩国	继续征收为期5年的反倾销税
2017—04—21	期终复审裁决	美国和欧盟	继续征收为期5年的反倾销税
2017—08—22	期中复审立案	美国	
2018—07—10	期中复审裁决	美国	调整反倾销税税率
2021—12—31	期终复审立案	日本和韩国	
2022—04—21	期终复审立案	美国和欧盟	
2022—12—31	期终复审裁决	日本和韩国	继续征收为期5年的反倾销税

资料来源：根据商务部中国贸易信息救济网整理而得，http://cacs.mofcom.gov.cn/，2023—02—28。

3.涉案产品反倾销调查效益开始显现

目前，税号90011000项下主要包括三个细分税号——90011000.01（非色散位移单模光纤）、90011000.02（其他单模光纤）和90011000.90（光导纤维束、光缆及其他光导纤维）。虽然涉案产品仅包括90011000.01，但由于海关统计数据只细化到8位税号（即90011000），且涉案产品占到光纤用量的70%。因此，本文进出口数据分析用税号90011000代表涉案产品。

（1）涉案产品进口数量和金额下降凸显进口反倾销效应

第一，2017—2022年，我国自四个涉案经济体进口的非色散位移单模光纤数量和金额总体均呈现出显著下降趋势，而进口均价显著上升（见表7—25），表明反倾销措施进口价格提升效应和进出数量限制效应均有所显现。

表7—25　　2017—2022年我国自涉案经济体进口非色散位移单模光纤情况分析

年份	2017	2018	2019	2020	2021	2022
数量（吨）	1 296.30	1 174.32	840.40	795.64	1 123.3	789.48
金额（万美元）	24 525.8	26 706.8	21 658.6	21 654.2	24 207.3	21 328.3
均价（美元/千克）	189.20	227.42	257.72	272.16	215.50	270.15

注：鉴于《商务部关于英国脱欧后对欧和英贸易救济案件处理方式的公告》（商务部2021年第3号公告）规定"在2020年12月31日后对欧盟新发起的贸易救济调查及复审案件，不再将英国作为欧盟成员国处理"，且截至2023年2月底，仍未有关自英国进口非色散位移单模光纤的最新公告，本文欧盟统计数据仍包括英国。

资料来源：根据海关统计数据在线查询平台整理，http://stats.customs.gov.cn/，2023—02—28。

第二,2017—2022年,我国非色散位移单模光纤总体进口数量和进口金额也呈现总体下降趋势(见表7—26),进一步表明反倾销措施的进口效应有所显现。

表7—26　　　　2017—2022年我国非色散位移单模光纤总体进口情况分析

年份	2017	2018	2019	2020	2021	2022
数量(吨)	2 176.5	1 638.8	1 295.4	1 269.7	1 528.4	1 030.0
涉案方占比	59.56%	71.66%	64.87%	62.66%	73.49%	76.65%
金额(万美元)	39 205.0	37 151.4	34 194.8	36 373.9	39 095.1	33 205.7
涉案方占比	62.56%	71.88%	63.34%	61.22%	61.92%	64.23%
均价(美元/千克)	180.13	226.70	263.97	278.61	255.78	322.37
高于涉案方幅度	−4.79%	−0.32%	2.42%	2.36%	18.69%	19.33%

资料来源:根据海关统计数据在线查询平台整理,http://stats.customs.gov.cn/,2023—02—28。

(2)自涉案经济体进口占比提高、进口价格偏低表明倾销行为继续存在

第一,2017—2022年,我国涉案产品总体进口均价显著高于自涉案经济体的进口均价,且增幅不断扩大,表明涉案方可能继续存在倾销行为。

第二,2017—2022年,我国自涉案经济体进口涉案产品的数量和金额占该产品总体进口数量和金额的比重均呈现上升趋势,特别是进口数量占比提高17个百分点,表明对涉案产品的进口反倾销措施效果有待加强。

2022年12月31日,商务部2022年第37号公告裁定"如果终止反倾销措施,原产于日本和韩国的进口非色散位移单模光纤对中国的倾销可能继续或再度发生,对中国非色散位移单模光纤产业造成的损害可能继续或再度发生",并决定"自2023年1月1日起,对原产于日本和韩国的进口非色散位移单模光纤继续征收为期5年的反倾销税",表明对涉案产品的反倾销效果还未完全显现。

(3)涉案产品出口数量和金额持续增长,表明竞争力提高

随着反倾销措施效应的显现,我国非色散位移单模光纤产业发展环境得到改善,出口竞争力得以提升,如2017—2022年我国涉案产品出口数量和金额都快速增长,贸易差额由逆差转为顺差,且顺差幅度不断提升(见表7—27)。

表7—27　　　　2017—2022年我国非色散位移单模光纤出口情况分析

年份	2017	2018	2019	2020	2021	2022
数量(吨)	1 985.36	4 203.11	3 914.94	3 943.70	9 313.54	18 096.9
金额(万美元)	22 378.3	37 329.4	35 891.9	30 270.9	47 462.4	74 713.1

续表

年份	2017	2018	2019	2020	2021	2022
差额(万美元)	−16 826.7	178.0	1 697.06	−5 103.0	8 367.26	41 507.3

资料来源：根据海关统计数据在线查询平台整理，http://stats.customs.gov.cn/，2023－02－28。

(4)涉案产品典型企业盈利改善，但正常经营能力有待改善

长飞光纤光缆股份有限公司作为全球光纤光缆行业的领先企业，是国内最早的光纤光缆生产厂商之一，也是国内少数能够大规模一体化开发与生产光纤预制棒、光纤和光缆的公司之一，拥有雄厚的技术储备和广泛的客户群体，具备先发优势。2017—2022年9月底，长飞光纤公司营业收入与净利润等经营指标也呈现明显的周期性，但扣非净利润直到2022年1—9月才有所改善(见表7－28)，表明我国光纤光缆产业自身应对市场竞争和波动的能力还有待加强，即近期内我国光纤光缆产业发展还需要国家政策支持和营商环境改善，而反倾销措施持续正是一种具体举措。但值得庆幸的是，在面对周期性发展态势的情况下，长飞光纤仍积极进行研发投入，不断提高研发投入金额，为高质量发展夯实更坚实的基础。

表7－28　　　　　　　　2016—2022年长飞光纤经营情况　　　　　　　　单位：亿元

年　份	2016	2017	2018	2019	2020	2021	2022
营业收入	81.11	103.7	113.6	77.69	82.22	95.36	138.3
归属净利润	7.171	12.68	14.89	8.012	5.437	7.085	11.67
加权净资产收益率ROE	22.1%	27.0%	22.1%	9.46%	6.13%	7.52%	11.84%
扣非净利润	6.882	12.36	14.61	6.129	3.487	3.106	9.821
扣非ROE	21.7%	26.3%	21.7%	7.05%	3.93%	3.30%	9.97%
研发投入	—	4.028	5.168	4.135	4.146	4.732	7.839

资料来源：根据长飞光纤年报整理．https://data.eastmoney.com/notices/stock/601869.html，2023－05－28。

4. 涉案产品发展瓶颈及解决之策

(1)涉案产品出口价格持续下跌，存在遭受贸易救济措施风险

自2017年起，光纤光缆行业进入调整期，电信运营商需求的萎缩叠加前期扩产使产能释放，对光纤行业供需产生不利影响，再叠加集采方式的实施，使得光纤价格持续下跌，也导致涉案产品出口价格持续下跌(见表7－29)，存在较大的遭受贸易救济措施的风险，如2022年5月6日，印度商工部就对原产于或进口自中国的非色散位移单模光纤发起反倾销调查。

此外,我国涉案产品进出口相对价格指数持续下降(见表7-29),表明我国涉案产品结构、质量与国外差距日趋扩大,产品升级压力日趋增大。

表7-29 　　　　2017—2022年我国非色散位移单模光纤出口均价分析　　　单位:美元/千克

年份	2017	2018	2019	2020	2021	2022
出口均价	112.72	88.81	91.68	76.76	50.96	41.28
相对价格指数	0.625 7	0.391 8	0.347 3	0.275 5	0.199 2	0.128 1

注:相对价格指数=出口均价÷进口均价

资料来源:根据海关统计数据在线查询平台整理,http://stats.customs.gov.cn/,2023-02-28。

(2)涉案产品行业扩张拉动原材料产业发展,但也面临成本高企压力

我国涉案产品非色散位移单模光纤的产能、产量快速增长提升对上游产品光纤预制棒的需求,推动国内光纤预制棒产量持续增长(见表7-30),进而为我国非色散位移单模光纤产业产能快速增长进一步夯实基础。

表7-30 　　　　　2017—2022年我国光纤预制棒产量分析　　　　　　单位:吨

年份	2017	2018	2019	2020	2021	2022
产量	7 950	9 000	11 100	12 000	12 900	13 500
同比	32.06%	13.21%	23.33%	8.13%	7.50%	4.65%

资料来源:中商产业研究院.2022年中国光纤光缆产业链上中下游市场剖析,www.seccw.com/document/detail/id/14472.html,2022-08-23。

但也需注意,随着光纤产能扩张和产量提升,致使对上游产品光纤预制棒的需求激增,叠加光纤预制棒技术壁垒和产品依附度高等特性,导致光纤预制棒价格居高不下(因笔者查询不到国内光纤预制棒价格,特以出口价格作为替代,见表7-31),将对中游产品光纤生产企业带来较大的成本压力。

因此,我国应加快光纤预制棒的研发,在扩张产能的同时提升技术和质量。

表7-31 　　　　2017—2022年我国光纤预制棒出口情况分析

年份	2017	2018	2019	2020	2021	2022
金额(吨)	2 147.9	999.3	904.2	998.2	1 353.9	1 851.0
金额(万美元)	2 640.9	6 788.9	7 546.9	7 064.6	8 316.8	13 439
单价(美元/吨)	12 295	67 937	83 462	70 773	61 430	72 604

资料来源:根据海关统计数据在线查询平台整理,http://stats.customs.gov.cn/,2023-02-28。

(3)需要警惕下游光缆产量与需求量下滑导致产能过剩的潜在风险

光纤行业具有较强的周期性,行业发展与电信运营商对光缆产品的需求高度正相

关:2000年光通信泡沫破灭后,行业陷入10年低谷;2010年随着"宽带中国战略"实施以及3G、4G接连建设,光缆行业迎来黄金十年;但2019年开始,随着宽带和4G建设进入尾声,光缆行业产量和需求量快速跳水;2020年,随着运营商集采和叠加"双千兆"网络建设,光缆产量和需求量才逐步回升(见表7—32)。但光缆行业仍存在供给与需求失衡的产能过剩风险,以及未来需求量增速下滑风险(据华经产业研究院预测,2023—2025年我国光缆需求量分别为3.23亿芯千米、3.36亿芯千米和3.43亿芯千米,增速分别为8.37%、3.99%和2.02%),而这种风险也必然传导到中游光纤产业。

表7—32　　　　　2017—2022年我国光缆产销情况　　　　单位:亿芯千米

年份	2017	2018	2019	2020	2021	2022
产量	3.421	3.173	2.652	2.888	3.218	3.457
增速	5.2%	−3.5%	−12.5%	6.3%	11.6%	6.6%
需求量	2.767	2.734	2.351	2.323	2.675	2.984
增速	—	−1.4%	−13.9%	1.3%	15.5%	11.6%

资料来源:中国国家统计局.月度统计数据,https://data.stats.gov.cn/easyquery.htm?cn=A01,2023−02−28。

中商产业研究院.2022年中国光纤光缆产业链上中下游市场剖析,www.seccw.com/document/detail/id/14472.html,2022−08−23。

(4)涉案产品所属产业全球并购整合仍在延续

近年,并购整合一直是光纤光缆及通信行业的主旋律,如在2022年,II-VI收购Coherent完成合并,公司改名为Coherent;Lumentum收购Neo Photonics完成合并;美国宽带接入设备商Adtran已经完成与德国传输设备商ADVA的合并,并获得所有相关监管机构的放行;Ciena宣布收购Tibit Communications和Benu Networks,打造下一代PON技术;Lumentum拟收购IPG Photonics电信传输产品线;微软宣布收购下一代空芯光纤(HCF)解决方案厂商Lumenisit。

面对全球光纤光缆及通信行业的并购整合趋势,我国企业也积极参与其中,以应对新发展态势和挑战,如新易盛通过收购美国光模块企业Alpine Optoelectronics,Inc,旨在进入宽带接入市场;长飞光纤取得博创科技和启迪半导体控制权;亨通光电收购特种光纤生产商J-fiber GmbH公司100%股权等。

(本章执笔:上海海关学院查贵勇副教授)

第八章

经济全球化与关税政策前瞻

第一节 全球经济发展概述

一、全球经济发展总结

进入2021年,受新冠疫情冲击影响,全球价值链、供应链受此突发事件阻断后加速重构,世界经济在高位震荡中调整复苏,发达经济体和发展中经济体分化明显,国际经济面临新一轮的优化重组。环顾当下的世界经济格局,制约全球经济和贸易发展的不确定性因素增多,地缘政治冲突激化,赤字、债务等金融风险增加,通胀高企,投资锐减,消费低迷,使得后疫情时期全球经济增长前景被多数预测机构继续看低。世界银行和IMF发布经济展望报告,将2022年全球经济增速下调至3.1%和3.4%,2023年仅有2.1%和2.5%,将2022年美国经济增速下调至2.7%和2.0%;进一步将中国经济增速下调至5.1%和4.8%,并将欧元区经济增速下调至2.6%和1.8%。IMF在年中发布报告,预计2022年发达经济体的通胀将达到6.9%,新兴市场和发展中国家将达9.5%,较之2021年底的预测分别上调了0.9和0.8个百分点。受不确定性风险和高通胀预期影响,全球贸易增长也趋向低迷。WTO预计,随着2022年全球经济复苏势头减弱,全球货物贸易量增速也将从2021年的8.4%回落至2022年的3.6%。

(1)新冠疫情加速价值链、供应链重组,全球贸易分工体系受到极大冲击。截至2021年12月,新冠疫情蔓延至全球224个国家和地区,导致25 986.74万人感染。随着新冠疫情蔓延,全球范围内的供应链和产业链、价值链都受到严重影响。首先,疫情暴发促进了全球价值链的数字化和本土化。受疫情催化影响,大数据、人工智能等技术研发速度加快,新产品迭代时长更短,新产业、新生产力方兴未艾。其次,本土化成为全球供应链的未来走向。在本次疫情冲击下,发达国家"去工业化""金融化"的弊端一览无余,许多国家纷纷提出本土制造业振兴方案就是对此次疫情冲击影响国家经济安全产业链条的深刻反思。得益于科技进步的推动,部分国家更趋向于运用机器代替人工从而提高效率,自动化、信息化、智能化成为企业追求的目标之一,强调"本土制造"特征的高精尖端产业链培育成为各国产业政策扶持的核心。再次,贸易保护主义抬头,"脱钩""断链"此起彼伏。新冠疫情加剧了各国间的不信任程度,更多国家的政策趋向于安全、自主发展方向,以求构建独立的、符合行业要求的产业链相关体系。欧美国家打着"制造业回流"旗号行"脱钩""断链"之实,通过订立法案、颁布产业政策等手段促使跨国公司将生产设施迁回本国或靠近本土的地区,引发新一轮国际贸易秩序重组。最后,供应链多元化成为跨国公司的不二选择。美西方国家对发展中国家筑起"小院高墙",并组建"芯片联盟"等对华禁售高端芯片,同时极力推动苹果、特斯拉等跨国公司将在华工厂搬移至东南亚、南亚等地,力图造成"去中国化"的既定事实。受美西方对华"脱钩"影响,跨国公司在布置全球供应链体系时势必会考虑这一消极影响,考虑维持供应链上下游供应与生产环节安全,未来跨国公司将通过开拓多元化市场、扎根多样化供应链来冲减风险。

(2)俄乌冲突引发新一轮地缘政治矛盾,深刻影响世界经济格局。2022年2月,俄乌冲突爆发冲突,在很多方面都重塑了世界经济格局与秩序。首先,全球供应链断裂和经济脱钩进一步加剧。美国及其盟友对俄罗斯实行史无前例的制裁,不仅冻结了俄罗斯央行资产,禁止对俄出口通信设备等高科技产品,并将俄罗斯银行踢出SWIFT国际结算系统,而且禁止本国企业在俄投资,西方跨国公司也纷纷撤出俄罗斯市场。对俄进行制裁对全球产业链来说无异于雪上加霜,从高科技、重要原材料、能源到交通的全球统一市场将变得更加分裂。美国冻结俄罗斯央行美元储备的行径,迫使世界各国思考美元及SWIFT支付体系的可靠性,国际金融体系"去美元化"趋势有望加强。其次,全球经济重心加速东移。俄罗斯拥有丰富的油气资源、广阔的国土及受过良好教育的国民,美西方制裁将助推俄罗斯经济全面东进,亚洲作为全球经济最活跃、最具潜力地区的地位将更加巩固,全球经济重心东移趋势更加明显。再次,多边贸易体系继续受到冲击。西方以"国家安全例外"为由,取消俄罗斯的贸易最惠国待遇有违非歧视性原则,致使多边贸易体系的基本规则受到前所未有的冲击,并危及WTO赖以生存的根基。美西方对俄的经济制裁措施还预示,随着集团政治在多边机构大行其道,全球贸易规则将更多地让位于地缘政治,WTO将承受更大的逆全球化浪潮的冲击。最后,全球经济滞涨风险加大。俄乌冲突爆发后,全球食物和能源价格飙升。据摩根大通预测,2022年世界经济增长将减少一个百分点。IMF也将2022年全球经济增长预期下调至3.4%。从中长期看,西方制裁对全球经济的负面影响可能远远超过俄乌冲突本身。不仅扰乱了全球生产和供应链,而且破坏了多边贸易规则,助长单边主义,全球经济增长前景将变得更加不确定。

(3) 英国"脱欧"使欧盟实力和地位进一步式微。2020年1月31日,英国正式"脱欧",结束其47年的欧盟成员国身份。作为欧盟第二大经济体,英国"脱欧"导致英国与欧盟之间的贸易和投资关系发生显著变化,无论对欧洲一体化还是全球化治理进程,都是一次重大挫折。对英国来讲,"脱欧"之后英镑的地位和伦敦作为世界金融中心的地位都受到严重削弱,英国在世界经济中的地位进一步下降;与此同时,从欧盟统一市场退回到国家间往来,自由贸易受到限制,贸易和投资关系倒退最终可能伤及根本利益。有报道显示,自"脱欧"以来,英国经济规模缩减了6%,相当于每年损失1 400亿英镑(约12 821.8亿元人民币)。① 对欧盟来说,英国脱欧使其GDP减少约1/6,欧盟作为一个经济实体,与美、中差距进一步拉大。对全球治理而言,英国"脱欧"使欧盟实力、外交资源及治理能力受到损减的同时,也会对其全球作用的发挥增加许多制约,并给新时期的全球化进程与全球治理增加新的阻力和不确定性。在英国完成"脱欧"以后,欧洲内部一股新的反一体化、反全球化思潮表现会更明显,严重威胁区域一体化和全球化发展进程。

(4) 宽松货币政策扰乱全球经济秩序,通胀预期加剧经济分化和恢复难度。为对冲新冠疫情影响,量化宽松的货币政策大行其道。在整个疫情防控期间,只有中国等少数国家和地区采取了较为克制的财政货币政策,发达国家则通过大面积货币放水和财政"撒钱"来扩大内需。美联储除将基准利率降至0%~0.25%之外,还推出无节制的量化宽松货币政策(QE),从2020年初疫情暴发至2022年6月,在共计五轮的刺激计划中,美联储总共向市场释放了高达14万亿美元的流动性。受其带动,全球大多数国家央行都开启了货币政策的宽松窗口。新兴经济体经济基础薄弱、工业生产能力滞后,其由宽松货币政策引发的通胀可能更高。受供应链紧张、能源和大宗商品价格上涨、财政和货币政策刺激等因素推动,全球通胀在2022年中达到数十年来的最高水平,给各国央行的货币政策带来了更大的压力和挑战。

另一方面,在全球经济不确定性风险上升的同时,推动经济稳步前进的积极因素同样不断涌现且日见其效。

(1) 数字化和技术创新为经济复苏转型提供了强大助推。新冠疫情催生数字化和

---

① 2024年1月11日,彭博新闻社,伦敦市长:"脱欧"使英国经济每年损失约1 400亿英镑。

新技术创新的发展,为全球经济复苏转型提供了新动力和机遇。以数字化、AI 和新能源为代表的技术创新不仅可以提高生产效率和产品质量,降低生产成本和市场风险,而且可以创造新的高附加值产品和服务。数字化和技术创新涉及多个领域,例如云计算、芯片、人工智能、物联网、区块链、5G、生物科技等,这些领域市场潜力巨大,应用场景广阔,例如教育、医疗、金融、物流、农业、制造等,以技术革新和产业培育为基础的"新质生产力""正成为推动经济增长复苏和转型最可信赖的也是最有效的动力来源"。根据《今日美国》杂志预测,到 2025 年,来自 5G、人工智能等新一轮科技创新引发的市场规模将高达 8.7 万亿美元,拉动美国经济年均增长约 0.8 个百分点。中国信通信院发布的《中国城市数字经济发展报告(2023)》显示,目前我国数字经济规模已超过 50 万亿元,总量稳居世界第二,占 GDP 比重提升至 41.5%,其中来自大数据、AI 和 5G 等新产品的贡献达到 9.8%,拉动国民经济增长约 0.6 个百分点。

(2)绿色和低碳转型为全球经济可持续发展注入新动力。俄乌冲突导致能源价格高涨,加之全球气候变化的严峻挑战,促使各国和地区加快绿色和低碳转型,为全球经济发展提供新的动力和宝贵机遇。绿色和低碳转型不仅可以减少温室气体的排放,而且能有效引导、激励企业开展绿色技术创新,创造新的就业和收入来源;不仅能够促进新能源和新材料的发展,而且可以增强能源的安全性和效率,从而显著降低对能源的依赖和成本。绿色和低碳转型同样涉及多个领域,如可再生能源、电动汽车、碳捕捉和利用、绿色金融、循环经济等,这些领域不仅有着巨大的社会效益,而且有着广阔的市场前景,如风能、太阳能、氢能、锂电池、碳交易等。根据 WTO 统计,2022 年,全球贸易中以新能源和绿色低碳产品为交易标的的贸易总规模为 5.6 万亿美元,占全球总贸易额的比重上升到 16.8%,拉动全球经济产出增长约 0.2 个百分点。

(3)区域一体化加力为全球贸易和经济整合增添新动能。2021 年以来,受新冠疫情冲击,全球价值链、供应链遭遇极大挫折。随着疫苗接种和病毒传染性减弱,各国复产复工节奏回暖,多边合作和贸易往来也逐渐恢复。全球经济复苏需要各国加强多边合作,贸易互联的恢复和加强为全球经济增长和治理优化提供了新动能。后疫情时期,多边合作和贸易的恢复可以促进资源优化配置,提高生产效率和竞争力,降低国际间贸易壁垒和成本;通过贸易合作增进各国和地区间互信互利,可以有效缓解利益冲突和经济分歧,推动全球治理机制改革和完善。当前多边合作和贸易的恢复涉及多个层次,例如 WTO 改革、RCEP、全球最低企业税率的协商、全球气候变化大会(COP26)的举行等。在全球公共议题上通力合作、协商一致,不仅有重大的政治意义,而且有着深远的经济影响,可以减少对边贸易磋商和协调成本,更重要的是在贸易自由化、投资便利化、全球税收协调以及碳中和承诺等诸多议题上形成合力,从而最大限度维护世界经济贸易秩序的稳定。

(4)外贸减税降费为全球经济回暖注入新活力。减税降费是许多国家在疫情期间为扩大内需、提振经济所普遍采取的一项重要政策举措。以美国总统特朗普削减企业所得税为发端,许多国家陆续推出一系列减并国内税负和关税的举措,引发全球性减税浪潮。减税降费在很多层面都对经济和贸易复苏产生了广泛影响。贸易方面,减税降费促进贸易需求扩张,通过降低成本和增加市场准入促进了进出口商品的流动,扩大贸易规模和范围;在经济效益层面,减税降费提高了资源配置效率,激发企业创新和竞争,有效促进了生产效率和产品质量提高;在跨国投资方面,减税降费能够吸引更多跨国投资,降低市场准入壁垒,能够有效增加外国企业对本国市场的兴趣,促进外国资本、技术流入;在区域合作层面,减税降费有利于贸易自由化推进,有助于促进区域经济一体化和贸易合作,通过共享关税减免和促进贸易便利化,显著加强区域内国家间经济联系和合作。

二、中国经济发展总结

2021年是"十四五"开局之年,也是新冠疫情暴发的第二年。面对复杂形势,中央政府恪守"稳中求进"工作基调,坚持"动态清零"原则,始终强调人民利益至上,在抵御住第一轮新冠疫情最严重的冲击之后,中国率先实现复工复产。据统计,2021年,我国GDP达114.4万亿元,同比增长8.1%,按美元计算达到17.7万亿美元,占世界GDP比重约18%。2022年,我国GDP规模突破121万亿元,比上年增长3.0%,两年平均增长5.1%。在当前世界政治经济形势复杂严峻、国内疫情多元发散等多重考验下,取得上述成绩实属不易。中国经济的稳定增长主要得益于以下几个方面的因素:

(1)疫情防控取得重大成果,经济活动畅通复苏。中国政府采取科学有效的防控措施,有效遏制了疫情蔓延,保障了人民的生命健康和财产安全;同时通过实施有针对性的救助政策,支持企业复工复产,显著促进了国内消费恢复,有力推动了经济稳定复苏。截至2022年11月31日,中国累计报告新冠感染确诊病例9.4万例,其中死亡病例4 546例,治愈出院病例9.2万例。依据国家统计局最新数据,2023年前两季度,中国GDP同比增长6.9%,其中第一季度增长15.8%,第二季度增长6.5%。

(2)供给侧改革深入推进,经济转型升级成效显著。"十四五"以来,中央政府推动经济由高速增长转向高质量发展,不断加快新发展格局的构建,着力促进国内大循环和国际双循环的良性互动,有效提高了经济的内生动力和外部开放水平。根据国家统计局最新数据,2023年前三季度,中国第三产业占GDP的比重为57.8%,比上年同期提高0.5个百分点;中国居民消费支出占GDP的比重为54.3%,比上年同期提高1.1

个百分点;中国对外贸易总值为28.5万亿元,同比增长14.2%,其中出口增长12.7%,进口增长15.9%。

(3)新旧动能转换初见成效,新质生产力持续发力。过去两年,虽然新冠疫情的影响一直存在,但新一轮科技革命和产业变革也在加速演进,人工智能、大数据、区块链等新兴技术广泛应用,由此催生的新产业和新制造能力迅速成长。2022年,中国规模以上高技术制造业增加值比上年增长7.4%,高技术产业投资增长18.9%;新能源汽车、太阳能电池、工业机器人等产品产量分别增长90.5%、46.8%、21%。以数字化经济转型和新能源产业为代表的战略性新兴产业不断熔融聚合,整体拉动经济增长约0.7个百分点。

(4)绿色低碳转型稳步推进,经济效益显著改善。2022年,全国万元国内生产总值能耗比上年下降0.1%,万元国内生产总值二氧化碳排放下降0.8%。能源低碳转型持续深入,清洁能源生产较快增长,非化石能源消费占比不断提升。水电、核电、风电、太阳能发电等清洁能源发电量比上年增长8.5%;非化石能源消费量占能源消费总量的比重为17.5%,提高0.8个百分点。

(5)高水平对外开放布局不断拓展,为经济增长提供强大外部动力。2021年以来,在深化周边国家区域一体化发展的同时,中国积极参与全球经济治理机制的革新完善和多边贸易的推进实施。2022年1月1日,中国作为核心成员国的RCEP正式启动,标志着世界规模最大的区域自贸协定正式投入运行;同时,中国也正式表态申请加入CPTPP。在多元化布局推动下,2022年中国货物贸易再创新高,货物进出口总额首次突破40万亿元大关,达到42.1万亿元,比上年增长7.7%。伴随市场化、法治化、国际化营商环境的加快打造,中国持续成为全球投资热土。2021年实际使用外资按可比口径比上年增长6.3%,引资规模再创新高。同时,高质量共建"一带一路"成效显现。中国对"一带一路"沿线国家进出口创历史新高,达到13.8万亿元,比上年增长19.4%。

第二节 世界及中国主要关税政策梳理

一、代表性事件与主要国家(集团)关税政策嬗变

自2020年以来,为应对新冠疫情对国内经济和外贸的冲击,各国纷纷出台一系列扩内需、促外贸的减税举措。在外贸层面,关税减让举措大致可以分为两类:第一类是对于防疫用医疗用品及防护用品减免征收进口环节关税,包括英国、欧盟、美国、加拿大、巴西、俄罗斯和韩国等国家相继出台了一系列减免政策;第二类是为协调应对因供

应链和价值链断裂产生的贸易困局,以及为推进区域内和国家间贸易自由化而实施的一系列关税减免举措,包括 RECP 和 CPTPP 等典型的区域间贸易协定减税。按相关事件发生或政策出台的时间线为轴,对代表性国家和地区的减税政策梳理如下:

(1)英国"脱欧"的关税减让。2020 年 1 月 31 日英国正式"脱欧",至 2020 年 12 月 31 日英国"脱欧"过渡期结束。在 2020 年 5 月 19 日,英国政府公布了"英国全球关税(UK Global Tariff,UKGT)"这一新关税制度,UKGT 专为英国经济量身打造,体现了英国政府倡导自由贸易、降低及消除贸易壁垒、反对贸易保护主义的政策初衷。根据新关税制度规定,自 2021 年 1 月起,60%的进口产品(约价值 4 250 亿英镑)将按照 WTO 规则和其他现行优惠政策免征关税进入英国;平均关税税率则从 7.2%下降至 5.7%。与欧盟统一对外关税制度相比,UKGT 提供了更优惠的关税待遇、更简便的关税计征方法,同时将以英镑而非欧元作为计价单位。与此同时,为维持自身世界贸易自由港和金融中心的地位,英国不断与世界各国签署双边自由贸易协定。2020 年 10 月 23 日,英国与日本签署双边自贸协定,将免除英国对日出口的 99%产品的关税,英国逐渐取消日本汽车关税;2020 年 12 月 10 日,英国与新加坡签署自由贸易协定,英国将免除 84%新加坡进口商品的关税,剩余 16%将于 2024 年 11 月 21 日免除;2020 年 12 月 11 日,英国与越南达成自由贸易协议,协议规定在接下来 7 年内,两国将逐步减免 99%的商品进口关税。

(2)美国多轮加征关税。自特朗普政府开始,美国为巩固自身世界霸主地位,对各国输美商品加征关税,其中又以中美贸易冲突最为激烈。从 2020 年 3 月 25 日开始,美国在 6 个月内先后分 7 次对中国输美产品加征关税的有效期延长。同时,为应对新冠肺炎疫情,美国又于 2020 年 12 月、2021 年 11 月、2022 年 5 月有选择地对部分中国医疗产品豁免惩罚性关税,并于 2022 年 3 月、2022 年 12 月又延长 352 项中国商品的关税豁免期。此外,不仅中国,2021 年 1 月 12 日起,美国同时对来自法国和德国的部分输美商品加征关税。俄乌冲突爆发后,为制裁俄罗斯,美国又于 2022 年 7 月 27 日开始对 570 种俄罗斯商品征收 35%的进口关税。

(3)RCEP 关税减让。RCEP 成员包含中、日、韩、澳、新和东盟 10 国,是目前世界上市场最为广阔、人口最多,同时也是潜力最大的区域性自由贸易协定组织。RCEP 整合并拓展了 15 国间多个自由贸易协定,削减了关税和非关税壁垒,统一了区域内贸易规则,有力推动了亚太经济一体化发展。2022 年 1 月 1 日,RCEP 率先在文莱、柬埔寨、老挝、新加坡、泰国、越南、中国、日本、新西兰、澳大利亚 10 个国家中实施,印度尼西亚、马来西亚、菲律宾、缅甸、韩国 5 国将在完成核准程序后纳入生效范围。在 RCEP 生效后,已核准成员之间 90%的货物贸易将实现零关税。中国政府也承诺,在加入 RCEP 之后的 3 年内,将对本协定成员国 95% 以上的商品进口施行零关税,相关进口商品关税累计降幅达到 25% 以上。

(4)CPTPP 关税减让。CPTPP 是由 11 个亚太国家组成的自由贸易协定,覆盖全球 4.8 亿人口,其总规模约占全球 13.4% 的经济产出。CPTPP 是一个多边自由贸易协定,旨在促进亚太地区贸易自由化和经济一体化。该协定涉及 30 多个领域,包括货物贸易、服务贸易、投资、知识产权、政府采购、竞争政策、环境、劳工等。CPTPP 生效后,在关税减让方面的步骤有两个:一是立即实施零关税,各成员国中约 88% 的产品税目立即实现零关税;二是在特定时间内逐步取消关税,大部分在 3~7 年内取消,特殊情况下将在 20 年左右取消,最终约 99% 的产品免征关税。此外,CPTPP 还制定了非关税措施规则,以促进贸易自由。

相关国家(集团)的关税减让政策见表 8-1。

表 8-1　　　　　　　　相关国家(集团)关税减让政策列举

国家/集团	关税减让具体措施
加拿大	2020 年 5 月 6 日,对部分进口医疗产品减免关税(医用口罩、手套、防护服、消毒剂、湿巾等防护消毒杀菌物资)。 2020 年 7 月 1 日,"美国—墨西哥—加拿大"(USMCA)协定正式生效。 2022 年 7 月 7 日,对原产于或进口自中国的床垫征收临时的反倾销税和反补贴税。
巴西	2020 年 3 月 17 日,暂免 394 项产品的进口关税。 2020 年 9 月 4 日,降低 134 项巴西国内无产制汽车零件进口关税。 2020 年 9 月 10 日,于 2020 年 12 月 31 日前暂免稻米进口关税。 2020 年 9 月 17 日—2021 年 12 月 31 日,免除新冠疫苗及其他相关医用产品进口关税。 2020 年 10 月 17 日,临时取消从南方共同市场成员国进口玉米和大豆的关税。 2020 年 10 月 21 日,对 2020 年 3 月 17 日通过的享受零关税的 82 项产品停止零关税待遇,恢复原关税。 2020 年 10 月 22 日,368 项汽车零件暂免关税。 2020 年 11 月 16 日,对 21 项通信产品暂免关税,对 67 项汽车零件降低关税税率至 2%。 2021 年 1 月 6 日,对进口医疗注射器和针头实行零关税。 2021 年 1 月 21 日,用于货物运输的轮胎进入巴西境内无须支付进口关税。 2021 年 2 月 2 日,对 416 项汽车零件暂免关税。 2021 年 3 月 1 日起,逐步降低自行车进口关税,3 月 1 日起,关税从 35% 降至 30%,7 月 1 日起降至 25%,12 月 31 日起降至 20%。 2021 年 3 月 18 日,下调部分资本货物、信息和通信领域 1 000 多个税号的商品进口关税。 2021 年 6 月 7 日,调降 23 种产品的进口关税,包括农业原料、化学品、印刷油墨和隐形眼镜。 2022 年 3 月 22 日,为降低通货膨胀的影响,将工业机械设备、计算机等电信产品的关税降低至 10%。 2022 年 5 月 1 日起,将工业产品税的减税幅度从 25% 提高至 35%。 2022 年 5 月 11 日,减免 11 产品的进口关税,包括冷冻去骨牛肉、鸡肉、小麦粉、小麦、饼干、烘焙产品和糖果、玉米粒。 2022 年 6 月 1 日—2023 年 12 月 31 日,下调豆类、肉类、意大利面、饼干、大米和建筑材料等商品的进口关税。
阿根廷	2020 年 10 月 23 日,对中国的部分产品征收反倾销税:对单向异步交流电动机征收 FOB 价 46% 的反倾销税,对通用电动机征收 FOB 价 30% 的反倾销税,对电焊机征收 94.39% 的反倾销税。

续表

国家/集团	关税减让具体措施
印度	2020年1月30日起,禁止任何口罩防护服等防疫用品出口。 2020年2月8日,取消口罩和防护服等防疫用品的限制,N95口罩仍然限制。 2020年2月1日起,上调家具、鞋类、家电、手机零配件、玩具等产品的进口关税。 2020年6月起,限制轮胎、电视机及部分国防设备进口。 2020年10月15日,禁止含制冷剂的空调进口。 2020年10月29日,制定新标准来限制部分鞋类等皮革产品进口。 2020年11月11日,对进口LCD及LED电视面板零组件征收5%的基本关税。 2021年2月2日起,对部分产品如金属制品、珠宝和纤维等商品的进口关税进行减低;对棉花、生丝和丝纱、鞋类、玩具、风扇、电动汽车、手机某些部分等41类商品实施进口关税调增。 2021年2月2日—2021年9月30日,暂停对原产于或进口于中国、韩国和越南的镀铝锌合金、扁轧钢产品征收反倾销税。 2021年2月19日,对原产于或进口于中国的苯胺征收每吨36.9～121.79美元的反倾销税。 2021年4月24日—2021年7月31日,取消医疗用氧气、储存瓶、造氧机、呼吸器、氧气面罩等七项产品的进口关税。 2021年7月12日,取消7项制药用有机化学原料的进口关税。 2022年5月1日,印度与阿联酋自由贸易协定生效,90%的印度商品和65%的阿联酋商品将获得零关税市场准入优惠。 2022年9月9日起,对除蒸谷米和印度香米之外的大米征收20%的出口税。 2022年11月29日,取消铁品位低于58%的铁矿块和粉矿征收的出口关税。
俄罗斯	2021年8月1日—2021年底,对340种有色金属和钢铁产品征收出口关税。 2022年5月16日,将免除技术设备的进口关税,将简化电脑、智能手机和平板电脑的进口程序。
韩国	2020年3月18日—2020年6月30日,对医用口罩、生产口罩的核心材料的关税降至零。 2021年1月20日—2021年6月,对鲜鸡蛋及蛋类加工品免征关税。 2022年为应对物价上涨,对猪肉、食用油、面粉、咖啡豆等主要进口食品将适用10%的配额关税。
土耳其	2020年4月21日,对矿产、金属、化工等多种进口商品实施附加关税。 2020年5月11日,对珠宝、冰箱、洗衣机等超过400种商品征收达30%的附加税。 2021年5月20日,对建筑材料设备等产品临时调高对进口商品的税收,在10月1日后税率调低至25%。
埃及	2021年11月,调整了部分进口产品关税:对作为最终产品的进口光伏电池征收5%的关税,对进口移动电话征收10%的关税,旨在提升本国电信等高技术产业成本竞争优势,激励国内企业加大生产和研发投入,增强国际市场竞争力。 2022年9月4日,降低150多种产品的进口关税税率,如生产投入品、农业设备、药品和医疗用品。
伊朗	自2019年3月以来,伊朗禁止进口清单增加了800种商品,总数达到2 400种。
欧盟	2020年1月31日—2021年12月31日,暂停征收进口新冠疫情防控物资(包括口罩、防护设备、测试套件、呼吸机和其他医疗设备等)的关税和增值税。 2020年7月23日,决定继续对原产于中国的太阳能玻璃征收为期5年的反补贴税,税率为3.2%～17.1%。 2020年8月1日,越南与欧盟自由贸易协定正式生效,越南对欧盟出口71%的产品关税,欧盟对越南出口的65%产品的关税,立即豁免。 2020年9月,WTO已授权欧盟对价值40亿美元的美国商品加征关税。 2021年1月1日起,欧盟将执行有关废塑料进出口的新规定,开征塑料包装税,一次性塑料包装按每千克0.8欧元的税率征税。 2021年5月,欧盟同意推迟对大约40亿美元的美国出口商品加征50%的报复性关税。 2021年7月1日起,对货值不超过22欧元的低值进口货件,取消增值税免税政策;对货值不超过150欧元的进口货件,仅需缴纳增值税,无须缴纳关税;对货值超过150欧元的进口货件,需缴纳增值税和关税。

二、中国应对全球化挑战的关税政策调整

进入2021年,中国经济在成功遏制新冠疫情冲击之后保持了平稳较快增长。中央政府通过逆周期调控政策,大力推进结构性改革,成功推动经济发展转型。2021全年,中国外贸完成全年货物进出口总额391 009亿元,比上年增长21.4%;其中出口217 348亿元,增长21.2%;进口173 661亿元,增长21.5%。进出口顺差43 687亿元,比上年增加7 344亿元。对"一带一路"沿线国家进出口总额115 979亿元,比上年增长23.6%。其中出口65 924亿元,增长21.5%;进口50 055亿元,增长26.4%。2022年全年,货物进出口总额420 678亿元,比上年增长7.7%;其中出口239 654亿元,增长10.5%;进口181 024亿元,增长4.3%。货物进出口顺差58 630亿元,比上年增加15 330亿元。对"一带一路"沿线国家进出口总额138 339亿元,比上年增长19.4%。其中,出口78 877亿元,增长20.0%;进口59 461亿元,增长18.7%。对RCEP其他成员国进出口额129 499亿元,比上年增长7.5%。

与此同时,中国经济也面临着一些深度挑战。国内方面,供给侧结构性改革仍然需要深化,地方债务、金融风险和房地产市场泡沫也需要得到关注和管控,国企效率提升和民营资本竞争改革进入深水区,城乡、产业间不平衡发展和区域差距问题也亟待解决。国际方面,贸易保护主义抬头,发达国家"再工业化"以及"ABC"(Absolutely but China)封堵,以美西方为首的发达国家为"去中国化"而实施的对华"脱钩""断链"等一系列非常规因素,导致中国经济发展的外部压力增大,外贸面临长期严峻挑战。为应对贸易保护主义和发达国家"脱钩""断链"影响,中央政府审时度势,在提升对外开放水平的基础上,果断实施"双循环"战略,强调国内统一大市场建设的必要性和重要性,把保增长、稳预期放在突出位置予以重点推进,强调刺激内需和扩大开放的同时发展自主创新能力。在促进外贸发展提质增效方面,也通过一系列外贸减税政策予以有效激励和引导,主要举措包括以下方面:

(1)针对疫情防控采取的关税政策。在疫情防控方面,为积极支持新冠肺炎疫情防控工作,面对国内外踊跃捐赠,2020年2月1日,财关税〔2020〕6号公告规定,境外捐赠人无偿向受赠人捐赠的用于防控新冠疫情的进口物资可免征进口税收。为支持疫情防控,税委会〔2020〕6号公告称"对按照防控新型冠状病毒感染的肺炎疫情进口物资免税政策进口且原产于美国的物资,不实施对美加征关税措施,即恢复我对美232措施所中止的关税减让义务、不加征我为反制美301措施所加征的关税;已加征税款予以退还。"

(2)应对美国关税缓征的政策调整举措。为促进中美经贸关系健康稳定发展,国

务院税则委员会对原产于美国的部分进口商品加征关税进行调整（税委会公告〔2020〕1号），降低了部分原产于美国的进口商品的加征税率；同时，委员会决定开展对美加征关税商品市场化采购排除工作，对符合条件、按市场化和商业化原则自美采购的进口商品，在一定期限内不再加征我对美301措施反制关税（税委会公告〔2020〕2号）。随后，税则委员会陆续发布关于对美加征关税商品排除清单的公告（税委会公告〔2020〕3号、4号文）。2021年，税则委员会陆续发布的税委会公告〔2021〕2号、税委会公告〔2021〕5号、税委会公告〔2021〕7号、税委会公告〔2021〕9号，依次出台对美加征关税商品排除延期清单。2022年，根据前述公告，继续发布税委会公告〔2022〕4号、7号和10号文，依次出台对美加征关税商品排除延期清单。

（3）支持外贸发展的关税政策。为统筹内外贸发展，促进稳外资、稳就业，保障外贸产业链、供应链畅通，中央陆续出台一系列措施稳外贸、稳外资。财关税〔2020〕13号文规定，自2020年4月15日至年底暂免向加工贸易企业征收加工贸易货物内销缓税利息，进一步减轻企业负担；财关税〔2020〕20号文规定，自2020年4月15日起，将财关税〔2016〕40号规定的内销选择性征收关税政策试点，扩大到所有综合保税区。降低国内急需的高新技术设备及零部件、国内紧缺资源品以及部分优质原料等商品的进口关税。例如将航空零部件的关税税率从3%～20%下降至1%，其中将飞机发动机用传动轴税率从6%降至1%；降低无水乳糖以及乳业加工设备及零件的关税，降低乳清蛋白粉、乳铁蛋白等婴儿奶粉原料的进口关税，降幅达50%。燃料电池循环泵、铝碳化硅基板、砷烷等产品的进口关税从5%～8%降到2%～4%。关于给予多国98%税目产品零关税政策：税委会公告〔2022〕8号称，自2022年9月1日起，对原产于多哥共和国等16个最不发达国家的98%税目的进口产品，适用税率为零的特惠税率；税委会公告〔2022〕9号称，自2022年12月1日起，对原产于阿富汗等10个最不发达国家的98%税目的进口产品，适用税率为零的特惠税率。其中98%税目为税委会公告2021年第8号文件附件中税率为零的税目，共计8 786个。

（4）促进先进制造业发展的关税政策。为提高企业核心竞争力及自主创新能力，促进高端装备制造业发展，财政部会同工业和信息化部、海关总署、税务总局、能源局制定财关税〔2020〕2号公告，对符合规定条件的企业及核电项目业主为生产国家支持发展的重大技术装备或产品而确有必要进口的部分关键零部件及原材料，免征关税和进口环节增值税。关于进口环节减免税的关税政策，自2020年8月5日，财政部海关总署税务总局关于不再执行20种商品停止减免税规定的公告（财关税〔2020〕第36号）。依照贸易方式、地区、企业、单位和个人进口等不同类型，对关税和增值税等多项税种实行相对应的减免税政策。关于支持集成电路产业和软件产业发展进口关税政策,财关税〔2021〕4号发布《关于支持集成电路产业和软件产业发展进口税收政策的通知》,对5种情形免征进口关税,自2020年7月27日—2030年12月31日实施;自2020年7月27日,至第一批免税进口企业清单印发之日后30日内,已征的应免关税税款准予退还。

(5)支持"一带一路"和区域一体化发展的关税政策。2020年,我国对原产于孟加拉国的97%税目产品适用税率为零的特惠税率(税委会公告〔2020〕5号);对原产于基里巴斯的进口货物按税委会公告〔2019〕9号文适用最惠国税率,在此基础上又对原产于基里巴斯共和国的97%税目产品适用税率为零的特惠税率(税委会公告〔2020〕6号);对原产于老挝的97%税目产品,适用税率为零的特惠税率(税委会公告〔2020〕9号)。2021年,我国继续履行给予同中国建交的最不发达国家97%税目产品零关税待遇的承诺,税则委员给予所罗门群岛(税委会公告〔2021〕1号)、给予贝宁(税委会公告〔2021〕3号)97%税目产品零关税待遇,并扩大与我国建交的最不发达国家输华零关税待遇的产品范围,对原产于最不发达国家98%的税目产品适用税率为零的特惠税率(税委会公告〔2021〕8号),同时扩大最不发达国家输华零关税待遇产品范围。关于推动RCEP实施的关税政策,2022年,税委会公告〔2022〕1号文进一步规定,"自2022年2月1日起,对原产于韩国的部分进口货物实施RCEP协定税率";税委会公告〔2022〕2号文称"自2022年3月18日起,对原产于马来西亚的部分进口货物实施RCEP东盟成员国所适用的协定税率";税委会公告〔2022〕5号文称,"自2022年5月1日起,对原产于缅甸的部分进口货物实施RCEP东盟成员国所适用的协定税率"。

(6)促进海南自由贸易港发展的关税政策。2020年6月29日,财政部、海关总署、税务总局发布了《关于海南离岛旅客免税购物政策的公告》,对免税额度、购买数量等进行了规定。2020年11月11日,财政部、海关总署、税务总局发布《关于海南自由贸易港原辅料"零关税"政策的通知》,对包括椰子等农产品、煤炭等资源性产品、二甲苯等化工品及光导纤维预制棒等原辅料,以及飞机、其他航空器和船舶维修零部件共169项8位税目商品,免征进口关税、进口环节增值税和消费税。为进一步释放政策效应,财关税〔2021〕7号规定,"全岛封关运作前,对海南自由贸易港注册登记并具有独立法人资格的企业进口自用的生产设备,除法律法规和相关规定明确不予免税、国家规定禁止进口的商品。"财关税〔2022〕4号文进一步规定,对《财政部 海关总署 税务总局关于海南自由贸易港自用生产设备"零关税"政策的通知》(财关税〔2021〕7号)第二条所指生产设备,增列旋转木马、秋千及其他游乐场娱乐设备等文体旅游业所需的生产设备,实行零关税。此外,在全岛封关运作前,对海南自由贸易港注册登记并具有独立法人资格的事业单位进口财关税〔2021〕7号文件,按照财关税〔2021〕7号文件规定免征关税、进口环节增值税和消费税。

除此之外,涉及具体的关税税目和优惠关税等事项,参见表 8—2。

表 8—2　　2020—2022 年我国关税税率及相应税目调整政策梳理

年份	类别	具体内容规定
2020 年	最惠国税率	自 2020 年 7 月 1 日起,对 176 项信息技术产品的最惠国税率实施降税,这是继 WTO 相关成员国达成《信息技术协定》(ITA)扩大产品范围协议后,我国实施的第五次降税。
	进口暂定税率	自 2020 年 1 月 1 日起,对 850 余项商品实施低于最惠国税率的进口暂定税率; 此外,为与 2020 年 7 月 1 日起实施的 176 项信息技术产品降低最惠国税率相衔接,相应调整其中部分信息技术产品的进口暂定税率。
	协定税率和特惠税率	2020 年,继续对原产于 23 个国家或地区的部分商品实施协定税率;其中进一步降税的有中国与新西兰、秘鲁、哥斯达黎加、瑞士、冰岛、新加坡、澳大利亚、韩国、格鲁吉亚、智利、巴基斯坦自贸协定以及亚太贸易协定。
2021 年	最惠国税率	自 2021 年 1 月 1 日起,对 883 项商品(不含关税配额商品)实施进口暂定税率; 自 2021 年 7 月 1 日起,取消 9 项信息技术产品进口暂定税率;对《中华人民共和国加入世界贸易组织关税减让表修正案》附表所列信息技术产品最惠国税率自 2021 年 7 月 1 日起实施第六步降税。
	关税配额税率	继续对小麦等 8 类商品实施关税配额管理,配额税率不变。其中,对尿素、复合肥、磷酸氢铵 3 种化肥的配额税率继续实施 1% 的暂定税率。继续对配额外进口的一定数量棉花实施滑准税,并进行适当调整。
	协定税率和特惠税率	自 2021 年 1 月 1 日起,对中国与新西兰、秘鲁、哥斯达黎加、瑞士、冰岛、澳大利亚、韩国、智利、格鲁吉亚、巴基斯坦的双边贸易协定和亚太贸易协定的协定税率进一步下调,其中原产于蒙古国的部分进口商品自 2021 年 1 月 1 日起适用亚太贸易协定税率; 2021 年 7 月 1 日起,按照中国与瑞士的双边贸易协定和亚太贸易协定规定,进一步降低有关协定税率; 为支持装备制造业提高自主化水平,提高或取消喷气织机、光通信用的玻璃毛细管等商品进口暂定税率; 为支持国内基础产业加快发展,提高或取消蓝宝石衬底、轮胎等商品的进口暂定税率; 对正丙醇等实施反倾销、反补贴措施的商品取消进口暂定税率; 继续对与我建交并完成换文手续的最不发达国家实施特惠税率,适用商品范围和税率维持不变。
	继续实施现行出口关税税率	自 2021 年 1 月 1 日起,继续对铬铁等 107 项商品征收出口关税,适用出口税率或出口暂定税率,征收商品范围和税率维持不变。
	调整税则税目及注释	为满足产业发展和贸易管理需要,国务院税则委员会对部分税目、注释进行调整。经调整后,2021 年税则税目数共计 8 580 个,比 2020 年增加了 37 个。

续表

年份	类别	具体内容规定
2022年	进口关税税率	最惠国税率,根据税则转版和税目调整情况,相应调整最惠国税率及普通税率; 对《中华人民共和国加入世界贸易组织关税减让表修正案》附表所列信息技术产品最惠国税率自2022年7月1日起实施第七步降税;对954项商品(不含关税配额商品)实施进口暂定税率;自2022年7月1日起,取消7项信息技术协定扩围产品进口暂定税率; 对原产于塞舌尔共和国、圣多美和普林西比民主共和国的进口货物适用最惠国税率。
	关税配额税率	继续对小麦等8类商品实施关税配额管理,税率不变。其中对尿素、复合肥、磷酸氢铵3种化肥的配额税率继续实施进口暂定税率,税率不变。继续对配额外进口的一定数量棉花实施滑准税,税率不变。
	协定税率及特惠税率	继续对17个协定项下、原产于28个国家或地区的部分进口货物实施协定税率; 根据RCEP协定,对日本、新西兰等9个已生效缔约方的RCEP项下原产货物实施协定第一年税率,后续生效缔约方实施时间由国务院关税税则委员会另行公布; 对原产于柬埔寨的部分进口货物实施协定第一年税率;对与我国建交并完成换文手续的安哥拉共和国等44个最不发达国家实施特惠税率。
	出口关税税率	继续对铬铁等106项商品实施出口关税,提高黄磷以外的其他磷和粗铜2项商品的出口关税。
	调整税则税目及注释	进出口税则税目随《商品名称及编码协调制度》2022年转版同步调整,根据国内需要,对部分税则税目、注释进行调整。调整后,2022年税则税目数共计8 930个。

上述调整措施坚持以人民为中心,统筹发展与安全,立足国内发展需要,有利于维护国内产业链、供应链安全稳定,支持经济跨周期平稳运行并长期向好;有利于引导资源配置,支持科技创新和产业转型升级,促进绿色低碳发展;有利于发挥我国超大规模市场优势,主动参与全球产业链重塑,构建面向全球的高标准自由贸易区网络,持续推进高水平对外开放。

第三节 前瞻与应对

回望过去的2021和2022年,中国经济在克服世界性新冠疫情、国际贸易保护主义和地缘政治剧变等不利外部冲击,以及房地产、金融、债务等内部风险的制约下毅然前行,通过坚定不移贯彻新发展理念,着力推进经济转型和产业升级,中国经济取得了令人钦佩的发展业绩。展望未来,"十四五"收官之年依然是充满挑战和机遇的年份,全球宏观经济依旧面临多种不确定性。环顾世界经济,面对通胀压力剧增、金融市场动荡、地缘政治矛盾激化、多边治理机制缺失等不利冲击,全球经济增长放缓可能进一步强化。在外部驱动减弱的背景下,中国经济要想维持稳定发展节奏,除了做好内部改革外,还需做好积极灵活的关税应对以更好地推动外贸发展提质增效,为经济发展提供强有力的外部驱动。具体而言:

(1)进一步针对性完善关税减让的制度体系。完善关税减让的制度体系,加快零关税立法,并细化配套措施。一是深化自贸试验区、自贸港的零关税举措,细化零关税标准,调整负面清单和正面清单的内容,为推进高水平对外开放提供借鉴参考;二是在法律层面明确规范零关税与关税减让的协调条款,规范并优化零关税的内容与范围、关税减让的执法和监管程序,以及纳税人的救济渠道等。从长期看,应构建和优化关税减让的权限及财政补贴,降低通关成本,扩大市场准入;其次,实施低干预、高效能的精准监管。通过出口管制等经贸制度加强对我国重点物项和目标国家的管控,确保国家安全;通过特别关税(如反倾销税、反补贴税、保障措施关税、报复性关税)确保产业发展与贸易自由;再次,加强海关执法力度与权限,提高执法透明度,健全执法机关与相关机关、企业的协调机制,完善内外企业监管标准,改善营商环境,减少关税和非关税壁垒。

(2)平衡关税减让与产业保护之间的关联。遵循工业化推进的目标任务,根据不同产业的特点有计划推进关税减让。短期内,对于中国具有比较优势的产业,特别是制造业和科技产业等,尽快推动关税减让,甚至实行零关税,充分释放行业竞争力,扩大对外开放与技术革新;对中国需求量大的产业(如粮食和能源以及环保产业),可加快实施关税减让,减轻国内资源配置压力,及时调整高耗能、高污染和资源性产品税目,建设资源节约型、环境友好型社会。长期中,对缺少比较优势、关税税率较高、劳动密集型产业,可以设定适度的过渡期,逐步减让关税,有步骤地推行零关税;同时,还需要平衡产业布局与就业市场的调整以应对关税减让的冲击,确保零关税政策的平稳过渡;对存在垄断经营、资源配置效率低下、制约经济发展的产业,可以尝试引入不同所有制类型的竞争主体,向外资和民营企业开放,以加强市场竞争。

(3)从区域和多边层面推动关税减让实施。一方面,应努力完善我国自由贸易协定中关税减让的相关规定,降低WTO被诉风险。例如,目前WTO条款对于"实质上所有贸易"还存在争议,实践中不可在超过10%贸易规模的产品上保留关税,或保留的产品税目不可超过10%。对此,我国在规定自由贸易协定的零关税政策时,应缩小对传统产品、敏感产品的保留范围,以及减少对10%基准线的适用,并通过过渡期来适用"合理持续期间"的规定,规避WTO被诉风险,确保自由贸易协定中的零关税不违反国际法。另一方面,应加强区域和多边层面的谈判与合作。通过区域、多边谈判明确零关税的安排与适用,同时借助 RCEP 以及现有双边自贸协定等进一步深化关税减让改革,加强与伙伴国家的零关税合作,强调区域原产地累积规则,将受惠国视为统一经济区域,提高优惠关税的利用率,以扩大贸易自由化,推动全球经济的可持续发展。

在复杂多变的国际经贸格局下,采用关税减让,尤其是"零关税"手段已成为贸易强国和贸易集团重塑现今国际经贸规则的重要导向,其不仅是当今自由贸易的强心剂,而且是各国经济发展、关税改革的推进剂。各国在多边协定和区域协定中的关税减让动机兼具普遍性与特殊性,其中不仅有经济激励、产业发展与政治稳定等考量,而且兼有国际战略与主导全球规则制定的谋划。

推动中国经济的高水平对外开放必然伴随着关税制度的改革深化。就目前而言,我国关税总水平还相对较高,关税结构与产业保护之间的关系仍待进一步协调,税率调整也需与国家治理能力建设相匹配。中国作为全球自由贸易的倡导者、捍卫者,同时也是国际贸易分工体系和经济合作的受益者,在未来致力于构建更高水平开放型的经济新体制中,中国对外开放的力度和水平只会越来越高,在构建和布局多元化市场格局中,采取更积极、更有针对性的关税减让举措以激励国内企业参与竞争,有效对接国际经贸规则调整和多边贸易治理,才能让中国在未来的世界经济版图发展中占据主动,立于前列。

(本章执笔:安徽财经大学赵永辉副教授)

附表一

1980—2022年中国海关税收收入情况一览表

年份	全国海关税收收入（亿元，不含船舶吨税收入）	关税收入（亿元）	进口环节税收收入（亿元）	船舶吨税收入（亿元）	中央一般公共预算收入（亿元）	海关税收占中央一般公共预算收入比重（％）
1980	34.80	33.53	1.27		284.45	12.23
1981	59.80	54.04	5.76		311.07	19.22
1982	54.70	47.46	7.24		346.84	15.77
1983	63.90	53.88	10.02		490.01	13.04
1984	126.00	103.07	22.93		665.47	18.93
1985	350.50	205.21	145.29		769.53	45.55
1986	246.70	151.62	95.08		778.42	31.69
1987	250.30	142.37	107.93		736.29	33.99
1988	262.80	155.02	107.78		774.76	33.92
1989	339.30	181.54	157.76		822.52	41.25
1990	282.70	159.01	123.69		992.42	28.49
1991	338.40	187.28	151.12		938.25	36.07
1992	381.00	212.75	168.25		979.51	38.90
1993	447.80	256.47	191.33		957.51	46.77
1994	622.40	272.68	349.72		2 906.50	21.41
1995	680.10	291.83	388.27		3 256.62	20.88
1996	793.10	301.84	491.26		3 661.07	21.66
1997	853.10	319.49	533.61		4 226.92	20.18
1998	879.00	313.04	565.96		4 892.00	17.97
1999	1 590.70	562.23	1 028.47		5 849.21	27.20
2000	2 242.00	750.48	1 491.52		6 989.17	32.08
2001	2 492.40	840.52	1 651.88	6.00	8 582.74	29.04
2002	2 590.70	704.27	1 886.43	8.45	10 388.64	24.94
2003	3 711.60	923.13	2 788.47	9.38	11 865.27	31.28
2004	4 744.20	1 043.77	3 700.43	11.54	14 503.10	32.71
2005	5 278.50	1 066.17	4 212.33	13.81	16 548.53	31.90
2006	6 104.40	1 141.78	4 962.62	15.74	20 456.62	29.84

续表

年份	全国海关税收收入（亿元，不含船舶吨税收入）	关税收入（亿元）	进口环节税收收入（亿元）	船舶吨税收入（亿元）	中央一般公共预算收入(亿元)	海关税收占中央一般公共预算收入比重（%）
2007	7 586.00	1 432.57	6 153.43	18.20	27 749.16	27.34
2008	9 161.10	1 769.95	7 391.15	20.11	32 680.56	28.03
2009	9 213.60	1 483.81	7 729.79	23.79	35 915.71	25.65
2010	12 518.30	2 027.83	10 490.47	26.63	42 488.47	29.46
2011	16 142.09	2 559.12	13 582.97	29.74	51 327.22	31.45
2012	17 579.10	2 783.93	14 795.17	40.95	56 175.23	31.29
2013	16 635.17	2 630.61	14 004.56	43.55	60 198.48	27.63
2014	17 268.71	2 843.41	14 425.30	45.23	64 493.45	26.78
2015	15 094.19	2 560.84	12 533.35	46.97	69 267.19	21.80
2016	15 384.00	2 603.75	12 781.00	48.02	72 365.62	21.26
2017	18 968.52	2 997.85	15 970.67	50.40	81 123.36	23.38
2018	19 726.75	2 847.78	16 878.97	49.78	85 456.46	23.08
2019	18 701.47	2 889.13	15 812.34	50.26	89 309.47	20.94
2020	17 099.75	2 564.25	14 535.50	53.72	82 770.72	20.66
2021	20 126.30	2 806.14	17 320.16	55.73	91 470.41	22.00
2022	22 855.07	2 860.29	19 994.78	53.02	94 887.14	24.09

注：船舶吨税收入于2001年开始纳入财政预算，此前的收入数据不详。

资料来源：2021年以前的数据来源于《中国统计年鉴》。2022年数据来源于财政部公布的"2022年中央一般公共预算收入决算表"。

附表二

中国原产地规则主要法律文件一览(截至 2022 年 12 月)

序号	原产地规则	主要法规、规章、文件	国际协定	备 注
1	原产地条例	《中华人民共和国进出口货物原产地条例》(国务院令 2004 年第 416 号公布)	WTO《原产地规则协议》	非优惠原产地规则
2	非优惠原产地规则实质性改变标准	《关于非优惠原产地规则中实质性改变标准的规定》(海关总署令第 122 号公布,第 238 号修改)		非优惠原产地规则
3	优惠原产地管理规定	《中华人民共和国海关进出口货物优惠原产地管理规定》(海关总署令第 181 号公布)		优惠原产地规则
4	亚太贸易协定原产地规则	《中华人民共和国海关〈亚太贸易协定〉项下进出口货物原产地管理办法》(海关总署令第 177 号公布,第 198 号修改)《〈亚洲-太平洋贸易协定〉原产地规则》(海关总署公告 2018 年第 69 号)	《亚洲及太平洋经济和社会理事会发展中国家成员国关于贸易谈判的第一协定》《亚洲-太平洋贸易协定〉第二修正案》	优惠原产地规则
5	中国-东盟自贸区原产地规则	《中华人民共和国海关〈中华人民共和国与东南亚国家联盟全面经济合作框架协议〉项下进出口货物原产地管理办法》(海关总署令第 199 号公布)《中华人民共和国海关〈中华人民共和国与东南亚国家联盟全面经济合作框架协议〉项下经修订的进出口货物原产地管理办法》(海关总署公告 2019 年第 136 号)	《中华人民共和国与东南亚国家联盟全面经济合作框架协议》《中华人民共和国与东南亚国家联盟关于修订〈中国-东盟全面经济合作框架协议〉及项下部分协议的议定书》	优惠原产地规则
6	内地与香港 CEPA 原产地规则	《中华人民共和国海关〈内地与香港关于建立更紧密经贸关系的安排货物贸易协议〉项下进出口货物原产地管理办法》(海关总署公告 2018 年第 214 号)	《〈内地与香港关于建立更紧密经贸关系的安排〉货物贸易协议》	优惠原产地规则
7	内地与澳门 CEPA 原产地规则	《中华人民共和国海关〈内地与澳门关于建立更紧密经贸关系的安排货物贸易协议〉项下进出口货物原产地管理办法》(海关总署公告 2018 年第 213 号)	《〈内地与澳门关于建立更紧密经贸关系的安排〉货物贸易协议》	优惠原产地规则

续表

序号	原产地规则	主要法规、规章、文件	国际协定	备注
8	中国-巴基斯坦自由贸易协定原产地规则	《中华人民共和国海关〈中华人民共和国政府与巴基斯坦伊斯兰共和国政府自由贸易协定〉项下进口货物原产地管理办法》(海关总署令第162号公布,第198号修改)	《中华人民共和国政府与巴基斯坦伊斯兰共和国政府自由贸易协定》	优惠原产地规则
9	中国-智利自由贸易协定原产地规则	《中华人民共和国海关〈中华人民共和国政府和智利共和国政府自由贸易协定〉项下进出口货物原产地管理办法》(海关总署公告2019年第39号)	《中华人民共和国与智利共和国政府自由贸易协定》《中华人民共和国政府和智利共和国政府关于修订〈自由贸易协定〉及〈自由贸易协定关于服务贸易的补充协定〉的议定书》	优惠原产地规则
10	中国-新西兰自由贸易协定原产地规则	《中华人民共和国海关〈中华人民共和国政府和新西兰政府自由贸易协定〉项下经修订的进出口货物原产地管理办法》(海关总署公告2022年第32号)	《中华人民共和国政府和新西兰政府自由贸易协定》《中华人民共和国政府与新西兰政府关于升级〈中华人民共和国政府与新西兰政府自由贸易协定〉的议定书》	优惠原产地规则
11	中国-新加坡自由贸易协定原产地规则	《中华人民共和国海关〈中华人民共和国政府和新加坡共和国政府自由贸易协定〉项下进出口货物原产地管理办法》(海关总署令第178号公布,第198号、203号修改)《中华人民共和国海关〈中华人民共和国政府和新加坡共和国政府自由贸易协定〉项下经修订的进出口货物原产地管理办法》(海关总署公告2019年第205号)	《中华人民共和国政府和新加坡共和国政府自由贸易协定》《中华人民共和国政府与新加坡共和国政府关于升级〈自由贸易协定〉的议定书》	优惠原产地规则
13	中国-秘鲁自由贸易协定原产地规则	《中华人民共和国海关〈中华人民共和国和秘鲁共和国政府自由贸易协定〉项下进口货物原产地管理办法》(海关总署令第186号公布)	《中华人民共和国政府和秘鲁共和国政府自由贸易协定》	优惠原产地规则
14	大陆与台湾ECFA原产地规则	《中华人民共和国海关〈海峡两岸经济合作框架协议〉项下进出口货物原产地管理办法》(海关总署令第200号公布)	《海峡两岸经济合作框架协议》	优惠原产地规则

续表

序号	原产地规则	主要法规、规章、文件	国际协定	备注
15	中国台湾地区农产品零关税原产地规则	《海关总署关于对原产于台湾地区的15种进口鲜水果实施零关税有关事宜的公告》（海关总署公告2005年第37号）《海关总署关于对原产于台湾地区的19种进口农产品免征关税有关事宜的公告》（海关总署公告2007年第6号）		优惠原产地规则
16	中国-哥斯达黎加自由贸易协定原产地规则	《中华人民共和国海关〈中华人民共和国政府和哥斯达黎加共和国政府自由贸易协定〉项下进出口货物原产地管理办法》（海关总署令第202号公布）	《中华人民共和国政府和哥斯达黎加共和国政府自由贸易协定》	优惠原产地规则
17	中国-冰岛自由贸易协定原产地规则	《中华人民共和国海关〈中华人民共和国政府和冰岛政府自由贸易协定〉项下进出口货物原产地管理办法》（海关总署令第222号公布）	《中华人民共和国政府和冰岛政府自由贸易协定》	优惠原产地规则
18	中国-瑞士自贸协定原产地规则	《中华人民共和国海关〈中华人民共和国和瑞士联邦自由贸易协定〉项下进出口货物原产地管理办法》（海关总署令第223号公布）	《中华人民共和国和瑞士联邦自由贸易协定》	优惠原产地规则
19	中国-澳大利亚自由贸易协定原产地规则	《中华人民共和国海关〈中华人民共和国政府和澳大利亚政府自由贸易协定〉项下进出口货物原产地管理办法》（海关总署令第228号公布）	《中华人民共和国政府和澳大利亚政府自由贸易协定》	优惠原产地规则
20	中国-韩国自由贸易协定原产地规则	《中华人民共和国海关〈中华人民共和国政府和大韩民国政府自由贸易协定〉项下进出口货物原产地管理办法》（海关总署令第229号公布）。	《中华人民共和国政府和大韩民国政府自由贸易协定》	优惠原产地规则
21	最不发达国家特惠关税待遇原产地规则	《中华人民共和国海关关于最不发达国家特别优惠关税待遇进口货物原产地管理办法》（海关总署令第231号公布）	与相关国家换文协议或承诺	优惠原产地规则
22	中国-格鲁吉亚自由贸易协定原产地规则	《中华人民共和国海关〈中华人民共和国政府和格鲁吉亚政府自由贸易协定〉项下进出口货物原产地管理办法》（海关总署公告2017年第61号）	《中华人民共和国政府和格鲁吉亚政府自由贸易协定》	优惠原产地规则

续表

序号	原产地规则	主要法规、规章、文件	国际协定	备注
23	中国-毛里求斯自由贸易协定原产地规则	《中华人民共和国海关〈中华人民共和国政府和毛里求斯共和国政府自由贸易协定〉项下进出口货物原产地管理办法》(海关总署公告2020年第128号)	《中华人民共和国政府和毛里求斯共和国政府自由贸易协定》	优惠原产地规则
24	RCEP原产地规则	《中华人民共和国海关〈区域全面经济伙伴关系协定〉项下进出口货物原产地管理办法》(海关总署令第255号公布)	《区域全面经济伙伴关系协定》	优惠原产地规则
25	中国-柬埔寨自由贸易协定原产地规则	《中华人民共和国海关〈中华人民共和国政府和柬埔寨王国政府自由贸易协定〉项下进出口货物原产地管理办法》(海关总署公告2021年第107号)	《中华人民共和国政府和柬埔寨王国政府自由贸易协定》	优惠原产地规则

资料来源：根据海关总署网站 http://www.customs.gov.cn/ 相关资料整理。

附表三

中国已经签订的自由贸易协定情况（截至 2022 年 12 月）

序号	FTA 名称	说　明
1	中国-东盟 FTA	2002 年 11 月 4 日，《中国与东盟全面经济合作框架协议》签署，自贸区建设正式启动。这是中国对外商谈的第一个自贸区，也是东盟作为整体对外商谈的第一个自贸区。2010 年 1 月 1 日，中国-东盟自贸区全面建成。共有 11 个成员国。
	中国-东盟 FTA 升级	2015 年 11 月 22 日，《中华人民共和国与东南亚国家联盟关于修订〈中国-东盟全面经济合作框架协议〉及项下部分协议的议定书》签署。这是我国对外签署的第一个自贸区升级协定。
2	内地与香港更紧密经贸关系安排(CEPA)	《内地与香港关于建立更紧密经贸关系的安排》及其 6 个附件分别于 2003 年 6 月 29 日、9 月 29 日在香港签署，于 2004 年 1 月 1 日开始实施。
	内地与香港更紧密经贸关系安排(CEPA)升级	2018 年 12 月 14 日，《〈内地与香港关于建立更紧密经贸关系的安排〉货物贸易协议》签署，于 2019 年 1 月 1 日起实施。CEPA 升级目标完成。
3	内地与澳门更紧密经贸关系安排(CEPA)	《内地与澳门关于建立更紧密经贸关系的安排》及其 6 个附件于 2003 年 10 月 17 日在澳门签署，于 2004 年 1 月 1 日开始实施。
	内地与澳门更紧密经贸关系安排(CEPA)升级	2018 年 12 月 12 日，《〈内地与澳门关于建立更紧密经贸关系的安排〉货物贸易协议》签署，于 2019 年 1 月 1 日起实施。CEPA 升级目标完成。
4	中国-智利 FTA	2005 年 11 月 18 日，《中华人民共和国政府和智利共和国政府自由贸易协定》签署，于 2006 年 10 月 1 日开始实施。这是中国与拉美国家签订的第一个自贸协定。
	中国-智利 FTA 升级	2017 年 1 月 11 日，《中华人民共和国政府与智利共和国政府关于修订〈自由贸易协定〉及〈自由贸易协定关于服务贸易的补充协定〉的议定书》签署，于 2019 年 3 月 1 日正式生效实施。这是我国与拉美国家签署的第一个自贸区升级协定。
5	中国-巴基斯坦 FTA	2006 年 11 月 24 日，《中华人民共和国政府和巴基斯坦伊斯兰共和国政府自由贸易协定》签署，于 2007 年 7 月 1 日开始实施。
	中国-巴基斯坦 FTA 第二阶段	2019 年 4 月 28 日，《中华人民共和国政府和巴基斯坦伊斯兰共和国政府关于修订〈自由贸易协定〉的议定书》签署，于 2019 年 12 月 1 日正式生效。
6	中国-新西兰 FTA	2008 年 4 月 7 日，《中华人民共和国政府与新西兰政府自由贸易协定》签署，于 2008 年 10 月 1 日开始生效。这是我国与发达国家签订的第一个自贸协定。
	中国-新西兰 FTA 升级	2021 年 1 月 26 日，《中华人民共和国政府与新西兰政府关于升级〈中华人民共和国政府与新西兰政府自由贸易协定〉的议定书》签署，于 2022 年 4 月 7 日正式生效。

续表

序号	FTA 名称	说　明
7	中国-新加坡 FTA	2008 年 10 月 23 日,《中华人民共和国政府和新加坡共和国政府自由贸易协定》签署,于 2009 年 1 月 1 日开始生效。这是我国与东盟国家签订的第一个自贸协定。
	中国-新加坡 FTA 升级	2018 年 11 月 12 日,《中华人民共和国政府与新加坡共和国政府关于升级〈自由贸易协定〉的议定书》签署,于 2019 年 10 月 16 日生效。
8	中国-秘鲁 FTA	2009 年 4 月 28 日,《中华人民共和国政府和秘鲁共和国政府自由贸易协定》签署,于 2010 年 3 月 1 日起实施。 这是我国与拉美国家签署的第一个涵盖货物、服务、投资、知识产权、贸易救济等领域的一揽子自贸协定。
9	中国-哥斯达黎加 FTA	2010 年 4 月 8 日,《中华人民共和国政府和哥斯达黎加共和国政府自由贸易协定》签署,于 2011 年 8 月 1 日起正式生效。这是我国与中美洲国家签署的第一个一揽子自贸协定。
10	中国大陆与台湾地区的海峡两岸经济合作框架协议(ECFA)	2010 年 6 月 29 日签署《海峡两岸经济合作框架协议》,于 2011 年 1 月 1 日生效。
11	中国-冰岛 FTA	2013 年 4 月 15 日,《中华人民共和国政府和冰岛政府自由贸易协定》签署,于 2014 年 7 月 1 日正式生效。这是我国与欧洲国家签署的第一个自由贸易协定,涵盖货物贸易、服务贸易、投资等诸多领域。
12	中国-瑞士 FTA	2013 年 7 月 6 日,《中华人民共和国和瑞士联邦自由贸易协定》签署,于 2014 年 7 月 1 日正式生效。这是我国与欧洲大陆国家签署的首个自贸协定。
13	中国-韩国 FTA	2015 年 6 月 1 日,《中华人民共和国政府和大韩民国政府自由贸易协定》签署,于 2015 年 12 月 20 日正式生效。
14	中国-澳大利亚 FTA	2015 年 6 月 17 日,《中华人民共和国政府和澳大利亚政府自由贸易协定》签署,于 2015 年 12 月 20 日正式生效。
15	中国-马尔代夫 FTA	2017 年 12 月 7 日,《中华人民共和国政府和马尔代夫共和国政府自由贸易协定》签署。这是马尔代夫对外签署的首个双边自贸协定。该协定至今尚未正式生效。
16	中国-格鲁吉亚 FTA	2017 年 5 月 13 日,《中华人民共和国政府和格鲁吉亚政府自由贸易协定》签署,于 2018 年 1 月 1 日正式生效。这是"一带一路"倡议发起后中国与相关国家启动谈判并达成的第一个自由贸易协定,也是中国与欧亚地区国家商签的第一个自由贸易协定。
17	中国-毛里求斯 FTA	2019 年 10 月 17 日,《中华人民共和国政府和毛里求斯共和国政府自由贸易协定》签署,于 2021 年 1 月 1 日正式生效。这是我国与非洲国家的第一个自贸协定。
18	中国-柬埔寨 FTA	2020 年 10 月 12 日,《中华人民共和国政府和柬埔寨王国政府自由贸易协定》签署,于 2022 年 1 月 1 日正式生效。

续表

序号	FTA名称	说　明
19	区域全面经济伙伴关系协定（RCEP）	2020年11月15日，《区域全面经济伙伴关系协定》(RCEP)签署。这是当前世界上涵盖人口最多、成员构成最多元、经贸规模最大、发展最具活力的自由贸易区。共有15个成员国。2022年1月1日正式生效，首批生效的国家包括文莱、柬埔寨、老挝、新加坡、泰国、越南东盟6国和中国、日本、新西兰、澳大利亚非东盟4国。2022年2月1日起对韩国生效。2022年3月18日起对马来西亚生效。2022年5月1日起对缅甸生效。2023年1月2日起对印度尼西亚生效。2023年6月2日对菲律宾生效。
20	亚太贸易协定*	《亚太贸易协定》前身为签订于1975年的《曼谷协定》，这是在联合国亚太经济社会委员会主持下，为促进南南合作，在发展中国家之间达成的一项优惠贸易安排。2005年11月2日《亚洲及太平洋经济和社会委员会发展中成员国关于贸易谈判的第一协定修正案》签署，《曼谷协定》更名为《亚太贸易协定》。2017年1月13日《〈亚洲-太平洋贸易协定〉第二修正案》签署，并于2018年7月1日正式实施。 2001年5月23日中国正式成为《曼谷协定》成员，这是中国参加的第一个区域性多边贸易组织。 截至2022年底，共有中国、孟加拉国、印度、老挝、韩国、斯里兰卡和蒙古国7个成员。

注：严格意义上说，《亚太贸易协定》是一项多边优惠贸易安排，而非自由贸易协定。

资料来源：根据中国自由贸易区服务网 http://fta.mofcom.gov.cn/相关资料整理。

附表四

中国正在谈判的自由贸易协定情况（截至 2022 年 12 月）

序号	FTA 名称	主要概况
1	中国-海合会	2005 年 4 月 23—24 日，中国-海湾合作委员会（海合会）自由贸易区首轮谈判在沙特阿拉伯首都利雅得举行。至 2022 年 12 月，中国-海合会自贸区谈判进行了十轮。
2	中国-挪威	2008 年 9 月 18 日，中国-挪威自贸区启动仪式暨第一轮谈判在挪威奥斯陆举行。至 2022 年 12 月，中挪自由贸易区谈判进行了十六轮。
3	中日韩	2012 年 11 月 20 日宣布启动中日韩自贸区谈判。2013 年 3 月 26—28 日，中日韩自贸区第一轮谈判在韩国首尔举行。至 2022 年 12 月，中日韩自贸区谈判进行了十六轮。
4	中国-斯里兰卡	2014 年 9 月 16 日，宣布正式启动中国-斯里兰卡自贸区谈判。2014 年 9 月 17—19 日首轮谈判在斯里兰卡首都科伦坡举行。至 2022 年 12 月，中国-斯里兰卡自贸区谈判进行了五轮。
5	中国-以色列	2016 年 3 月，宣布启动中国-以色列自贸区谈判。至 2022 年 12 月，中国-以色列自贸区谈判进行了八轮。
6	中国-摩尔多瓦	2017 年 12 月 28 日，正式启动中国-摩尔多瓦自贸协定谈判。2018 年 3 月 5—6 日首轮谈判在摩尔多瓦首都基希讷乌举行。至 2022 年 12 月，中国-摩尔多瓦自贸协定谈判进行了四轮。
7	中国-巴拿马	2018 年 6 月 12 日，宣布正式启动中国-巴拿马自贸协定谈判。2018 年 7 月 9—13 日第一轮谈判在巴拿马首都巴拿马城举行。至 2022 年 12 月，中国-巴拿马自贸协定谈判进行了五轮。
8	中国-巴勒斯坦	2018 年 10 月 23 日，宣布正式启动中国-巴勒斯坦自贸协定谈判。2019 年 1 月 30 日首轮谈判在拉马拉举行。
9	中国-韩国自贸协定第二阶段	2017 年 12 月 14 日，中国-韩国自贸协定第二阶段谈判正式启动。至 2022 年 12 月，中韩自贸协定第二阶段谈判进行了八轮。
10	中国-秘鲁自贸协定升级	2019 年 4 月 1—4 日，中国-秘鲁自贸协定升级第一轮谈判在北京举行。至 2022 年 12 月，中秘自贸协定升级谈判进行了三轮。
11	中国-厄瓜多尔	2022 年 2 月启动谈判，双方谈判团队通过视频方式在一年时间里共举行了 1 次部级会谈、3 次司局级首谈会和 40 多次各领域工作组磋商，最终于 2023 年 2 月宣布结束谈判。
12	中国-尼加拉瓜	2022 年 7 月签署中尼自贸协定"早期收获"安排并启动全面的自贸协定谈判。双方成立 15 个工作组，开展了 4 轮部级谈判和 40 多次司局级及工作组磋商。

资料来源：根据中国自由贸易区服务网 http://fta.mofcom.gov.cn/ 相关资料整理。